조선 왕들의
관상분석

조선 왕들의
관상분석

윤영채 지음

인터북스

태조 어진
자료: 1872년 (고종 9) 조중묵 외, 비단에 채색 220×151, 국보 제317호, 전주 경기전

세조 어진
자료: 1935년 김은호 외, 종이에 먹 186.5×131.8, 국립고궁박물관

연잉군 초상
자료: 1714년 진재해, 비단에 채색 150.1×77.7, 보물 제1491호, 국립고궁박물관

영조 어진
자료: 1900년 조석진·채용신 외, 비단에 채색 183×87, 보물 제932호, 국립고궁박물관

철종 어진
자료: 1861년 이한철 · 조중묵 외, 비단에 채색 202×93, 보물 제1492호, 국립고궁박물관

고종 어진
자료: 20세기 초 傳 채용신, 비단에 채색 117.8×68.2, 국립중앙박물관

순종 어진 초본 　　　　　　　순종 초상 사진
자료: 김은호, 1923년, 종이에 먹 59.7×45.5 이와타 카나에岩田鼎, 1909년경 촬영,
개인소장(국립현대미술관 위탁 보관) 55.0×40.0

머리말

동서고금을 통하여 자신의 얼굴을 포함한 신체의 상(相)에 대하여 관심을 갖는 것은 당연한 일이다. 인간은 누구나 자신의 모습을 상대방이 어떻게 느끼는지 궁금해 하기 때문이다. 또한 각자 다른 모습에 따른 삶의 여정에 대한 막연한 호기심을 갖는 것은 어제 오늘만의 일이 아니라 본다.

본 저술은 관상의 외양에 대한 호기심에서 한걸음 나아가 이를 상학 이론과 연계하여 조선조 왕들의 관상을 분석하는데 초점을 두었다. 이를테면 조선시대 왕들의 모습을 그려낸 초상화 즉 '어진(御眞)'을 통해, 왕 재위시절에 일어났던 여러 사건들을 상학 이론에 근거하여 분석한 것이다.

조선조 어진, 즉 조선 왕들의 현존(現存) 초상화를 통해서 관상을 읽는 것이 과거 역사적 성찰과 더불어 자신의 운명과 미래상을 가늠할 수 있다는 생각에서 본 저서를 발간하였다. 조선 어진의 관상을 분석해봄으로써 관상에 대한 학문적 고양과 더불어 대중이 지향하는 미래 지도자상을 가늠할 수 있다고 보기 때문이다.

그러면 조선조 왕들은 과연 그들의 관상에 걸맞게 국가 통치의 왕이 될 수 있는 조건이 되었다는 것인가? 이에 대한 관심과 분석은 오늘날 국가와 사회의 지도자가 되고자 할 경우 참고할만한 가치가 있다고 본다.

어떻든 자신의 관상 및 인품 관리의 중요성은 과거에 비해 현대에 더욱 피부로 느끼게 되는 시대의 풍조인 것 같다. 현대는 이미지 관리의 시대이기 때문이다. 오늘날 자신의 외모에 대한 깊은 관심은 물론 연예인 얼굴과 같이 되고 싶은 심리에 더하여, '성형미인'이라도 되고 싶은 심리를 뒤쫓듯 도심 곳곳에 성형외과가 늘어난 것도 '이미지 메이킹(image making)' 시대의 반영이라 본다.

그렇다고 본 저술에서 관상의 절대가치만을 높이려는 뜻은 아니다. 외형적 관상에 못지않게 내면적 심상(心相)이 중요하기 때문이다. 다시 말해서 조선조 현존 어진의 외형적 관상을 다양한 시각에서 분석하되 그 기초가 되는 심상의 중요성을 밝혀두는 바이다. 덧붙여 본 저서가 관상학 연구에 있어서 지남(指南)이 되기를 희망하며, 독자 제현의 깊은 관심과 허심탄회한 충고를 기대한다.

2019년 6월 20일
보문서재에서 윤영채 識

목차

I. 총론

1. 서설

조선시대 역대 왕들의 초상화, 즉 '어진(御眞)'의 제작은 왕조의 주관 하에 이루진 결과물로써 그 권위에 걸 맞는 유·무형의 여러 상징성이 내재되어 있다. 조선시대의 어진은 국가 이념인 유교사상에 따른 왕권강화 및 제의적(祭儀的) 목적에 의해서 제작되었다. 그러한 목적을 가지고 제작된 어진은 선대의 왕이나 현존하는 왕을 대신할 정도의 상징성을 내포하였기에 사실적 묘사가 그 어떤 회화작품보다 뛰어났다는 특수성이 존재하는 것이다.

본 연구는 이러한 어진의 특수성으로 인해 상학적인 분석이 가능하지 않을까 하는 판단에서 시작되었다. 이와 같은 판단은 정신문화의 절정인 조선시대 현존어진과 상학(相學)과 인문학적 통섭의 시도를 통해, 현 시대의 세계 또는 국가 경영자나 사회의 지도자 상이 미치는 영향력에 대해 가늠할 수 있게 해준다. '어진'이라는 매개를 통해 고대 왕조를 이어온 제왕의 성정(性情)과 치도(治道)를 상학적으로 접근함으로써 제왕적 통치력의 근원을 고찰하여 우리시대에 적용할 수 있는 방안을 모색해보고자 하는 것이 본 연구의 목적이다.

위 연구목적을 달성하기 위해 먼저 보존현황에 있어 소수이긴 하지만 현존 어진의 실물을 중심으로 각종 문헌기록과 선행논문들 그리고 역사적 사료들을 참고하여 상학적 이론으로 접근하였다. 그리고 고전 상법인 『마의상법』과 『유장상법』을 기본 고전으로 하고, 그 외 여러 종류의 상학 서적을 참고하였다. 조선시대의 역사적 기반 사실로서 조선시대의 주요 국가기록물인 『조선왕조실록』, 『승정원일기』, 『일성록』, 『연대기』 등은 주로 왕의 성정을 분석하여 통치력에 따른 업적을 노정하는데 있어서 역사적 사료로 활용하였다.

위의 자료들을 중심으로 현존하는 조선시대 어진을 분석함에 있어서 상학의 제반이론을 접목하였다. 그것은 동양 상학을 기반으로 하였으며, 나아가 어진 분석을 위한 상학의 세부이론에까지 접근하였다. 먼저 상학서를 통해 제왕(帝王)의 상학적 특징이 어떠했는가를 살펴보았다. 어진이라는 매개와 상학을 통해서 왕들의 성정 분석에 초점을 두고 제왕의 통치관과 업적의 상관성에 대한 분석을 시도함으로써 제왕의 상학적 특징에 부합하였는지에 대해서도 살펴보았다.

구체적인 상학적 분석은 어진 속 대상인물인 왕이 취한 체상(體相)의 표현을 통해 전반적인 상을 살핀 후, 안면 분석에 있어 삼정(三停)의 균형에 따른 오악(五嶽)과 사독(四瀆)의 조화를 중심으로 안면십이궁(顏面十二宮)을 참고하여 진행하였다. 세밀하게 표현된 안면 묘사를 통해 제왕의 이목구비 형태의 주요 특징을 중심으로 제왕의 성정과 기질을 분석한 것이다. 조선왕조의 통치시기에 따른 업적을 분석함에 있어 '유년운기부위(流年運氣部位)'를 참고하여 주요 사건들을 시기별로 접근하였다. 초상화의 제작에 있어서 '전신사조(傳神寫照)'에 의한 사실적 묘사가 상학이론에 근간이 되는 정·기·신과 관련되므로 이에 대한 상관성에 대해 밝히고자 하였다.

본 연구에서 특히 주목을 끄는 것으로 조선시대 '어진의 상학적 응용과 과제'라는 것이다. 조선 어진의 상학 분석에 기초하여 지도자의 내적 인격관리와 외적 풍모관리, 나아가 지도자의 리더십 함양에 대한 상학의 현대적 응용을 도모하였다. 하지만 어진이 갖는 자료의 한계, 아울러 어진의 보관과 관리 문제를 부각시켰으며, 어진화사의 추상적 성향을 어떻게 평가해야 하느냐 하는 문제점을 드러내었다.

이러한 문제의식을 통한 어진과 상학의 상호 접근에 있어서 우리가 인지한 것으로, 유형의 상(相)은 무형의 마음에 의해 지배되어 변화됨을 확인할 수 있었다. 유형의 인상(人相) 일방으로 치중되는 상학의 분석은 바람직하지 않다는 뜻이다. 그러므로 전 세계, 또는 국가와 각 지역과 단체를 대표하는 지도자의 리더십 발휘에는 자신의 내면을 드러내는 '심상(心相)'과 언행(言行) 일치의 이미지가 많은 영향력을 미친다는 점을 간과해서는 안 된다.

따라서 작게는 한 단체의 지도자 뿐 아니라 한 지역의 지도자, 국가의 지도자, 나아가 세계의 지도자로서 유형의 상을 잘 형성하기 위해서는 어떻게 해야 하는가? 그것은 외형의 얼굴과 내면인 심상의 안정적 관리가 중요함을 재인식해야 한다는 것이며, 본 연구의 현대적 가치가 여기에서 발견되는 것이다.

어진의 회화적 가치에 더하여 상학적 가치가 합류될 때 본 연구에서 기대한 효율성이 배가될 것으로 본다. 조선 어진의 단순한 회화사적 연구에 그치지 않고 상학의 가치를 새롭게 부각시키는 것은 앞으로 인상학 정립에 있어서 학술적 접근을 다채롭게 해줄 수 있으리라는 기대감이 작용한 것이다.

2. 연구배경과 목적

조선시대의 초상화는 카메라가 발명되기 이전에 제작된 것으로서, 현대의 사진을 대체할 수단으로 초사실성에 근거하여 전개되었다는 점이 특징이다. 이러한 특징으로 화공(畵工)은 초사실성을 전제로 하여 특정인물을 그리는데 중점을 둔 것은 인물의 형상 및 정신을 정확하게 포착하는 것이었다. 인물의 초상화 중에서 특히 왕의 분신으로서 왕의 모습을 재현해내는 어진 제작은 조선왕조의 주도로 진행되어진 중요 사업으로서 그 존엄에 대한 상징적 의미는 지대하였다.

왕의 존엄을 살리는 측면에서, 조선왕조의 유교이념을 배경으로 왕권강화와 제의적 목적에 의해 제작된 어진은 그 표현기법에 있어 사실적 묘사가 다른 어떤 회화작품보다 뛰어났다. 특히 조선시대 왕들의 초상화인 어진은 사실성·상징성·진실성·정직함·역사성이 함축된 표현인 '전신(傳神)'을 전제로 하여 제작되었다는 특수성이 있다. 이와 같은 어진의 특수성을 감안하여 관상의 분석, 즉 상학적 접근이 가능하지 않을까 하는 유추에서 본 연구를 수행하였다.

그러한 유추는 조선시대 어진의 상학적인 접근을 통해 현대인에게 유용한 응용이 가능할 것이라는 필자의 확신과 결부되었다. 조선시대 왕의 초상화인 어진을 통해 제왕의 성정(性情)과 통치관, 업적, 인간상 등을 표출하고 이를 응용할 가치의 방향을 찾아낼 수 있다는 것인가? 이는 매우 흥미로운 일이며 의미 있는 주제라 볼 수 있다.

따라서 본 연구는 초상화라는 단서로서 얼굴 형상의 초사실성에 근거한 조선시대 어진의 양식을 이해하고, 나아가 제왕의 인품과 국가통치 및 주요 업적들이 상학과 관련성이 있음을 밝히는데 그 목적이 있다. 조선 어진 분석을 통해 오늘날 각 분야의 지도자들의 이미지 관리와 지도력 함양에 활용할 수 있는 방안을 제시하는 데에도 조심스럽게 접근하였다.

이러한 접근에 의해 왕의 초상화인 어진 관상에 의미부여한다면, 오늘날 세계 지도자, 국가경영자 또는 기업의 최고 경영자로 치환해서 대입해 볼 수 있다는 것이다. 국가 최고 통치자인 왕의 상(相)에 따른 통치력과 업적을 현대의 각계 지도자나 경영자의 지도력 및 경영성과와 관련지어 봄으로써 유의미한 가치를 모색하고자 한다. 조선 어진과 상학의 인문학적 교류를 통해 현 시대의 국가 지도자나 기업의 이상적인 경영자 상 정립에 끼칠 영향력이 적지 않을 것으로 사료되기 때문이다.

고대의 역사기록에 나타나듯이 상학(相學)은 국가의 통치 및 인재의 등용에 있어서 활용되고 전승되어왔음을 알 수 있다. 조선시대 제왕의 초상인 어진을 관상학의 시각에서 볼 때, 제왕의 형상이 그들의 성정과 통치력과 관련되어 읽혀지는 것은 제반 활용의 면에서 바람직하다고 본다.

당시 시대상의 업적을 읽어내는데 도움이 되어온 왕의 초상화는 동서고금을 막론하고 왕실이나 국가를 대표하는 상징적 의미에서든, 추모나 기념적인 의미에서든 활발하게 제작되어 왔다. 동아시아의 한국 · 중국 · 일본 역시 유구한 역사를 거치면서 군주들의 초상이 제작되었으며, 대부분은 특정한 장소에 봉안되고 때에 따라 제사를 올리는 등 주로 의례용[1]으로 많은 수요가 있었다. 어진 제작에 있어 국가적 지원과 배려가 지속적이며 체계적으로 수행되었으므로 어진들이 도사(圖寫)나 모사(摹寫)의 형식으로 제작되었음이 『조선왕조실록』과 『승정원일기』 및 관련 의궤(儀軌) 등을 통해 확인되었다.

고대로부터 각종 의궤나 역사기록에 남아있을 정도로 매우 중요하게 간주된 어진 제작의 명맥은 대한제국까지 이어져 왔다. 그렇기 때문에 조선시대 어진을 살펴봄으로써 유추해낼 수 있는 상징적 의미들을 주목하지 않을 수 없다. 이러한 조선조 어진 분석과 유추를 통해 읽혀지는 상징성은 오늘날 다양한 영역에서 다룰 수 있는 소재가 되고 있다.

조선의 왕들은 다른 왕조와 달리 당대에 그린, 혹은 당대를 반영

---

1) 조선미, 『왕의 얼굴』, 사회평론, 2012, p.5.

하는 초상화인 어진과 같은 유형(有形)의 상(相)이 오늘날 보존되어 존재하기에 이를 상징성으로 접근할 수 있다. 한편 무형의 상으로 왕도정치가 조선시대 국왕이 마땅히 해야 할 것이라면 '왕도정치' 역시 왕의 상징이며, 이와 비슷한 '민본' 역시 왕의 상징이었다. 왕통(王統)과 도통(道統)의 일치를 구현하는 성인 군주를 드러내는 '군사(君師)'라는 용어 역시 조선시대 국왕의 상징[2]으로 다각적인 측면에서 이를 조망해야 할 상징성을 내포하고 있다.

이러한 상징성의 내포에 있어 한 예를 들면, 의례용으로 제작되었던 각종 기록화(記錄畫)에서도 왕의 위상을 확인할 수 있다. 그러나 궁중의 각종 의례행사와 임금의 행차를 묘사한 기록화에는 왕의 모습을 그리지 않았다. 왕이 참가한 행사의 경우 왕의 존재는 〈일월오봉병(日月五峰屛)〉을 배경으로 놓여있는 빈 의자로 대신하였다. 이는 왕이 그 자리에 없음을 묘사한 것이 아니라, 반대로 왕이 현존하고 있지만 그 모습은 생략한 것이었기 때문이다. 전통적으로 왕은 신성한 존재였기 때문에 그 이름을 부르지 못했고, 각종 문서에서도 왕의 이름과 같은 글자를 사용하는 것을 피하여 '휘(諱)'라 하여 왕의 이름에 대한 칭호를 다르게 했던 점[3] 등에서 왕의 위상이 드러났다.

또 다른 왕의 위상과 관련한 상징성을 지닌 조선시대 어진은 그것이 제작된 후 봉안되는 각각의 상황에 따라 조금씩 다른 특별한 의미와 역할이 부여되었다. 이러한 특수성 때문에 조선시대 어진제작은 단순히 화가 개인의 창작활동의 산물이라는 개념을 벗어나, 당대

---

2) 정재훈, 『조선 국왕의 상징』, 현암사, 2018, p.12.
3) 조인수, 「경기전 태조 어진과 진전의 성격: 중국과의 비교적 관점을 중심으로」, 『왕의 초상 - 경기전과 태조 이성계』, 국립전주박물관, 2005, p.275.

최고의 화사들을 뽑아 조직적이며 엄격한 규칙 하에 이루어진 국가 사업이었다.[4] 국가사업으로 전개된 어진제작에 있어서, 조선의 왕은 천명(天命)에 의해 부여된 가장 숭엄한 존재였으므로 왕을 형상으로 재현해 낸 어진은 실재하는 왕과 같은 위상이 있었다.

조선시대의 어진은 왕을 대신하는 위상 및 상징성만큼이나 왕조의 시기별 역사·정치·문화·경제·의학·예술 분야 등에 많은 정보를 담고 있다. 이렇게 여러 방면에 걸쳐 어진의 가치 부여가 가능하기에 관상학과의 상호 교류를 시도하면서 다양한 각도로 조망할 수 있는 것이다.

본 연구는 우선 초사실성에 근거한 조선시대 현존 어진의 개념과 제작배경 등을 살펴보려는 목적을 지닌다. 이러한 어진의 회화사적인 가치 위에 상학적 해석을 도모함으로써 통치자로서 인성 및 통치관 등과의 상관성을 유추하고자 한다. 이를 통해 제왕의 상이 국가통치력에 미치는 영향력에 대해 밝히는 계기가 될 것이다. 어진 속 국왕들이 당시 정국의 주요 국면에서 특유의 리더십을 어떠한 방식으로 발휘하였으며, 나아가 성공과 실패의 교훈을 현재의 정치·사회현실과 연결시켜 어떻게 평가할 것인가를 살펴보고자 한다.

나아가 정신문화의 한 분야인 조선시대 현존어진의 관상 분석을 시도함으로써 현 시대의 국가 경영자나 사회의 지도자 상이 국가경영과 기업경영에 미치는 영향력에 대해 인식할 수 있을 것으로 사료된다. '어진'이라는 매개를 통해 고대 왕조를 이어온 최고 경영자인 왕의 성정(性情)에 따른 치도(治道)를 연구함으로써 제왕적 통치력

---

4) 윤영필, 「國立古宮博物館 所藏 哲宗御眞의 制作技法 硏究」, 원광대학교 석사학위논문, 2006, p.2.

을 가늠해 보려는 것이다. 그리고 현 시대의 지도자나 경영자의 상에 따른 성과의 극대화를 도모할 수 있는지를 알아보고자 한다.

　이러한 연구목적을 달성하기 위해 먼저 소수이긴 하지만 현존 어진의 실물과 문헌기록들, 그리고 역사적 사료들에 근거하면서 상학과 접목하였다. 본 연구목적의 한 축으로 고대 왕조를 이어온 최고 경영자인 왕의 지도력을 '어진'이라는 매개를 통해 상학과 연계함으로써 제왕적 리더십과 인품 등에 대해 추론하고자 한다. 이를 계기로 오늘의 시대상에 적합하게 활용할 수 있는 방안들을 찾아내어 의미를 부여하는 것이 가능하리라 본다.

3. 선행연구의 분석

　조선시대에는 여러 계층의 많은 초상화들이 제작되었으며, 이는 미술사를 기본으로 하여 다양한 방면에서 연구되어 왔다. 조선시대 미술사연구, 왕의 초상화인 어진에 관한 제작 및 의례 연구, 공신도(功臣圖)에 관한 연구, 미인상에 관한 연구, 제작 기법에 관한 분석 연구 등이 그것이다.

　당시 만들어진 어진들은 다른 어떤 초상화보다 국가적으로 많은 상징성과 영향력을 미치기 때문에 관련 어진에 대한 다양한 연구들이 학계에 발표되어 왔다. 이와 관련한 최근의 연구 동향을 살펴보면, 주로 조선 어진의 미술사적 접근의 연구를 기반으로 정치 · 역사 · 의학 · 경영 · 문화 · 인문학 분야 등 다 방면에서 학제 간 융합을 통한 연구논문 발표나 관련 저서들의 출간이라는 연구 성과들을 내고 있다. 이 과정에서 조선 어진에 대해 여러 분야의 영역에서 연구가 진행되어 왔음을 확인할 수 있다.

학술적 성과를 가져다준 선행연구로는 상학 관련 논문, 조선시대 어진과 초상화에 대한 미술사학적인 논문과 조선시대 역사학적 논문, 조선시대의 복식사에 관한 논문, 질병과 건강상태를 진단한 의학 관련 논문들과 저서들이 있어 이를 참고하였다. 필자는 조선 어진과 상학의 관계 연구를 위해 미술사학적인 논문, 의학 관련 논문 및 저서 등을 크게 세 분류로 살펴보았다.

첫째, 상학의 시각에서 조망한 다양한 논문들을 살펴보고자 한다. 우선 유소(劉劭)의 『인물지』와 상학서의 인재론 간에 상호 연계성이 있음을 밝히고 '지인법(知人法)'을 접목시킨 김연희의 「유소 『인물지』의 인재론에 관한 상학적 연구」5)가 있다. 본 연구에서는 인재 식별과 등용을 위해 현대적으로 활용 가능성을 논하였다. 즉 상학과 『인물지』의 '지인법'을 융합하여 보다 효율적으로 인재를 선별하여 적재적소에 맞는 인물배치를 구현한다면 인간경영의 궁극적 지향점에 한 발 더 다가갈 수 있는 방법론이 될 수 있다고 하였다.

동양사상의 근간인 유·불·선과 인상학의 관련성을 밝힌 논문으로는 주선희의 논문이 주목된다. 「동·서양 인상학 연구의 비교와 인상관리에 대한 사회학적 고찰」6)에서는 동·서양의 인상학의 비교분석, 인상관리 및 사회적 관계 등을 통해 인상학과 사회학의 접목을 통한 창의적인 시도를 하였다. 기존 관상학의 수동적 운명론에서 벗어나 인상학을 통해 자신의 내면과 외형을 개선하고 사회적 관계

---

5) 김연희, 「劉劭 『人物志』의 人材論에 관한 相學的 연구」, 원광대학교 박사학위논문, 2009.
6) 주선희, 「東·西洋 人相學 硏究의 比較와 人相管理에 대한 社會學的 考察」, 경희대학교 박사학위논문, 2004.

를 통해 적극적으로 삶을 영위해 나갈 수 있음을 강조하고 있는 것이다.

그리고 조선시대 미술작품인 풍속화 속의 〈미인도〉를 통해 조선시대의 '미인상학'을 연구한 논문으로는 박경숙의 「조선시대 미인상의 인상학적 연구」[7]가 있다. 미(美)의 배경이 되는 조선시대 여인들의 생활상과 여성의 외형적 美에 대한 분석을 시도하기 위하여 그이전의 미인상과 조선시대 미인상의 변천과정을 추적하였다. 본 연구에서는 환경의 변화가 인물의 외형과 사고에 어떠한 영향을 미치는지에 대해 접근함으로써 '현대 인상학' 및 전통적인 내면의 미(美)에 대한 인식을 고취하는데 도움이 되고자 하였다.

동양의 전통사상인 오행사상에 따른 인상의 전개를 매우 실용적으로 접근한 논문으로는 오서연의 「오행에 따른 인상 연구」[8]가 있다. 오행인의 성정(性情) 분석을 통해 인상학적 활용법을 시도한 것으로, 그것은 구체적으로 인격도야, 대인관계, 사회와의 조화에 적용함으로써 오행의 성정을 응용할 수 있는 방법론적 측면에서 유의미하게 접근한 것이다. 나아가 오행인의 세부 분류를 통해 성정분석에 따른 인상학의 바른 활용방향에 대해서도 깊이 있게 조명하였다.

동양의 오행사상을 중심으로 분류체계에 맞게 사람의 유형을 분류하여 실생활에 적용여부에 대해 리얼 프로그램을 대상으로 접근한 것으로는 홍연수의 「인상학을 중심으로 한 방송출연자들의 상호관계성에 관한 연구」[9]가 있다. 본 연구는 리얼 프로그램 출연자들의

---

7) 박경숙, 「朝鮮時代 美人像의 人相學的 研究」, 원광대학교 박사학위논문, 2014.
8) 오서연, 「五行에 따른 人相 研究」, 원광대학교 박사학위논문, 2016.
9) 홍연수, 「인상학을 중심으로 한 방송출연자들의 상호관계성에 관한 연구: 리

인상학적 접근을 통해 방송기간에 따라 그룹별 프로그램의 유형별 차이점에 대해 분석하여, 인상학의 유용성 및 방송과의 상관성에 대해 분석하였다. 이를 통해 오행인의 분류에 의해 각 유형별 특성과 상호관계성에 따른 조직이나 대인관계에서의 활용 가능성을 제시하였다.

관상서의 고전인 『마의상법』과 『유장상법』을 중심으로 관상학과 형상의학을 연구한 것으로는 「관상학과 형상의학을 비교연구」[10]가 있다. 본 연구에서 남무길은 동양오술(東洋五術)에 속하는 관상학과 한의학이 천인상응론, 시공합일론, 음양오행론, 유비추리론, 조화론이라는 관점에서 이론적 특징들을 공유하고 있다고 밝혔다. 관상학과 한의학은 외형상 서로 다르면서도 동양이라는 같은 사상적 관점에서 가치의 공유가 가능하므로 두 학문은 서로 영향을 주고받으며 각자의 영역에서 발전시켜 활용하였음을 설명하였다.

조선시대 농서(農書)인 홍만선의 『산림경제』를 유중림이 증보한 『증보산림경제』를 중심으로 접근한 것으로는 홍성민의 「조선시대 관상학 연구」[11]가 있다. 홍성민은 여기에서 사람의 성격과 기질, 귀천, 장수, 단명 등과 관련한 운명의 길흉을 추론하는 것이 대중화·상용화·정형화되었음을 확인하였다. 『증보산림경제』에 나타난 관상학적 이미지를 현대적으로 재구성함으로써 시각적으로 재현해 보고 분석하여 현대 관상학의 발전 가능성과 응용분야를 접근, 다른 학문과의 융합 가능성을 모색하였다.

얼 버라이어티 프로그램을 대상으로」, 동방대학교 박사학위논문, 2013.
10) 남무길, 「觀相學과 形象醫學의 比較硏究」, 경희대학교 박사학위논문, 2010.
11) 홍성민, 「조선시대 관상학 연구」, 경기대학교 석사학위논문, 2014.

둘째, 미술사학적인 선행연구 논문들을 살펴보고자 한다. 먼저 초상화의 형성과 전개과정에 대해 조망한 조선미는 「조선왕조시대의 어진제작 과정에 관하여」[12]를 통해 『조선왕조실록』·『승정원일기』에 근거하여 제도적 측면과 유형적 측면으로 나누어 분석하고, 이를 종합적으로 고찰하였다. 또한 「조선왕조시대의 초상화 연구」[13]에서는 개별 작품의 표현형식과 기법을 규명하는 양식사적 방법과, 관련 전거(典據)들을 수집하여 시대적 배경과 사회적 틀을 조망하였다. 또한 초상화에 관련된 다양한 저서와 논고를 통해 초상화가 그려지게 된 배경과 동기를 고찰하였다.

조선시대 어진의 의미와 형식 및 기법상의 변화에 대한 연구로는 전자홍의 「조선시대 어진의 조형적 특징에 대한 연구」[14]가 있다. 여기에서는 어진의 제작에 있어 양식과 이념적인 이해를 통해 시간적 흐름에 따른 발전 단계를 분석하였다. 그리고 조선시대 현존 어진이 갖는 조형적 특징을 분석함으로써 본 어진이 우리나라 초상화에서 차지하는 회화사적 의미와 절대적 가치에 대해 논하였다.

어진의 제작기법과 관련된 미술사학적인 논문으로는 정두희의 「조선 후기 어진의 제작기법 연구」[15]가 있다. 이는 학계에서 주목하지 않았던, 어진을 제작한 화원들이 사용한 색료 외 기타 재료들에 대하여 분석하였다. 그리하여 분석한 재료들이 어진제작과정에 있어

---

12) 조선미, 「朝鮮王朝時代의 御眞制作 過程에 관하여」, 『美學』 6, 韓國美學會, 1979.
13) 조선미, 「朝鮮王朝時代의 肖像畵 研究」, 홍익대학교 박사학위논문, 1981.
14) 전자홍, 「조선시대 어진의 조형적 특징에 대한 연구」, 동아대학교 석사학위논문, 2009.
15) 정두희, 「조선 후기 어진의 제작기법 연구」, 서울대학교 박사학위논문, 2012.

재현해내는 관점과 과정을 자세히 밝히고 있다.

일반적인 다양한 유형의 회화들과는 달리 어진은 그 제작과정을 기록한 관련 문헌들이 존재한다. 어진 제작은 거국적 주요 행사였기 때문에 어진을 그리기 위한 도감 설치의 시작 단계에서 진전에 봉안될 때까지의 전 과정을 관련 의궤(儀軌)들에 대하여 기록하였다. 의궤는 조선시대 왕실이나 국가행사의 전모를 소상하게 기록16)한 것으로, 현존해 있는 11건의 어진과 관련한 의궤 목록이 있어 어진에 대한 여러 정보의 수집이 가능하다. 이에 조선 어진과 관련된 의궤를 중심으로 한 연구로는 김성희의 「조선시대 어진에 관한 연구: 의궤를 중심으로」17)가 있다. 본 연구에서는 여러 의궤들 속의 목차 비교, 화가들의 명단, 제작과정, 현존 어진 고찰 등에 초점을 맞추어 의궤와 등록 등 문헌 사료를 중심으로 조명하였다. 여기에서는 조선시대 어진의 역사적 배경에 따른 실증된 사실의 의미와, 어진이 지닌 작품적인 면에서의 고전적 가치에 대해 논하였다.

셋째, 조선시대 어진을 통해 왕의 건강과 관련된 의학 관련 논문들도 주목된다. 「사상체질론을 통해 본 조선시대 어진 연구」18)에서 김민호는 다섯 명의 조선시대 임금(태조 · 영조 · 철종 · 고종 · 순종)의 초상화인 어진의 미술사적 가치를 새로운 방법론으로 분석하였다. 즉 어진을 통해 드러나는 왕들의 신체적 특징들에 대한 의학진단이 가능하므로, 이제마(1837~1900)의 '사상체질론'의 주요 이론에

---

16) 정두희, 위의 논문, p.2.
17) 김성희, 「조선시대 어진에 관한 연구: 의궤를 중심으로」, 이화여자대학교 석사 학위논문, 1990.
18) 김민호, 「四象體質論을 통해 본 朝鮮時代 御眞 硏究」, 고려대학교 석사학위 논문, 2011.

근거하여 어진을 미술사적 방법론에 더하여, 『조선왕조실록』등 기록을 통한 병증 진단에 의한 처방을 근거로 사상의학적으로 분석하여 역사적 가치를 매기고자 하였다.

왕의 질병 및 치료에 관해 『조선왕조실록』의 사료를 중심으로 한 연구로는 「조선시대 현종·숙종·경종·영조의 질병에 대한 연구」[19]가 있다. 이해웅은 본 연구에서 조선 중기~후기로 진입하는 시기에 조선을 재건해야 하는 무거운 책임을 지고 국가 발전에 힘썼던 왕들을 대상으로 질병에 따른 치료과정을 분석하였다.

피부과 의사인 이성낙의 「조선시대 초상화에 나타난 피부 병변 연구」[20] 역시 주목을 끈다. 이성낙은 조선시대 초상화가 '정직함'으로 대표되는 시대정신의 결과물로서 정신문화의 결정체로 보고 초상화 분석을 통해 대상인물의 피부병변에 대해 분석하였다. 조선시대 초상화에 나타난 피부병에 대한 연구는 피부에 관한 의학적 전문성과 초상화에 대한 이해가 선행되어야만 가능한 것이다. 본 연구는 또한 조선시대 초상화의 사실정신에 기반 하였는가에 대한 물증으로 학제 간의 융합적 통섭이 어떻게 혁신적인 학문의 연구 성과로 가치 있게 도출되었는가를 보여주고 있다.

그 외 현존 어진에 해당되는 연구로는 왕조와 관련된 조선시대 역사학적 논문과 미술사적 복원, 의궤와 진전에 대한 연구, 왕의 복식을 재현해내는 연구 성과물들이 있다. 어진을 통한 다양한 학문과의 통섭적인 시도가 여러 방면에서 다양하게 있었음을 확인해주는 것이다.

---

19) 이해웅, 「朝鮮時代 顯宗·肅宗·景宗·英祖의 疾病에 대한 硏究」, 동의대학교 박사학위논문, 2005.
20) 이성낙, 「朝鮮時代 肖像畵에 나타난 皮膚 病變 연구」, 명지대학교 박사학위논문, 2014.

위에서 언급한 선행연구들을 참조하면서도, 필자는 상학이론에 근거하여 조선시대 현존 어진에 나타난 왕들의 상(相)에 대한 연구를 집중 시도함으로써 기존 연구와 차별화를 꾀하였다. 어진을 상학의 가치와 연계하여 왕의 성정에 따른 통치관과 업적 등에 대해서 살펴볼 수 있도록 한 것이다. 즉 현존 조선 어진들을 중심으로 해서 초상화의 양식을 이해함은 물론 제왕의 성정과 통치관 및 주요 업적들을 조망한 것이다. 이 같은 조망에는 현대사회의 지도자들에 대한 이미지 관리와 지도력 함양에 도움이 되는 방안 제시에서 그 의의가 드러난다고 본다.

4. 연구방법과 내용

조선시대 어진과 상학의 관련성 연구를 위해 현존 어진의 현황을 파악하여 온전한 어진과 훼손된 어진으로 구분하였다. 역대 27대 왕조시기에 제작된 어진으로 비교적 안면 분석이 가능한 온전한 형태의 현존 어진은 태조 어진(재위기간 1392~1398, 1872년 모사본), 영조 어진(재위기간 1724~1776, 1901년 모사본), 철종 어진(재위기간 1849~1863, 1861년 도사본) 3점에 불과하다. 비록 '대한제국'이라는 국호를 사용하는 왕임에도 불구하고 태조를 국시로 섬기는 조선의 세습된 왕이라는 점에서 온전하게 보존된 고종(재위기간 1863~1907, 1900년 도사본)과 순종(재위기간 1907~1910, 1923년 도사본)의 어진도 본 연구에 포함시켰다.

본 연구의 범주를 조선의 현존 어진으로 한정함에 있어서 가장 고무적인 것은 이당 김은호(1892~1979)가 그린 세조 어진(재위기간 1455~

1468, 1935년 모사본) 초본이 2018년 처음으로 일반인에게 공개되었다는 점이다. 조선시대 현존하는 어진의 숫자가 매우 적은 상황에서 새로 공개된 세조 어진을 본 연구에 포함시킨 것에 큰 의의가 있다.

하지만 익종 어진(대리청정 1827~1830, 1826년 圖寫 추정)은 화재로 인해 상당 부분 훼손된 채 전해져 본 연구에 적용하는데 다소 한계가 있다. 원종은 선조(재위기간 1567~1608)의 아들이면서 인조(재위 1623~1649년)의 생부이다. 역사적으로 알려져 있듯이 1623년 인조가 반정으로 왕위에 오르자 1632년(인조 10) 왕으로 추존된 원종(1580~1619, 1935년 모사본)의 어진이 있지만, 추존된 왕이었기에 실제 왕으로서 통치를 하지 않았으므로 본 연구의 범주에서 제외시켰다. 조선시대 어진과 상학의 상호 관계성을 주목하면서도 연구대상인 현존 어진 몇 점에 불과한 것은 아쉬운 점이라 본다.

본 연구의 주된 방법에 적용하였듯이 어진 속의 대상인물인 왕이 취한 체상(體相)의 표현을 통해 전체적인 상을 살핀 후, 안면 삼정(三停)의 균형에 따른 오악(五嶽)과 사독(四瀆)의 조화를 중심으로 안면십이궁(顔面十二宮)을 참고하였다. 세밀하게 표현된 안면 묘사를 통해 각 제왕에 나타난 이목구비 형태의 주요 특징을 중심으로 성정과 기질을 분석하고자 한다. 제왕의 통치시기에 따른 업적을 분석함에 있어 유년운기(流年運氣) 부위를 참고하여 주요 사건들을 시기별로 접근하였다. 그리고 초상화 제작에서 '전신사조(傳神寫照)'에 의한 사실적 묘사가 어진의 상학 분석에서 가장 중요한 정·기·신과 관련되므로 이에 대한 상관성을 밝히고자 한다.

관련 연구의 주요 참고 고전으로는 고전 상법인 『마의상법』과 『유장상법』을 중심으로 하되 그 외 여러 종류의 상학서를 참고하였다. 이를 통해 세상을 향도하는 각계 방면의 지도자들에게 현대 인상학적으로 활용할 수 있는 방안을 제시하고자 한다. 조선시대의 역사적 문헌으로는 『조선왕조실록』·『승정원일기』·『일성록』·『연대기』 등이 거론되는데, 본 자료들을 중심으로 왕의 성정을 분석하여 통치력에 따른 업적을 도출하려는 것이다.

조선시대의 주요 관찬서인 『조선왕조실록』·『승정원일기』·『어진도사도감』·『영정모사도감』·『어진도사사실』 등의 각종 의궤도감을 통해 알 수 있듯이 조선조 각 왕들의 다양한 어진이 제작되었음을 확인할 수 있었다. 이러한 참고문헌을 주시하되 어진도사와 모사의 제작과정, 도감의 설치와 운영, 제작된 어진의 봉안절차, 완성된 어진의 보존을 위한 체제상의 문제 등에 관한 기록들도 참조하면서 연구의 심화를 도모하고자 한다.

본 연구에서는 조선시대 어진을 상학과 관련시킴에 있어 왕의 성정과 통치력을 실제 인물 활동사의 대조로서가 아닌 어진만으로 분석하였음을 밝힌다. 다만 현존 어진 수가 적은데다, 보존된 어진 자체의 훼손된 부분들이 많아 다양한 연구 성과를 객관적으로 도출하는 데는 한계가 있음을 밝힌다.

이어서 본 연구의 범주에 대하여 언급해 본다. 제Ⅱ장에서는 조선시대 어진의 역사적 배경에 있어서 어진의 개념, 어진제작을 담당했던 도화서의 기능, 어진화사의 활동영역 등에 대해 다루고자 한다. 조선왕조의 국책사업인 어진 제작의 주요 목적이 체계유지에 크게 기여했던 만큼 엄중한 절차 하에 이루어졌음에 주시하였다. 이러한 어진제작의 절차를 통해 어진에 대한 이해를 다양한 시각에서 도모할 수 있도록 하였다.

제Ⅲ장에서는 조선시대 어진과 상학의 관계 조명에 있어서 조선시대 어진의 보존현황과 현존 어진의 대상인 태조, 세조, 원종, 영조,

철종, 익종, 고종, 순종에 대해 역사적으로 개관하였다. 제왕학(帝王學)과 상학의 관계에 대한 이해를 돕고자 제왕의 의미와 역사적 기록을 통해 상학이 고대 제왕의 치도(治道)와 관련이 있어왔음을 밝히고, 제왕과 전문 인재의 차이가 무엇인가에 대해서도 살펴볼 것이다. 이와 관련하여 분석 가능한 자료의 근거들을 사실적, 회화적 측면에서 살펴보고자 한다.

제Ⅳ장에서는 조선시대 어진의 분석에 있어서 동양 상학의 이론과 관련시켜 상학의 역사적 근원에 대해 살펴보고, 나아가 그 이론의 배경적 원류인 동양철학과 상학의 세부이론을 비교형식으로 다룰 것이다. 그리하여 이상적인 제왕의 특징에 대해서 살펴봄으로써 상학적 가치를 도출하는데 그 기준을 삼고자 한다. 이러한 제반적인 이론 하에 현존 어진을 분석할 것이다. 세부적으로는 제왕의 성정분석을 기반으로 해서 그들 업적에 따른 통치관에 대해서도 살펴보고자 한다.

제Ⅴ장에서는 조선대 어진의 관상학적 응용과 과제를 연구함에 있어서 현대사회에 기여할만한 가치가 있음을 확인하고자 한다. 어진을 연구를 함으로써 지도자의 인품 및 외모관리와 지도자의 리더십 함양을 위해 현대적으로 응용할 수 있는 방안이 적지 않을 것이기 때문이다. 이를 계기로 어진의 가치를 재조명하려는 것이다. 아울러 조선시대 어진의 보존과 관리의 중요성에 대한 인식을 강조할 것이며, 어진의 특징을 도출, 현대에 맞게 활용할 수 있는 방안을 제시하고자 한다.

II. 조선시대 어진(御眞)의 역사적 배경

본 장에서는 조선시대 어진의 어원과 개념을 통해 어진과 관련한 기법이라든지 상징성에 대하여 이해를 돕고자 한다. 특히 어진제작과 관련된 관장기구인 도화서와 어진화사의 업무영역을 통해 볼 때, 조선시대 궁중회화에서 가장 중요한 업무가 어진제작이었음을 확인할 수 있다.

조선 어진이 왕조 차원의 주도하에 이루어진 주요 사업으로 그 중요성만큼이나 상징적인 의미 또한 지대하였음을 어진의 형성배경과 제작과정을 살펴봄으로써 확인할 수 있다. 조선어진의 역사적 배경에 따른 접근은 바로 제왕과 관련한 어진의 가치와 중요성을 이해하는데 일익이 될 것이라 본다.

1. 어진과 도화서(圖畵署)

1) 어진의 개념

초상화란 고유한 성격을 지니고 있는 특정인물을 그려내는 회화로서 관련 영역의 큰 분류로 접근해 보면 인물화의 한 부분에 속한다. '초상화'란 단어는 근래에 주조된 용어로서 선인들의 문헌기록이나 찬문(贊文)을 보면 다음 몇 가지로 호칭된다. 즉 초상화를 일컬어 진영(眞影)·상(像)·영자(影子)·진용(眞容)·영상(影像)·화상(畵像)·영정(影幀)·영첩자(影帖子)[1] 등이라 하며, 이는 여러 고대문헌에 기록되었던 것으로 보아 시대별로 다양한 용어들이 사용되었음을 알 수 있다.

---

1) 조선미, 「한국 肖像畵의 성격적 特性」, 『人物畵』, 중앙일보사, 1990, p.184.

『조선왕조실록』의 기록에 의하면, 왕의 화상을 지칭하는 용어로서 진영·왕영·진용·성진(聖眞)·수용(晬容)·성용(聖容)·정자(幀子)·영정·어용(御容)·어진 등이 다양하게 등장한다. 그 외에도 화상(畵像)·초상(肖像)·사영(寫影)·사진 등의 용어들도 사용되었고, 소규모의 작품일 경우 소상(小像)·소진(小眞)·소조(小照)라 칭하기도 했다. 진(眞)·영(影) 등은 겉모습을 닮도록 그린다는 의미이며, 의형(儀形) 혹은 칠분(七分)이란 말로 초상화를 칭할 때도 형태의 유사성을 의미한다.[2] 이렇게 여러 가지로 호칭되는 초상화 용어가 시대별로 다양하게 사용되었다. 현재 주로 사용하는 '어진'이라는 용어가 왕의 초상화를 의미하는 용어로 결정되는 계기가 기록에 의하면 다음과 같이 전해진다.

1713년(숙종 39) "도감에 속한 신하들과 어진의 일 등에 대해 논의하다"라는 기사에서, 숙종의 어용도사 당시 모든 전신을 사진이라 함에 왕의 초상을 어진이라고 하자는, 어영 도사도감 도제조(都提調) 이이명(1658~1722)[3]의 건의가 있었다. 이 과정 중 합의에 의해 '어진'이라는 명칭을 도출하여 규정하게 됨으로써 여러 명칭들 가운데 차별화가 된 것이다.

---

2) 고연희, 『화상찬으로 읽는 사대부의 초상화』, 한국학중앙연구원출판부, 2015, p.13.

3) 李頤命(1658~1722)은 조선 후기의 전형적인 문신이며 학자이다. 세종의 아들 密城君의 6대손으로 영의정 敬興의 손자, 大司憲 民籍의 아들이다. 그 자신은 宋時烈의 지원 아래 주요 관직을 두루 거치고 숙종 때 우의정을 거쳐 좌의정에 차례로 오르는 등 숙종의 신임을 남달리 두텁게 받았다. 1713년 어용도사 도감의 최고 책임자인 도제조의 임무를 맡고 있었으며 그의 제의가 숙종에 의해서 받아들여지게 된 것이다. 『한국민속문화대백과사전』, 권 18, p.160.

도감(都監)의 여러 신하들을 인견(引見)하였다. 여러 화공들도 또한 같이 들어와서 어용(御容)의 익선관(翼善冠) 정본(正本)에 채색을 하였다. 도제조(都提調) 이이명이 상주(上奏)하기를, "그림 그리는 작업을 마친 뒤에는 마땅히 표제(標題)가 있어야 합니다. 이번에는 마땅히 존호를 써야 하는데, '모왕(某王)의 어진'이라 하고, 그 밑에 연월(年月)은 간지(干支)만 대충 써서는 아니 되오니, 마땅히 황명(皇明)의 연호를 쓰게 하소서."[4]

　『승정원일기』의 기록에 의하면, 이이명 등이 입시하여 어진제작 과정에서 어용(御容)의 후배(後褙)과정과 영희전 영정(影幀)의 표제 과정, 정본(正本)을 들여다 볼 수 있도록 참관할 관원에 대한 문제를 논의하는 과정 중에 '어진'이라고 결정된 경위를 위와 같이 설명하고 있다. 다르게 거론될 수 있는 용어의 취사에 있어서, '영자(影子)'란 왕의 자신을 자칭하는 용어이기에 신하로서 감히 칭할 바가 못 되며, '수용(睟容)'이란 선조의 수용이라 도사(圖寫)시 칭함에 적합하지 못하며, '어용(御容)' 역시 느낌상 거칠고 투박하여 적당하지 않다는 것이다.

---

4) 『肅宗實錄』 53권, 숙종 39년 5월 5일 辛巳, 引見都監諸臣 諸畫工亦同入施彩于御容翼善冠正本 都提調李頤命奏以畢工役 宜有標題 今番則宜寫尊號 而曰某王御眞 其下年月 不可泛書干支 當以皇明年號書之.

〈표 1〉 『조선왕조실록』에 나타난 왕의 초상을 지칭하는 용어[5]

용어	각 용어별 최초 출전 실록	출전수 (숙종전/숙종이후)
영자(影子)	『태조실록』권14, 태조7년 8월 乙巳 2일, 1398	50 (23 / 27)
어용(御容)	『정종실록』권2, 정종1년, 8월 己酉 12일, 1399	147 (71 / 76)
진용(眞容)	『태종실록』권7, 태종4년, 2월 己丑 18일, 1404	12 (9 / 3)
진영(眞影)	『태종실록』권10, 태종5년, 12월 辛巳 19일, 1405	8 (5 / 3)
성용(聖容)	『태종실록』권21, 태종11년, 5월 戊寅 18일, 1411	13 (12 / 1)
어진(御眞)	『태종실록』권21, 태종11년, 6월 甲寅 25일, 1411	302 (2 / 300)
영정(影幀)	『세종실록』권8, 세종2년, 7월 癸未 17일, 1420	415 (236 / 179)
수용(晬容)	『세종실록』권7, 태종4년, 2월 己丑 18일, 1432	18 (6 / 12)

구체적으로 말해서 '영정(影幀)'은 '정(幀)'의 뜻이 그림을 열어서 펼친다는 뜻으로 족자를 만든 후에는 사용할 수 없는 명칭이라 부적당하다는 것이다. 그러므로 모든 초상화를 '사진'이라고 불러왔으며, 왕의 화상 역시 '어진'이라 부르는 것이 가장 합당하다[6]는 결론을 도출해 냈다. 이 시기부터 '어진'이란 용어가 본격적으로 사용되었고, 어진제작 기구인 도감의 명칭 또한 '어진도사도감'이라 결정하게 되었다.

> "무릇 전신(傳神)을 사진이라 하니 어진이라고 부르는 것이 친근한 듯하다. 추후에 모든 아랫사람들이나 문서에는 어진이라 부르는 것이 어떻겠는가?" 하였다.[7]

---

5) 이 표는 정두희가 『朝鮮王朝實錄』중에서 왕의 초상을 지칭하는 용어들 별로 가장 먼저 나타나는 출전과 그 최초 출전 이후 기록된 출전의 수를 숙종 전과 숙종 이후로 나누어 용어별로 정리한 것이다.
6) 조선미, 『한국 초상화 연구』, 열화당, 1994, p.147.
7) 『承政院日記』제477책 (탈초본 25책) 숙종 39년 5월 6일 壬午, "凡諸傳神 皆稱寫眞 則稱以御眞 缺三四字群下及文書, 以御眞 稱之 未知何如."

이러한 기록으로 미루어 볼 때 숙종 대를 기준으로 생존 시 제작된 왕의 초상은 '어진'이란 용어로, 사후에 제작된 왕의 초상은 '영정'이란 용어로 통일해서 사용했음이 확인된다.

문제의 소지를 안을 수 있는 왕의 초상에 대한 명칭의 재규정은 그 대상에 대한 인식이 기존과 달리 중요하게 부각되었기 때문인 것으로 본다. 그동안 사용해오던 용어가 있었음에도 불구하고, 살아있는 왕의 초상을 '어진'이라 새롭게 규정하는 과정에서 인식의 변화를 확인할 수 있다. 특히 숙종은 자신의 도사를 진행할 만큼 어진 제작에 대한 새로운 인식 속에서, 그에 합당한 용어를 제정해야 하는 당위성[8]을 찾게 된 것이다. 왕의 초상을 '어진'이라 정하는 과정에서 숙종 대에 이르러 그 중요성에 대한 인식이 두드러졌음을 알 수 있다.

주목할 것으로, '어진'이라는 단어에 대해 현재 가장 포괄적이라고 알려진 한문사전인의 『대한화사전』(諸橋轍次)이나 타이페이에서 발행한 『중문대사전』에서 찾아볼 수 없는 한국식 한자어라는 사실[9]은 특이할 사항이다. 이처럼 왕의 초상인 어진의 어원은 지극히 한국적인 표현으로 해석할 수 있으며 이후 이에 대해 논쟁이 없었음을 볼 때, 왕의 초상을 '어진'이라 부르는 것이 합당하다고 본 것이다.

이상에서 살펴본 바와 같이 숙종 대에 왕권 강화의 한 방편으로 어진의 제작과 봉안에 대한 중요성이 부각되었지만, 왕의 초상과 관련된 어진 관련제도의 재정비와 용어의 통일이 쉽지만은 않았다. 그럼에도 당시 대신들의 건의에 따라 왕의 화상과 관련한 여러 용어들 중에 한국식 한자어인 '어진'으로 통일해서 사용해 오고 있음을 알 수 있다.

---

8) 정두희, 앞의 논문, p.30.
9) 이성미, 『어진의궤와 미술사』, 소와당, 2012, p.19.

2) 도화서와 어진화사

조선시대 도화서(圖畫署)는 종육품아문(從六品衙門)인 예조에 소속된 관청으로 왕실의 그림에 대한 수요와 관련하여 모든 제반업무를 담당했다. 화원제도에 있어 중추적 담당기구인 도화서가 궁중의 각종 행사인 의례와 제향(祭享), 조례(朝禮) 등에 필요한 그림제작에 관여하며 그 역할을 수행하였다.

이처럼 궁중의 주요행사에 있어 도화서가 중요한 역할을 담당하였지만, 조선 전기 어느 시점에서 설치되었는지 정확한 기록은 존재하지 않는다. 추측하기로는 태조 때부터 도읍을 정한 후 형세도(形勢圖)나 왕과 왕후의 초상을 그린 기록이 존재하는 것으로 보아 국초(國初)부터 그림을 담당하는 도화기관이 존재하였음을 유추할 수 있다. 태조 때부터 국가의 주요한 일에 회화의 일을 맡아보는 화공이 있었다는 기록[10]으로 미루어 보아 조선왕조의 개창 초부터 회화 업무에 필요한 전담기관과 전문 인력의 수요가 있었음을 알 수 있다.

그렇다면 도화서에서 전문 업무를 담당할 화원은 어떻게 선발했고 주요 담당업무는 무엇이며, 어떤 방식으로 운영되었을까? 도화서 취재 시험은 중인 출신이 지원하는 시험인 잡과에 속해 있지 않고 별도로 운영되었으며, 이는 기타 시험에 비해 경중이 낮았을 뿐 아니라 도화(圖畫)분야를 경시한 사회풍조가 작용했기 때문이다.[11] 화원은 재능이 특출한 연소자를 선발하여 오랜 기간 교육과 수련을 통해 양성해야 했다.

---

10) 김선태, 「圖畫署 制度 硏究」, 홍익대학교 석사학위논문, 2005, p.10.
11) 박정혜 외 3인 공저, 『왕의 화가들』, 돌베개, 2014, p.42.

도화서의 주요 업무로는 왕실의 혼례와 상례, 외국 사절단의 접대나 궁궐 영건(營建) 등 궁중의 일상과 이 모든 현장을 그림으로 시각화하는 것[12]이다. 현재 국가행사를 사진이나 영상매체로 수시로 기록하고 담아내는 일은 고대에는 도화서가 그 전문기관으로써 담당했던 것이다. 그리고 국가적 회화기구로서 도화서의 가장 큰 존재 이유는 궁중에서 매우 중요하게 생각하였던 회화 업무인 어진의 도사였다. 도화서 폐지문제가 군신 간에 불거졌을 때에도 폐지 불가의 명분은 어진도사였을 만큼이나 조선왕조에서 어진제작 업무는 도화서 폐지를 무력화시킬 만큼 중차대한 일[13]로 인식되었던 것이다.

---

12) 황정연, 「조선 궁중미술의 산실 도화서」, 『월간문화재』 380, 한국문화재재단, 2017, p.16.
13) 박정혜 외 3인 공저, 『왕과 국가의 회화』, 돌베개, 2013. p.19.

〈그림 1〉 태조 어진을 봉안한 정전 내 감실과 일월오봉도

자료: 전주 경기전

　　조선시대 도화서는 왕실에 필요한 장식품 및 의례용 그림의 제작도
담당하였다. 왕이 있는 곳과, 〈그림1〉에서와 같이 어진 제작과정이나
완성된 어진을 진전에 봉안 시에도 〈일월오봉도〉가 배치되었다. 〈모
란도〉 역시 왕실의 중요한 의례용 그림이었음은 1901년에 편찬된 『7
조 영정모사도감의궤』의 어진 봉안용 모란도 제작에 대한 기록14)에
미루어 알 수 있다.

　　도화서 운영과 관리는 전담부서인 제조(提調)와 별제(別提)에서
관장하였다. 도화서의 운영을 전적으로 책임지는 제조에서 화원들의

---

14) 전주시, 앞의 도록, p.140.

근무 능력을 평가하는 업무를 맡았다. 또한 화원과 생도를 교육하고 간혹 능력을 시험하거나 추천을 하는 등 도화서 업무에서 이를 전반적으로 관여하였다. 일반적인 경우 예조판서가 제조를 겸직하였으나 예외적으로 공조판서가 본 직무를 수행하기도 하였다. 반면 별제는 종6품 경관직으로 2명이 배치되었다.

보편적으로 조선시대 화원화가의 예술관은 개성이 강하게 표출된 독자적인 성격이 짙었다. 그렇지만 화원화가가 왕실의 수요에 따른 예술 세계에서는 자신의 개성을 철저히 배제시킨 채 공리적인 입장에서 업무를 수행해야 했다. 왕실의 권위와 취향은 물론 실용과 장식그림에 이르기까지 다양한 영역의 주제를 다룸으로써 왕실 고유의 시각문화를 창조해 냈다. 그러나 어진화사가 추구한 어진 제작의 궁극적 목표는 궁중의 장식화나 기록화와는 그 성격이 달랐다. 왕의 용모를 철저하게 사실적인 묘사로 형상화하기 위해 어진화사는 자신의 개성을 철저히 배제하고, 존엄이 깃든 왕의 모습을 객관적이고 치밀한 시각으로 담아내기 위해 대상에 집중하여 화력을 펼쳤다. 이러한 방식으로 축적되어온 어진화사의 특유 화법은 고유 양식으로 자리매김하며 다음 세대로 전승되어 이어질 수 있었다.

고도로 축적된 어진제작 기술은 이와 관련한 전통적인 화법에 새로운 화풍을 융합시켜 발전의 계기로 만들어가는 토대가 되었다. 조선 후기의 어진화사는 당대 최고의 기량을 지닌 화가로서 어진에 대한 새로운 시각과 변화를 주도하였고, 초상화의 발전과 조선 왕실 미술문화의 값진 성취[15]를 이루어낸 주역이 된 것이다.

조선초기부터 도화서는 궁중의 왕실에서 가장 중요한 업무인 어

---

15) 박정혜 외 3인 공저, 『왕의 화가들』, 돌베개, 2014, p.215.

진제작에서부터 왕실과 궁중에서 필요한 각종 장식적 요소의 회화제작 업무를 담당하였다. 국가 주요 의례의 매 과정마다 의궤도설을 제작하였고 높은 지위의 관리와 공신들의 초상화를 그리기도 하였다. 이처럼 도화서는 400년 넘게 제도상 많은 변화를 겪으면서 조선왕조의 역사와 함께하였으나, 1910년 국권 피탈로 인해 도화서가 완전히 폐지되기 전까지 그 기능을 다하면서 궁중 시각문화의 명맥을 이어갔다.

이처럼 궁중의 시각문화를 담당한 화원들은 회화적 기량을 통해 왕실문화의 권위와 품격을 높이는데 많은 기여를 했다. 특히 어진화사는 높은 수준의 사실적인 필치를 기반으로 뛰어난 역량을 발휘하여 왕조의 상징성을 부각시키는데 공헌했다. 어진을 그리는 것은 국가의 최대 중대사로서 화사는 최고의 능력을 갖추기 위해 자기계발에 많은 노력을 기울였다. 화원화가들은 공식적인 화역(畵役)과 사적인 도화 활동 사이인 여러 방면에서 이력과 경륜을 쌓아가고 있었다. 이렇게 다양한 화제들을 폭넓게 다루었던 이들의 경험들은 정제한 필력을 함양하는 바탕이 되었던 것이다.

도저한 경험을 쌓은 도화 전문가의 어진 제작은 왕명에 따라 도감(都監)과 조정 대신들의 주관 하에 치러졌다. 엄격한 검증을 통해 선발된 최고 수준의 화가들이 그림을 맡았고, 왕과 대신들도 심의 과정인 봉심(奉審)의 절차를 마련하여 제작 과정을 점검하였다. 어진 제작은 국왕 개인의 초상화 제작이라는 차원을 넘어 국가와 왕실의 관심이 집중된 행사였고, 따라서 어진은 왕실 미술의 정점에 놓을 수 있는 그림16)으로서의 위상을 지녔다. 조선시대의 어진제작은

16) 위의 책, p.129.

당시 최고 국가기관인 도화서에 속한 어진화사에 의해 정성스럽게 이루어졌다.

어진 작업의 정성에 더하여 조선 왕조시대에 어진이 지니고 있는 의미를 여실히 보여주는 것은 『승정원일기』에 기록된 어진의 제작 과정이다. 어진제작을 위한 관장 기구가 설치되면 도화서의 화원들 가운데 화상에 뛰어나고 정평이 난 자로서 어용화사(御容畵師)를 선발하였다. 그러나 마땅한 인재가 없을 시 대신들의 추천에 의해 외방화사(外方畵師)들 중에 선발하기도 하였다. 대궐 내의 공신상을 그리게 하는 시재(試才)를 통해 공개경쟁으로 뽑는 경우도 있었다. 당시 어진화사들에게 요구되는 중요 사항은 창의적인 예술성보다는 고도의 정제된 사실적 묘사가 가능한 세밀한 필치였다.

어렵게 선발된 어진화사들의 업무는 크게 세 영역으로 분담된다. 첫째는 주관화사(主管畵師)로서 집필화사(執筆畵師)는 시험을 통과하거나 신료들의 적극적인 추천을 받은 최고의 기량을 발휘할 수 있는 능력의 소유자였다. 주관화사는 신체의 주요 핵심 부분인 용안(龍顏)과 정본에 상초(上綃)를 담당하는 등 어진제작에 있어 중추적 역할을 하였다. 둘째는 동참화사(同參畵師)라 하여 용체(龍體)의 주요하지 않은 부위와 채색과정을 담당하였다. 셋째는 수종화사(隨從畵師)라 하여 화채(和彩)시 보조역할을 하며 화업을 익힐 기회를 가졌다. 이 밖에도 원역장인(員役匠人), 첩장(貼匠), 침선노(針線奴) 등의 많은 인원이 어진 제작에 참여했다.17) 이로써 어진 제작에는 국가적 배려 차원이 어느 정도였는지 그 규모를 가히 가늠해 볼 수 있다.

---

17) 조선미, 『초상화 연구』, 문예출판사, 2007. pp.98-99.

그리하여 어진화사에 의해 완성된 어진을 진전에 봉안하기 위한 각종 의례 및 제도를 통해, 조선조 왕의 초상화가 지닌 여러 상징적 의미를 확인할 수 있다. 화원은 그들의 신분이 비록 잡직임에도 불구하고 왕조와 관련된 곳의 수요에 따른 많은 작품을 제작하였다. 그러하였기에 조선왕조의 성립과 전승에 기여하였던 궁중화원들의 예술관을 심도 있게 엿볼 수 있다.

2. 어진(御眞)의 제작

1) 제작목적

조선시대에는 고려의 전통을 계승하여 건국 직후부터 어진 제작과 봉안을 위한 진전 설치가 매우 활발하게 이루어졌다. 국초(國初)부터 국가적 차원에서 제작된 어진은 진전(眞殿)에 봉안되었으며, 정해진 주요 절기마다 엄격한 의례에 따른 의식이 거행된 것이다. 이러한 배경에는 왕가에서 성자신손(聖子神孫)의 조상을 추모하기 위해 어진을 진전에 봉안하고 제사를 지냄으로써 조종의 영구지도(永久之圖)를 꾀하고자 상징적 의도[18]가 내재되어 있었다.

국가사업으로써 어진 제작과 봉안에 중점적인 관리를 함에 따라, 조선 어진을 도사하고 훼손된 어진은 수정하고, 다시 새로 이모하는 등 어진 제작과 보존에 힘써 왔다. 어진제작은 국가의 중차대한 일로, 그 시작에서 끝까지 역사적 · 정치적인 면과 사회적 · 문화적 ·

---

18) 조선미, 「朝鮮王朝時代의 御眞製作 過程에 관하여」, 『美學』 6, 韓國美學會, 1979, pp.3-4.

예술적으로 당대 화사의 모든 역량이 집결된 결과물로서 어진 제작의 목적에 주목할 필요가 있다.

어진 제작은 그 목적에 있어서 왕권의 정통성을 상징하는 것으로서 조선왕조의 어진제작과 관리는 치도(治道)를 표방하기 위한 것으로 인식되었다. 이에 조선시대 왕들은 필요할 때 어진을 제작함으로써 사회 지배질서나 왕권을 강화하려고 하였다. 즉 선대 임금의 어진을 봉안하고 제작함으로써 사회 지배의 정통성과 군신간의 위계질서를 재확인 하려고 했다. 특히 고종 대에 시행된 어진 모사작업은 태조 때부터 이어지는 조선왕조의 정통성을 드러내고, 어진 봉안행사를 통해 국왕에 대한 충성을 다짐하는 계기로 삼았던 점[19] 등으로 미루어 볼 때 어진 제작의 목적이 무엇인지를 추론할 수 있다.

성리학적 질서가 치국의 근간이었던 조선시대는 의례행사에 어진을 제작하여 진전에 봉안함으로써 제의적 목적과 정치적 목적을 달성할 수 있었다. 전통적인 어진의 제작 목적인 제의적 성향은 어진도 일반의 여염집에서 모시는 영정과 마찬가지로 자손이 조상을 추모하여 사후 명복을 비는 뜻으로 제작했다는 것이다. 왕실의 조상신을 대상신으로 하였던 의례들이 생성되고 변화된 과정을 분석해 봄으로써 각 의례들의 생성 동인으로 왕의 행위가 결정적으로 작용했으며, 그 의도 속에는 정치적인 목적 이외에 조상신에 대한 마음이 주요했다.[20] 그렇기 때문에 왕조 차원의 어진 제작과정에서 이루어지는 봉안과 진전 설립에 관한 다양한 일들이 매우 중요한 사업으로 전승될 수 있었던 것이다.

---

19) 조광, 『영정모사도감의궤』, 국립고궁박물관, 2013, p.17.
20) 권용란, 『조선시대 왕실 조상신에 대한 연구』, 민속원, 2015, p.17.

한편 유교를 국가이념으로 표방한 조선시대 어진은 오례(五禮) 중 가장 중요한 길례를 지내기 위한 신위와 같은 기능을 했다. 선왕의 어진을 모사하는 것이든, 재위 중인 왕의 어진을 도사한 것이든, 이 것은 단순히 특정 개인으로서 왕의 초상화를 복원하거나 그리는 작 업이 아니라 선대의 관례21)에 따라 제의적 목적으로 대상물을 제작 한 것이다.

어진의 제의적 기능에 맞물리듯 불교의 영향으로 통일신라 이래 불교 사찰에서도 어진을 봉안하기 시작하였다. 고려시대에는 사찰 뿐 만 아니라 왕실 안의 원찰과 원묘에 진전을 설치하여 어진을 봉안한 것을 보면, 불교적인 제례에서 영향을 받았다고 할 수 있다. 이러한 의례는 조선시대에 이르러 성리학을 받아들이면서 신주를 사용하는 성리학적 제례로 전환22)하게 되면서, 왕실에서부터 민가에 이르기까 지 신주와 영정을 같이 사용하는 복합적인 제례 방식으로 바뀌게 되 었다.

어진 제작에 있어 정치적 목적은 전통적인 추모의 기능보다는 더 현실적이라 할 수 있다. 진전에 봉안한 어진을 1년에 수차례씩 의례 행사를 거행함으로써 왕조의 영구함을 도모고자 하는 상징적 의미가 강하였다. 따라서 진전에 어진을 봉안하는 절차 및 제사를 둘러싼 여러 복잡한 의식절차라든가, 큰 비와 눈이 오거나 또는 진전에 화 재가 났을 때 베푸는 위안제의 규모라든가, 전란 시 갖은 고난을 무 릅 쓰고 어진을 대피시키는 노력23)을 통해 어진이 단순한 '초상화'가

---

21) 이미경, 「조선시대 御眞 연구」, 홍익대학교 석사학위논문, 2006, p.8.
22) 강관식, 「털과 눈 : 조선시대 초상화의 祭儀的 命題와 造形的 課題」, 『미술 사학 연구』 248, 한국미술사학회, 2005, pp.105-106.
23) 이미경, 앞의 논문, p.8.

아니라 '왕'이자 '왕조' 그 자체였음을 확인할 수 있었다.

왕조 자체인 어진의 보존 또한 매우 중요하게 대두되었다. 즉 어진의 보존은 왕실의 안위와 계승을 의미하였으므로 어진에는 치도(治道)를 위한 정치적 기능은 물론 왕실 제례의 대상으로 삼는 기능에 더하여, 어진을 실은 가마와 장대한 호가행렬이 궁 밖을 나와 진전으로 이동하는 봉안 여정에는 백성들에게 미치는 사회적 기능[24] 또한 부여되었다.

조선시대의 어진 제작은 임진왜란과 병자호란 등의 국가적 환난 시기를 제외하고 건국초기부터 대한제국에 이르기까지 전 왕조에 걸쳐 이어졌다. 이러한 점에 비추어 볼 때, 조선왕조 시기의 어진 제작은 정통성 계승과 왕권강화를 위해 엄중한 절차에 의해 체계적으로 이루어진 역사적 사실로 확인되는 것이다.

2) 제작과정

어진제작은 관장구조(管掌構造)인 도감이 먼저 설치된 후 화원선발로부터 본격적으로 시작된다. 정선하여 선발된 어진화사들은 각 업무분야에 따라 초본(草本) - 상초(上綃) - 설색(設色) - 후배(後褙) - 장황(粧䌙) - 표제(標題)의 순으로 진행하는데, 그 구체적인 제작 과정은 다음과 같다.

우선 초본을 내는 것은 어진제작에 있어 도사와 추사, 모사 모두 가장 중요한 시작단계로 초본이 완성된 후 다음으로 연결되는 과정은 거의 같은 단계로 진행되었다. 초본을 작업할 때 어진화사에게

---

24) 박정혜외 3인 공저, 『왕과 국가의 회화』, 돌베개, 2013, p.19.

요구되었던 것은 엄숙하고 정결한 마음가짐과 몸가짐이었으므로 정해진 공간에 머물도록 하여 불결한 기운의 접근을 막았다. 올바른 초본을 내기 위해 만족할 때까지 거듭 여러 번 초본을 내기도 하였다. 초본이 완성되면, 2품 이상의 조정 대신들이 미숙한 부분에 대해 지적하고 왕 역시 자신의 의견을 제시함으로써 어진의 완성도를 높였다.

초본이 완성되면 다음과정인 상초과정이 진행된다. 상초는 초본과정 중 이미 직조된 비단을 크기에 맞게 짜여진 나무틀에 고정시킨다. 이어서 비단 위에 끼운 틀의 두께로 인해 비단이 초본 위에 아교와 백반을 섞은 것을 전체적으로 입힌 후 초(綃) 위에다 초본을 옮겨 정본을 그려내는 과정[25]이 상초이다. 이 상초는 묵화(墨畵)로 처리하는데 면부(面部)를 그릴 때 특히 각별한 주의가 필요하다. 그 순서는 대개 용안(龍顔), 용신범위(龍身範圍), 곤의(袞衣), 흉배(胸背), 그리고 화자(靴子) 순으로 그렸는데, 용안 묘사는 반드시 주관화사가 담당[26]하였는데, 어진제작에 있어 용안의 표현이 가장 어렵고 중요하였기 때문이다.

상초과정이 마무리되면 본격적인 채색과정인 설색에 들어간다. 설색은 어진 상초과정 이후에 시작되는 본격적인 채색과정으로 도사시 채색을 할 때에 왕 이하 관련 대신들의 봉심을 거치게 되며, 감동각시들과 함께 논의하여 채색을 덧칠하기도 하는데, 때로는 후배 뒷부분까지도 가채(加彩)하는 경우도 있었다.

---

25) 김성희, 「朝鮮時代 御眞에 관한 硏究」, 이화여자대학교 석사학위논문, 1990, p.56.
26) 조선미, 앞의 책, p.200.

정본 채색을 끝내면 후배 작업에 들어간다. 후배 작업에 있어 종이의 선택이 무엇보다 중요하므로 잘 다듬은 숙초(熟綃)가 좋으며, 사용되는 종이의 종류로는 모면지(毛綿紙), 박백지(薄白紙), 운화지(雲花紙)를 주로 사용하였다. 배접은 풀 알갱이의 질에 따라 뒷날 좀으로 상하는 폐단을 막을 수 있느냐 여부가 관건이었다. 후배 뒤에는 깨끗하게 잘 마르도록 세심한 주의를 기울였다.

영정의 네 가장자리에 회장(回裝)을 하고 뒷면 배접이 끝나면, 어진제작 기간 동안 수시로 왕의 심사를 거쳐 이미 허락 받은 옥축(玉軸), 낙영(絡纓), 홍사(紅絲), 유소(流蘇 : 족자위에 늘어뜨린 술), 봉안용 고리 등이 부착되면서 모든 장황과정[27]이 완료된다.

장황이 마무리 되면 표제과정으로 이어진다. 표제는 숙종 때 처음 제정된 의례로서 완성된 어진에 표제를 적는 일반적인 제작절차에 대신들의 첨배의식을 결합하여 의례화시킨 것이다.[28] 표제를 통해 제작시기와 그 어진이 어느 왕의 초상을 담은 것인지 알 수 있다. 신료들은 표제를 마친 어진의 봉심을 한 후 정해진 길일 길시에 해당 진전에 봉안함으로써 어진제작의 과정은 마무리 된다.

그런데 무엇보다 조선왕조의 개창자로서 태조의 상징적 존재감이 중요하게 여겼던 만큼 국초부터 전국적으로 봉안할 진전의 설립이 요원했다. 유교적 이념체계의 근간 하에 세워진 조선왕조에서 고려시대 유습인 진전에 어진을 봉안하는 제도를 이어온 것은 제왕의 숭모사상과 선대에 대한 후손의 추모에 대한 예로써 중요했기 때문이다.

---

27) 조선미, 『왕의 얼굴』, 사회평론, 2012, p.54.
28) 유재빈, 「조선 후기 어진 관계 의례 연구 : 의례를 통해 본 어진의 기능」, 『미술사와 시각문화』 10, 사회평론, 2011, p.82.

조선시대의 왕과 관련한 각종 의례를 거행하는 건축물인 진전에 어진을 봉안함에 있어, 진전은 한 분만을 모셨던 곳과 여러 왕인 열성어진을 모셨던 두 가지 형태의 진전으로 구분된다. 한 분의 어진을 모셨던 진전으로 대표적인 곳은 조선 초기부터 한양과 지방 여러 곳에 세워진 조선왕조 개창자인 태조 이성계의 진전과 정조의 어진이 봉안된 수원 화성 화녕전(華寧殿)을 꼽을 수 있다. 여러 왕의 어진을 봉안한 진전으로 궁궐 안에 있었던 선원전과 도성 안에 마련된 영희전을 들 수 있다.

그렇다면 조선의 후대 왕들은 왜 태조의 사적과 관련된 곳에 진전을 세워 태조 어진을 봉안하려 했을까? 태조 어진은 '건국자'의 어진이라는 점에서 조선 왕조의 상징이라고 할 수 있다. 조선은 새 왕조의 기틀을 굳건히 하기 위해 태조 어진을 전국의 주요 도시에 봉안함으로써 백성들을 결집시켜 그들의 충성심을 고취하고자 하였다.

태조 어진은 지방의 진전에 봉안된 것과 수도인 한양의 진전에 있는 것에 따라 봉심과 의례의 주체가 달랐다. 지방의 진전에 봉안된 어진은 각 지방의 관리와 향리에 의해 관리를 받았다면, 수도의 진전에 봉안된 어진은 왕과 왕세자의 친향을 받았다.[29] 승하한 선왕의 어진은 자손이 된 현왕에게 제향을 받았다면, 생존 때의 현왕 어진은 신하들의 지속적인 관리와 봉심을 받았다. 이처럼 어진은 시대, 지역, 대상에 따라 각기 다른 규모의 의례와 봉심을 받게 된 것이다.

조선 후기부터 어진은 왕이 개인적으로 선대 조상을 모시기 위해 제작되기도 했다. 그 예로 영조가 생모 숙빈최씨(淑嬪崔氏)의 사당인 육상궁(毓祥宮)의 냉청정(冷泉亭)에 두 차례 소본(小本)어진을 봉

---

29) 위의 논문, p.74.

안하였고, 이후 많은 왕들의 어진이 사친의 사당에 봉안되었다. 정조는 아버지 장조(莊祖)의 사당인 경모궁 망묘루(望廟樓)에 자신의 어진을 봉안하였고, 이어서 순조의 생모인 수빈박씨(綏嬪朴氏)의 사당인 경우궁(景祐宮) 성일헌(誠一軒)에 순조와 익종의 어진을 봉안[30]한 것이 대표적인 예이다. 사친(私親)에 의한 효사(孝思)의 뜻을 펼치기 위해 진전과 왕실 사묘(私廟)에도 영정을 봉안했다.

이와 같이 조선왕조는 태조 이래 많은 숫자의 어진이 제작되어 국초부터 태조의 사적과 관련된 여러 곳의 진전에 어진을 봉안하여 진전제도의 윤곽을 체계적으로 잡아나가 조선왕조의 기틀을 확고히 하였다.

---

30) 국립고궁박물관, 앞의 도록, p.136.

Ⅲ. 조선시대 어진과
상학(相學)의 관계

현존 어진과 상학의 관계를 이해하기 위해서는 본 연구의 대상인 조선시대 현존어진의 현황 파악이 우선되어야 한다. 『면상비급(面相祕笈)』에서는 "환경은 사람을 이루고 있는 사물의 근원적 내력으로 보아 그 사람을 둘러싸고 있는 환경 즉, 자연적 조건이나 사회적 조건을 먼저 보고 다음이 골격을 보는 것"[1]이라 하였다. 상을 보는데 있어 우선순위가 무엇인지를 가늠하게 해주는 언급이라 본다.

그리고 어진을 통해 왕의 상(相)을 연구함에 왕조시기의 여러 정치·사회적 환경요인들을 참고하는 것이 중요하다. 이에 왕의 전체적인 생몰연대와 재위기간 중의 역사적 전개에 대해서도 살펴 볼 것이다. 왕과 관련한 정치사회적 요인들과 상학의 관계에 대한 연구도 자연스럽게 모색될 것이라 본다.

1. 어진의 보존현황

조선 초기에 전국의 여섯 곳에 위치한 태조 진전은 건립 시기와 배경이 각기 달라 조정에서 어진제작과 봉안하는 일을 일괄적으로 추진할 수 있는 것은 아니었다. 태조 진전을 설치한 경주, 평양, 개성 등은 이전 왕조의 도읍이었으므로 고려 말과 조선 초기의 왕조 교체 시기에 유력한 지방 세력을 제압하고 중앙집권을 강화하기 위한 정책의 일환이었을 수도 있다.[2] 또한 태종의 경우를 보더라도 왕위 계승과 관련하여 태조에 대한 자식 된 도리로 효심을 강조하고 도덕적 명분을 위해 태조 어진의 봉안과 진전제도를 중요하게 활용하였다.

---

1) 『面相祕笈』「人品法」, "環境也 次及骨格者 原其環境所由來."
2) 조인수, 「경기전 태조 어진과 진전의 성격 : 중국과의 비교적 관점을 중심으로」, 『왕의 초상 - 경기전과 태조 이성계』, 국립전주박물관, 2005, p.273.

〈표 2〉 조선시대 현존 어진

명칭	제1대 태조 어진	제7대 세조 어진	추존왕 원종 어진	영조 예진 연잉군 초상	제21대 영조 어진
현존 어진					
제작년도 및 소장처	1872년 모사본 전주 경기전	1935년 모사본 국립고궁박물관	1936년 모사본 국립고궁박물관	1714년 도사본 국립고궁박물관	1901년 모사본 국립고궁박물관
보존 상태	비단에 채색 220×151 국보 제317호	종이에 먹 187×132	비단에 채색 280×104	비단에 채색 150.1×77.7 보물 제1491호	비단에 채색 183×87 보물 제932호

명칭	추존왕 익종 어진	제25대 철종 어진	제26대 고종 어진	제27대 순종 어진	
현존 어진					
제작년도 및 소장처	1826년 모사본 국립고궁박물관	1861년 도사본 국립고궁박물관	20세기 초 도사본 국립중앙박물관	1923년 모사본 국립현대미술관 위탁보관(개인)	
보존 상태	비단에 채색 147.5×90	비단에 채색 202.2×93 보물 제1492호	비단에 채색 117.8×68.2	종이에 먹 59.7×45.5	

이처럼 어진 봉안에 따른 진전제도가 확립되었음에도 불구하고, 봉안된 영정이 산일(散逸)과 화재로 인한 전우(殿宇)의 폐기 외에도 여러 전란으로 인해 개폐의 문제가 발생하게 되었다. 어진의 보존에 있어 최근의 수난은 한국전쟁 당시 피난처인 부산의 보관창고 화재 사건이다. 이로 인해 어진의 대부분이 소실되어 현재는 불과 몇 점의 잔 폭만이 존재한다. 이러한 현실이 조선시대 어진의 다양한 연구를 시도하는데 한계였음을 밝힌다.

우선 조선시대 어진의 상학적 연구를 위해 현존 어진의 현황 파악과 더불어 어진 속 왕의 재위와 관련된 주요 역사적 개관에 대해 살펴보고자 한다. 상학의 시각에서 왕의 성정에 따른 통치관과 업적을 객관적으로 유추하기 위해서는 당시의 역사적 사실에 주목하지 않을 수 없기 때문이다.

어진들이 부산의 창고에서 불탄 흔적을 남기긴 했지만 안면의 구분이 확실한 어진으로는 1900년(광무 4)에 이모된 영조의 반신상과 철종 전신상 겨우 2점뿐이다. 현재 1872년(고종 9)에 다시 이모한 전주 경기전의 태조 어진 전신상만이 그나마 완전한 형태로 남아 있다.

역사인식이 결여된 현실에서 볼 때 1935년 이당 김은호가 그린 '세조 어진 초본'을 2016년 미술품 경매를 통해 국립고궁박물관이 구매하여 대중에게 공개한 점은 고무적인 사실이다. 기존의 어진연구에서와 달리 비록 초본이기는 하지만, 임진왜란 이전의 어진이 존재하지 않는 상황에서 세조 어진 초본은 귀중한 유물로 평가되어 본 연구에 포함시켰다.

대체로 어진 제작과 관련한 내용은 의궤를 비롯하여 실록 등의 기록만이 전해질 뿐, 기록과 작품이 모두 남아있는 어진은 매우 드물다. 기록과 작품이 모두 현존하는 조선시대 어진은 영조의 왕세제

시절 당시 연잉군 초상화를 비롯하여, 원종으로 추존되는 정원군의 초상화와 익종으로 추존되는 효명세자의 초상화가 있다.

(1) 태조 어진(1872년 모사본)

조선 제1대왕인 태조(1335~1408, 재위 1392~1398)의 본관은 전주, 초명은 성계, 자는 중결, 호는 송헌이다. 즉위 후에 휘는 단, 자를 군진으로 고쳤다. 원나라의 국세가 기울고 고려가 반원 자주정책을 펴게 되자 아버지 이자춘은 이성계와 함께 개경을 찾아 충성을 다짐하고 쌍성총관부를 공격할 때 공을 세움으로써 고려의 벼슬을 받았다. 그 이후에도 여러 전장에서 공을 세우면서 이름을 떨쳤다.

1383년 거듭된 활약을 통해 구국의 영웅으로 떠오르는 이성계에게 세상의 개혁을 꿈꾸던 신진 사대부의 일원인 정도전이 찾아와 의기투합했다. 그는 1388년 1월 우왕의 뜻에 따라 최영과 손을 잡고 당시의 집권 세력인 염흥방, 임견미 일당을 제거하고 이인임을 무력화한 후 그 공로로 수문하시중(守門下侍中)에 임명되었다.

조선이 명(明)과의 관계가 악화되자 최영의 주장에 따라 요동정벌이 실행에 옮겨졌지만, 이성계는 위화도에서 회군을 단행3)하여 최영을 몰아내고 우왕을 폐위시켜 권력을 장악하였다. 이어서 그는 창왕을 폐위시키고 공양왕을 세우는 한편 전제를 개혁하는 등 옛 세력의 정치적 기반을 허물어 새 왕조 창립의 토대를 구축하지만, 정몽주의 반격으로 위기를 겪기도 한다. 아들 이방원이 정몽주를 선죽교에서 죽임으로써 고려를 유지하려는 세력은 무너졌고, 마침내 1392년 조선왕조4)의 1대 왕에 즉위하였다.

---

3) 『왕의 초상 - 경기전과 태조 이성계』, 국립전주박물관, 2005, p.28.

새 왕조의 국호를 '조선'으로 확정하여 1393년(태조 2) 새 국호로 썼으며, 한양을 수도로 삼았다. 태묘·사직·궁전을 비롯하여 숭례문 등의 4대문을 건설하여 왕성의 규모를 갖추었다. 그리고 법제의 정비를 위해 1394년 『조선경국전』과 각종 법전이 편찬5)되어 조선왕조 500년 동안의 근본 정책이 되었다.

이성계의 재위기간은 6년 2개월이며, 상왕위(上王位)에 10년 동안 있었다. 시호는 '태조지인계운응천조통광훈영명성문신무정의광덕고황제(太祖至仁啓運應天肇統光勳永命聖文神武正義光德高皇帝)'이고 묘호는 '태조'이며 능은 구리시에 소재한 건원릉이다.

이처럼 태조는 조선의 건국자인 만큼 특별한 위엄과 상징성으로, 국초부터 따로 태조 어진을 비설(備設)하여 사적과 관련된 곳에 봉안해왔다. 태조가 역성혁명을 통한 개국시조로서 왕가의 자손이 선대왕을 추모하는 것은 새 왕조의 정통성 확립을 위해 가장 시급한 정책 중의 하나였다. 그로서는 열성어진을 제작하여 진전에 봉안하고 일 년에 수차례 향사함으로써 왕실의 번영을 영구히 하려는 상징적 열망이 절실했다. 태조 어진은 진전 봉안용 이외에도 『명종실록』의 기록을 통해 무려 26축이 될 정도로 많이 제작되었으나, 현재 전주 경기전에 보존된 1본만이 유일하다.

> 상이 조강에 나아갔다. 동지경연사 홍섬이 아뢰기를, "소신이 종부시제조(宗簿寺提調)를 맡고 있으면서 선원전(璿源殿)의 일을 항상 아뢰려 하였습니다. 선왕의 어용(御容)이 매번 퇴색(褪色)하니 마

---

4) 휴머니스트 편집부 엮음, 『박시백의 조선왕조실록 사전』, ㈜휴머니스트 출판그룹, 2013, p.11.
5) 국립전주박물관, 앞의 도록, p.28.

음이 편치 못합니다. 옛날에는 임금이 젊었을 때와 늙었을 때에 모두 영정을 그리게 했으니 이것은 말절(末節)이 아닙니다. 자손 만세토록 추모하는 정은 이것이 없으면 의지할 곳이 없습니다. 우리 조정으로 말한다면 태조의 영정은 26축이고 시중(侍中) 때에 그린 영정이 있으며 태종·세종·세조는 모두 어용을 그렸습니다."[6]

이와 같이 태조의 어진은 면복본(冕服本), 군복본(軍服本), 복건본(幅巾本), 입제본(笠制本), 마좌영(馬坐影) 등 다양한 의관을 갖추고 제작된 초상화가 26축이나 되었지만, 그 보전에 대해 정확히 살필 수 없는 점이 아쉬울 따름이다. 대부분의 어진들은 진전 봉안을 전제로 했기 때문에 다양한 형식이 존재하지 않았을 것으로 사료된다.

제작 기법으로 볼 때 태조 어진은 1872년(고종 9) 전주 경기전에 봉안된 어진이 오래되어 낡고 손상됨에 따라 영희전의 태조 어진을 범본(範本)으로 하였다. 이 때 박기준, 백은배 등의 어진화사들에 의해 제작된 이모본으로서 여기에는 비록 어진을 통해 왕을 알현함에도 왕의 권위와 위엄이 잘 묘사되었다.

여기에서 주목할 것으로, 경기전 태조 어진의 중요한 특징 중의 하나는 좌우대칭의 정면상이라는 점이다. 안면을 정면상으로 묘사함에 있어 어려운 부분이 입체적인 요소가 강한 코의 표현이다. 태조 어진은 양쪽 눈 사이에 옅은 선염(渲染)을 살짝 가하여 콧날의 입체감을 나타내고 있는데, 중국 청대나 조선 후기의 정면관 초상에

---

6) 『明宗實錄』8권, 명종 3년 10월 10 1548년 辛亥, 上御朝講. 同知經筵事洪暹曰 "小臣叨 任宗簿提調 璿源殿事 常欲啓之 先王御容 每爲褪色 未安 古者 人君小壯及老 皆寫其眞 非 末節也 子孫萬代 孝思追慕之情 捨是無所賴矣 以我朝言之 太宗影幀 有二十六軸 而有侍中 時寫眞 太宗 世宗 世祖 皆寫御容."

사용되었던 뚜렷한 명암법과는 다른 기법이다.[7] 안면의 표현은 간결한 선묘(線描)로써 절제된 표현으로 묘사하였지만, 의관과 주위 배경은 복잡한 문양과 화려한 색채를 사용하여 장식적으로 표현되었다.

화려한 색채 장식의 문양을 표현한 태조어진은 평상시 집무복인 익선관[8]과 청색의 곤룡포,[9] 백옥대[10]와 흑화[11]를 착용한 전신상에 가슴과 어깨에는 왕을 상징하는 오조룡(五爪龍)이 그려져 있다.[12] 비록 1872년에 제작된 모사본이지만 제작기법 면에서는 조선 초기

---

7) 조인수,「경기전 태조 어진과 진전의 성격」,『왕의 초상 - 경기전과 태조 이성계』, 국립전주박물관, 2005, p.266.

8) 조선시대 때 왕·세자가 視務服인 곤룡포에 쓰던 冠으로 형태는 帽體가 2단으로 턱이 지고 앞보다 뒤쪽이 높으며 뒤에는 매미날개 모양의 小角 2개가 윗쪽을 향해 달려있다. [네이버 지식백과] [翼善冠] (한국민족문화대백과, 한국학중앙연구원)

9) 왕이 집무 시 입던 正服으로 가슴과 등, 양어깨에 용의 무늬를 금으로 수놓은 圓補를 붙인 옷으로 龍袍·蟒袍·御袞이라고도 한다. 즉 곤룡포를 입고 翼善冠을 쓰고 玉帶를 띠고 靴를 신은 것이 왕의 視務服이다. [네이버 지식백과] [袞龍袍] (한국 민족문화대백과, 한국학중앙연구원).

10) 띠돈을 옥으로 만든 帶로 옥대는 왕·왕세자·동궁비가 하였는데, 왕과 왕세자는 朝服과 常服·祭服을 입을 때 하고, 동궁비는 예복에만 하도록 하였다. 고려시대에는 중국의 황제에게 賜與받기도 하였으며, 왕이 전공을 세운 중신 또는 중흥공신에게 하사하기도 하였다. [네이버 지식백과] [玉帶] (한국민족문화대백과, 한국학중앙연구원).

11) 최공호 외 4인,『한국인의 신발, 화혜』, 2015, p.27. 黑皮靴는 가죽으로 만든 검은색 신이라는 뜻으로 黑靴라고도 하며, 흑화는 흑색의 목이 긴 靴를 말한다.『국조속오례의보서례』에서 왕이 곤룡포에 신는 흑화를 黑麂子皮靴라 하였고, 왕세자가 곤룡포에 신는 흑화는 왕의 흑화 제도를 따른다고 하였다.『國朝續五禮儀補序例』卷2「嘉禮」'殿下視事服圖說', '王世子書筵服制度.'

12) 전주시, 앞의 도록, p.3.

의 형식을 그대로 고수하며 명맥을 이어갔다.

태조 어진의 상단에는 1872년(고종 9) 임신년에 어진을 새로 이모하면서 붙인 '태조대왕어용소자사복지구년임신이모(太祖大王御容小子嗣服之九年壬申移摸)'와 1899년 태조를 고황제로 추존하면서 고종이 직접 적어 규장각에 봉안해 두었던 어진표제가 있다. 1900년 9월 29일에 윤용선의 건의로 길일을 받아 그해 10월 원 표제 안쪽에 '태조고황제어진(太祖高皇帝御眞)'이라는 표제가 5分 간격으로 있고, 그 옆에 '소자사복지구년임신이모(小子嗣服之九年壬申移模)'[13]라고 쓴 흰 첨이 붙어있어 어진의 주인공이 태조였음을 확인시켜 준다. 〈그림4〉를 통해 조선의 건국시조다운 태조어진은 왕조의 영구계승과 건재함을 상징적으로 보여주기에 충분하다.

(2) 세조 어진(1935년 모사 초본)

조선 제7대왕인 세조(1417~1468, 재위 1455~1468)의 휘는 유, 자는 수지이다. 세종의 2남으로 문종의 동생이다. 어머니는 소헌왕후 심씨이고 왕비는 정희왕후 윤씨이다. 유교경전과 역사서 역법과 병서에도 두루 통달하였고, 풍수 또한 전문가 수준이었다. 음악 이론과 악기 연주에도 능해 당대의 어떤 문사에게도 뒤지지 않을 학문적 소양과 교양을 두루 갖추었다.

1452년 어린 단종이 즉위하자 세조는 다음 해 10월에 '계유정란'을 일으켜 정권을 장악했으며, 1455년 단종에게 양위를 강요하여 왕위에 올랐다. 1456년 성삼문 등이 단종 복위 운동을 계획하다가 발각되자 관련자들을 모두 사형에 처했다.

---

13) 嗣服이란 선인의 업적을 잇는다는 뜻으로, 사복구년은 고종 9년을 말함.

왕을 중심으로 한 중앙집권을 강화하기 위해 호패법을 부활하고, 북방에도 직접 수령을 파견하는가 하면 세종 때의 사민정책도 계속 펴 나갔다. 산재한 각종 법령을 정비하여 체계화하는데 힘을 쏟아 『경국대전』을 편찬케 했다. 우리 역사에 관심을 기울여 『동국통감』, 『국조보감』 등을 편찬케 하였고, 이어서 동국지도를 제작하였다. 군사 부분에서는 문종의 오위진법 사상을 계승하여 중앙군을 오위로 나누었으며, 지방군은 전국에 55개의 거진을 두어 자체 방어를 맡도록 진관체제를 마련하는 등 군사부문의 편제를 완성했다.

1467년에 일어난 이시애의 난은 세조가 추진해온 중앙집권화 정책과 공신 위주의 정치가 빚어낸 사건이었다. 외교정책에서는 현실주의 외교노선을 따라 중국에는 사대를, 야인에 대해서는 강온 양면책을 썼다. 역사적 사건만큼이나 세조는 즉위 내내 단종을 죽인 죄책감에 시달린 것으로 전해진다.

파란만장한 삶을 산 세조는 1468년 왕세자에게 왕위를 물려주고 52세의 일기로 세상을 떠났다. 시호는 '성천체도열문왕무지덕융공성신명예흠숙인효대왕(承天體道烈文英武至德隆功聖神明睿欽肅仁孝大王)'이고, 능은 경기 남양주시의 광릉에 있으며, 묘호는 '세조'이다.

2016년 미술품 경매를 통해 국립고궁박물관이 구매한 '세조 어진 초본'은 이당 김은호(1892~1979)의 작품이다. 김은호가 조수 장운봉(1910~1976)과 함께 1935년에 제작한 '세조 어진 초본'은 1735년에 도사한 〈세조 어진〉을 모사한 것으로 추정된다. 채색본인 정본(正本)도 제작되었으나 이는 한국전쟁 직후 소실되었다. 〈그림2〉에 김은호가 세조 어진을 모사하고 있는 모습이 사진기록으로 남아 있어 세조 어진의 존재는 알고 있었으나 실제 본 어진은 존재하지는 않았다. 일반인들은 세조의 모습을 역사소설에 등장하는 이미지로 왜곡하여 매우 포악하고 독선적인 이미지로 형성하여 드라마나 영화를 통해서 그러한 모습이 묘사되고 있다. 이번에 공개된 세조어진 초본을 통해 기존에 세조의 이미지 일부가 상당히 과장되어 왜곡된 부분이 있었음을 알 수 있다.

〈그림 2〉 1935년 이당 김은호의 〈세조 어진〉 모사 장면

종이에 먹으로 그린 세조 어진 초본은 비록 채색되지 않은 상태이지만, 곤룡포와 익선관의 의대를 갖춘 왕의 모습을 자세히 묘사하였다. 임진왜란 이전에 재위한 임금을 그린 어진이 거의 없는 상황에서 세조 어진의 초본은 귀중한 유물로 평가되고 있으며, 미술사적으로나 역사사적으로도 의미 있는 발견이다. 어진 속 세조의 얼굴은

조카인 단종을 몰아낸 뒤 왕위를 찬탈한 인물로 우리가 영화나 드라마에서 보아왔던 이미지와 달리 원만한 상이라 매우 이채롭다.

세조 어진 초본의 완성도에 대한 의문에 대해 신재근 국립고궁박물관 학예연구사는 곤룡포를 장식하고 있는 문양 표현 등은 상대적으로 완성도가 높지만, 작업을 마무리하지 않은 것처럼 보이는 부분도 있다. 초상화에서 가장 중요하면서도 그리기 어렵다고 판단되는 용안이 단순하게 표현됐다고 지적하였다. 초본에 묘사된 얼굴의 형태는 둥근 턱선에 이목구비의 윤곽이 단순하게 그려져 있다.

특히 눈썹은 가늘고 흐릿한 필선(筆線)으로 표현하였다. 또한 신재근은 입체적인 표현이 거의 없고 수염이 세밀하게 표현되지 않아서인지 세조의 얼굴은 젊어 보이고 유순해 보이는 상이지만, 채색한 뒤에는 인상이 달라졌을 수 있다고 하였다. 그는 초본이 미완성으로 생각되는 또 다른 이유로 인물 주변의 장식적 표현을 꼽았다. 특히 채전(彩氈)은 직사각형과 대각선으로만 그려놓아 매우 소략하다는 것이다. 아울러 발을 두는 받침대인 족좌대는 왼쪽 발 근처에만 문양이 화려하게 들어간 것도 미완성본이라고 추정하는 근거가 된다.

당시는 일제강점기라는 특수한 국가적 위기 상황이었기 때문에 완성도가 높지 않은 상태에서 초본의 제작을 중단했을 것으로 추정했다. 조선시대에는 어진의 초본이 만들어지면 왕과 대신들이 품평하는 봉심(奉審) 과정을 거쳤기 때문에 초본의 완성도가 높아야 했다. 그러나 이당이 세조 어진을 제작할 때는 봉심이라는 절차를 수행할 여건이나 의지가 부족했을 수밖에 없어서 화가가 고유한 작업방식과 필력을 고려해 초본을 그렸을 것으로 추측된다. 국보로 지정된 태조어진과 세조어진이 양식이 상당 부분 흡사해 세조 어진 초본이 15세기의 어진제작 형식 그대로 수용했음을 알 수 있다.

(3) 원종 어진(1936년 모사본)

원종(1580~1619)은 조선시대에 추존된 왕으로 휘는 부이다. 선조(재위 1567~1608)의 아들로 어머니는 인빈 김씨이다. 인조(재위 1623~1649년)의 아버지로 좌찬성 구사맹의 딸을 맞아, 인조 및 능원대군과 능창대군을 낳았다. 1587년 정원군(定遠君)에 봉해지고, 1604년 임진왜란 중 왕을 호종(扈從)하였던 공으로 호성공신(扈聖功臣) 2등에 봉하여졌다. 1623년 인조가 반정으로 왕위에 오르자 대원군으로 추존되었고, 1632년(인조 10) 다시 왕으로 추존되어 '원종경덕인헌정목장효대왕(元宗敬德仁憲靖穆章孝大王)'이라 묘호를 정하였다. 1635년(인조 13) 종묘에 부묘되었고, 시호는 공량, 능호는 김포의 장릉이고 원종이라는 묘호가 올려졌다.

인조의 아버지로 추존왕인 원종의 어진은 화재로 왼쪽 일부가 소실되었으나 안면과 복식의 상당 부분은 남아 있다. 왕자군만 사용할 수 있었던 백택(白澤)흉배가 달린 흑단령(黑團領)에 사모를 쓰고 교의에 앉아 있는 모습으로 그려진 원종 어진은 17세기 초반의 공신상들과 유사한 특징을 지니고 있다.

1632년 인조는 원종을 추존하기에 앞서, 태조와 세종의 어진을 봉안했던 남별전의 이름을 숭은전으로 바꾸고 이곳에 원종의 초상화를 봉안했다. 이후 대한제국 시기까지 원종 어진은 영희전 제3실에 계속 봉안되어 있었으며 1872년(고종 9)에 한 차례 이모가 이루어졌다. 본 이모가 끝난 뒤 어진 구본은 세초하여 땅에 묻고 새로 제작된 어진을 영희전 제3실에 다시 봉안했다. 1908년 영희전을 포함한 여러 진전의 어진들을 경운궁으로 옮기는 조치가 취해지고, 다시 1921년 창덕궁의 신선원전으로 어진들을 옮겨 봉안하였다. 1935년 당시 각각 1분씩만 있던 세조 어진과 원종 어진을 모사하는 작업이 시작되어 이듬해에 완료되었다.[14] 이 모사작업은 마지막 어진화사인 김은호가 담당하였다.

(4) 영조 어진(1901년 모사본)

영조(1694~1776, 재위 1724~1776)는 조선 제21대왕으로 휘는 금, 자는 광숙, 호는 양성헌이다. 숙종의 2남으로 어머니는 화경숙빈 최씨이다. 비는 서종제의 딸 정성왕후이며, 계비는 김한구의 딸 정순왕후이다. 1699년 (숙종 25) 6세 때 연잉군(延礽君)에 봉해졌으며, 경종이 즉위한 다음 해인 1721년 노론의 주도로 왕세제에 책봉되었다. 노론이 왕세제의 대리청정을 주장하면서 신임옥사로 인해 신변의 위협까지 받았으나 1724년 경종 사후 뒤를 이어 즉위했다.

즉위 초부터 탕평[15]을 기치로 내세운 영조는 즉위 직후 신임옥사를 일으킨 소론을 숙청하는 과정에서 소론의 피해를 최소한으로 줄이고 노론의 전제를 막았다. 또한 왕권을 강화하고 정국을 안정시키기 위해 정미환국을 단행하여 노론 대신들을 파직하고 소론을 등용하였다. 그리하여 노론과 소론 가운데 탕평책을 따르는 온건파를 고르게 등용하여 정국을 안정시키고자 했다.

왕세제 때부터 숱한 당쟁에 휘말리며 온갖 고초를 겪었으나 자신이 처한 위치를 슬기롭게 극복하고 정국을 탕평책으로 주도하였다.[16] 역대 조선의 왕들 중 장수한 왕으로서 영조는 1776년 3월 83세를 일기로 세상을 떠났다. 가장 긴 세월 왕위에 있으면서 우수한

---

14) 국립고궁박물관, 앞의 도록, p.64.
15) 『서경』「홍범」, "無偏無黨 王道蕩蕩 無黨無偏 王道平平."
16) 박영규, 『한권으로 읽는 조선왕조실록』, 웅진 지식하우스, 2004, p.419.

자질에 더하여 시작한 일은 끝을 보는 등 여러 방면에 걸쳐 많은 업적을 남기며 부흥기를 마련하였다. 시호는 '장순정문선무희경현효대왕(莊順正文宣武熙敬顯孝大王)'이고, 능은 경기도 양주에 있는 원릉에 있으며, 그의 묘호는 '영종'에서 후에 '영조'로 고쳤다.

기록에 의하면 영조는 재위 시에 매 10년 주기로 여러 차례 총 12본의 어진을 제작했다는 점에서 알 수 있듯이 다른 어느 왕조보다 어진 제작에 적극적이었다. 그러나 현재는 21세의 〈연잉군 초상〉과 51세의 〈영조 어진〉만이 전해질 뿐이다. 『승정원일기』, 『선원계보』의 기록만 해도 영조어진은 1714년의 단령본, 1724년의 단령본 초본, 1733년의 곤룡포본 1점과 단령본 1점, 1744년의 면복본 2점과 곤룡포본 1점, 1754년의 사립도포본 1점과 단령본 1점, 1763년의 원유관본 1점, 1773년의 곤룡포 2점[17] 등 재위 이전부터 이미 10년마다 다양한 의관 착용에 따른 여러 점의 초상화를 남겼다.

영조가 왕세제로 책봉되기 전 21세의 연잉군[18] 초상은 숙종의 명에 따라 화원이 제작한 예진(睿眞)[19]으로 당시 8개월간 병상에 있던 숙종을 주야로 곁에서 시중을 들었던 연잉군과 이복동생인 연령군의 수고를 갸륵하게 여겨 두 왕자에게 예진과 말을 하사하였다. 이 초상화는 1714년인 영조 21세 때 진재해가 그린 것으로 1745년(영조 21)에 경희궁 태령전에 봉안했다가 정조가 즉위하자 잠시 경현당에 두었으며 1778년(정조 2)에 다시 선원전으로 이봉되었음[20]을 알 수 있다.

---

17) 조선미, 『왕의 얼굴』, 사회평론, 2012, p.79.
18) 조선 21대 왕 숙종이 하사한 君號.
19) '睿眞'이란 왕세자 시절의 초상화를 말함.
20) 문화재청, 『한국의 초상화 - 역사 속의 인물과 조우하다』, 2007, p.12.

한국전쟁 당시 화재에 의해 본 초상화는 화폭의 오른쪽 1/3정도 소실된 상태이나 다행히 안면부위와 의관의 상태를 살필 수 있다. 화면 왼쪽 상당에 "처음에 연잉군에 책봉되었고, 호는 양성헌이다"[21]라고 적혀 있어 이는 왕에 즉위하기 전 제작되었던 연잉군 시절의 도사본임을 알 수 있다. 영조가 왕세제 시절에 제작된 연잉군 초상은 잠저(潛邸)였던 창의궁 장보각에 봉안했다가 경의궁을 거쳐 1778년(정조 2)에 창덕궁 선원전으로 옮겨 모셨다.

본 연잉군의 예진은 일반적인 공신상과 같은 상용형식을 갖추고 있어, 왕자군이라는 신분에 맞게 백택흉배를 단 녹포단령에 오사모로 단장한 채 교의에 앉아 있는 좌안8분면의 전신상이다. 이는 윤곽선과 이목구비를 위해 구사된 갈색 선에 농담 차이를 두어 표현하였다. 콧날은 단호하리만큼 짙은 갈색 선으로 긋고 입술의 외곽선 역시 확연하게 처리하였다.[22] 본 초상화의 주요한 특징은 선염 효과에 의해 짙고 옅은 선에 생기를 부여하여 형태감을 살렸다는 점이다.

51세에 그려진 영조 어진은 1900년(광무 4)에 경운궁 선원전의 화재로 이곳에 봉안했던 어진들을 모두 잃은 후 고종이 7조[23] 영정을 당대 주관화사인 조석보, 채용신 등이 제작한 이모본이다. 1744년(영조 20)에 주관화사 장경주, 동참화사 김두량과 조창희 등이 육상궁에 생모를 받들기 위해 봉안하였던 원본을 범본으로 하여 제작하였다.

익선관에 곤룡포 차림의 좌안7분면의 반신상으로 생모인 숙빈을 봉사(奉祀)하기 위해 사당인 육상궁을 건립하고, 여기에 자신의 초

---

21) "初封延礽君 古號養性軒."
22) 조선미, 앞의 책, p.210.
23) 1900년 고종의 七祖란 태조 · 숙종 · 영조 · 정조 · 순조 · 익종 · 헌종으로 일곱 분의 선대왕을 말함.

상화를 걸어둠으로써 효의 도리를 다하고자[24] 함이었다. 즉 본 어진은 원래 진전봉안 용이 아니라 생모를 곁에서 모시고자 하는 사적인 용도를 염두에 두고 제작된 것이었기에 대폭의 전신상이 아닌 적당한 크기의 반신상이었을 것이라 추정된다. 화면 우측의 표제에 '영조대왕어진광무사년경자이모(英祖大王御眞光武四年庚子移摸)'라 적혀 있어 영조 어진임을 확인할 수 있다. 본 어진은 수염이 희끗한 상태이자 51세 어진의 반신상으로, 익선관에 홍룡포의 의관을 갖추고 오른쪽을 바라보고 있는 모습이다.

영조 자신의 안색에 대해 붉은 기가 짙었다는 『승정원일기』의 기록과 안면의 화사한 붉은 기색의 표현이 어느 정도 서로 부합된다. 이런 안색을 바탕으로 한껏 치켜 올라간 눈매를 따라 짙은 갈색선으로 윤곽을 그렸으며, 산근(山根)이 강조되고 콧날과 협(頰), 법령이 조각적이라 할 만큼 직선적인 선형(線形)을 세우고 그 옆에 자연스런 선염효과를 안배하였다. 수염의 표현에 있어서도 피부 표현을 한 후 그 위에 수염 한 올 한 올의 상태를 매우 사실적으로 표현하였다. 본 51세 어진으로서의 영조 반신상은 제작 때부터 여러 대신들이 배관하고는 '칠분을 얻은 핍진한 상'[25]이라고 감탄했을 만큼 걸작으로 평가되고 있다.

---

24) 조선미, 앞의 책, pp.79.
25) 위의 책, pp.79-80.

(5) 익종 어진(1826년 도사 추정)

익종(1809~1830, 대리청정 1827~1830)은 조선 후기의 왕자로 순조의 세자이며 헌종의 아버지이다. 어머니는 순원왕후 김씨이며 휘는 대, 자는 덕인, 호는 경헌이다. 1819년(순조 19) 왕세자에 책봉되었고, 1827년 순조의 명으로 대리청정을 하였으나, 청정 4년만인 1830년 병으로 사망하였다. 대리청정 초기부터 단호하고 의욕적이었으며, 비변사에 권력이 집중되면서 약해진 조정의 기강을 바로잡으려 했다. 서만수의 무고사건 때 섣부른 판단으로 실수를 하기도 했지만, 여전히 모든 문제에 강단 있고 분명한 태도를 보였다. 형옥을 신중히 하면서 백성을 위한 정책을 구현하기 위해 노력하는 한편, 서자의 등용문제에 구체적인 방침을 내리기도 하였다.

또한 익종은 음악에도 조예가 있었지만 서연(書筵)을 멀리한다는 비판을 들었다. 대리청정을 시작한 지 한 해가 지나고부터는 인사를 직접 행하고 정승까지 직접 임명하는 등 순조의 기대에 부응했다. 그러나 즉위 4년 만에 22세의 젊은 나이로 갑작스레 생을 마감했다. 헌종이 즉위한 뒤 익종으로 추존하였다. 그 후 양자인 고종이 황제로 즉위한 뒤 그를 '문조 익황제'로 추존하였다. 시호는 '체원찬화석극정명돈문현무인의효명대왕(體元贊化錫極定命敦文顯武仁懿孝明大王)'이며, 묘호는 '문조'이고 능은 양주에 있는 수릉이다.

익종은 세자였을 당시인 22세의 나이에 승하하였으므로 실록에는 익종 어진의 제작과 봉안기록이 존재하지 않지만, 『선원계보』의 기록을 통해 본 익종 어진이 무려 8본이나 제작되었음을 알 수 있다. 확인 가능한 현존 어진은 두 점으로 모두 면복본이며 국립고궁박물관에 소장되어 있다.[26] 그 중 한 작품은 문조가 18세이던 1826년(순조 26)의 도사본으로 화면 우측 상단부분에 '익종돈문현무인의효명

대왕십팔세어진(翼宗敦文顯武人懿孝明大王十八歲御眞)'이란 묵
서를 통해 어진의 주인공이 익종임을 확인할 수 있다.

고종 대의 기록에 따르면 19세기 말 무렵 문조 어진은 모두 4본으
로 경모궁과 경우궁, 창덕궁 선원전에 봉안되어 있으며 이 중 3본이
1826년 그려진 것이다. 묵서 옆의 '문조익황제어진(文祖翼皇帝御眞)'
이라는 표제는 대한제국기에 문조를 황제로 추존[27]한 뒤에 붙인 것
으로 왕실 최고의 예복인 면(冕)을 착용하고 교의에 앉아 있다.

알다시피 화재로 인해 익종 어진은 안면의 주요부분이 소실되어
확인이 어렵지만, 의관은 구장복[28]에 면류관[29]으로 격식을 갖춘 전
신교의좌상임을 확인할 수 있다. 면류관을 쓴 채 안면까지 정면상
묘출의 구현이 어려워 정면상의 몸체에 좌안9분면의 안면 배치를 취
했는데, 전체적인 구도 면에서 부조화를 이룬다. 바닥에는 화문석이
깔려 있고, 돗자리가 낮게 표현되어 있어 본 어진은 의관과 함께 연
출된 배경을 살펴볼 때 조선 후기의 시대상을 확인할 수 있는 중요
한 자료로서의 가치가 있다.

(6) 철종 어진(1861년 도사본)

철종(1831~1863, 재위 1849~1863)은 조선 제25대 왕으로 휘는
변, 초명은 원범, 자는 도승, 호는 대용재이다. 정조의 이복동생이자
사도세자의 서자인 은언군의 손자 전계대원군의 셋째 아들이다. 전

---

26) 도사 당시 세자였을 때는 예진이었지만, 후에 추존되어 어진이라 칭함.
27) 전주시, 앞의 도록, p.70.
28) 九章服은 왕의 국혼이나 즉위식, 종묘에 제례를 지낼 때 입는 大禮服.
29) 冕旒冠은 왕의 최고예복인 구장복 착용 시 머리에 쓰는 관으로 면판과 면판
    에 늘어뜨린 구슬로 장식.

계대원군은 1844년(헌종 10)에 형 회평군 명(明)의 옥사로 가족과 함께 강화로 유배되었다.

1849년(헌종 15) 헌종이 후사 없이 죽자 대왕대비인 순원왕후(1780~1857)의 명을 받은 신하들에 의해 원범은 강화도에서 궁궐로 들어왔다. 이후 덕완군에 봉해지고 순조대왕 이공의 양자로 입적한 뒤 6월 17일 창덕궁 인정문에서 즉위식을 올렸다. 경종 이후 지속된 당쟁과 19세기 세도정치의 과정에서 헌종의 6촌 이내에 드는 왕족이 단 1명도 없는 상황이 초래되자 강화도령이 후계자가 될 수밖에 없는 상황을 연출했다.

그리하여 1849년(철종 1) 헌종의 승하 후 순원왕후의 명으로 철종을 심도(沁都)에서 맞아들여 헌종의 대통을 잇게 했다고 한 것은 이러한 상황을 잘 보여주고 있다. 이처럼 왕위에 오르고 나서는 경연에 열심히 참여해 공부하고 대왕대비의 수렴청정을 보며 정치를 익힌 후 1852년(철종 3)부터 친정을 시작했다. 백성의 처지를 잘 아는 왕답게 수시로 삼정의 문란을 지적하고 수령들에게 경고를 했지만, 안동 김씨의 뿌리 깊은 세도정치 앞에서 그는 그저 무력할 뿐이었다.

세도정치로 인해 삼정(三政)이 더욱 문란해지자 1862년 진주에서 시작된 농민항쟁과 동학운동이 일어났고, 천주교가 전파되는 등 민심이 동요되었다. 철종은 봉기가 일어난 지역의 수령과 구실아치들을 처벌하여 기강을 바로잡아 수습하려 하였다. 그러나 지배층의 이해관계가 얽혀 그의 개혁정책은 흐지부지되고 말았다.

철종은 왕의 역할을 감당할 수 있을 만큼 총명하고 위엄도 있었으나 더욱 견고해진 안동 김씨의 세력 및 왕실과 거리가 먼 출신인 데서 오는 열등감 때문에 재위 내내 허수아비 임금일 수밖에 없었다. 그는 1863년 재위 14년 5개월 만에 33세를 일기로 후사 없이 죽었다. 시호는 대한제국 고종 황제가 추존한 '철종희윤정극수덕순성문흠명광도돈원창화문현무성헌인영효장황제(哲宗熙倫正極粹德純聖文欽明光道敦元彰化文顯武成獻仁英孝章皇帝)'이다. 묘호는 '철종'이고 능호는 예릉으로, 경기도 고양시 원당읍에 있다.

안타깝게도 철종 어진은 한국전쟁 때 부산으로 피난시켰다가, 1954년 보관창고의 화재로 한쪽 면이 불에 타다 남은 철종의 31세에 그려진 어진은 1861년(철종 12)에 제작된 도사본으로 군복본[30]의 좌안8분면 전신교의좌상이다. 정조 대부터 철종 대까지 이루어진 어진도사 관련 기록인『어진도사사실』에 따르면, 철종 어진의 도사가 1852년(철종 3)과 1861년에 있었고,『철종실록』에는 이때 각각 2본씩 제작했다고 기록되어 있는데, 이는 대략 10년 주기로 어진을 제작하던 선대왕들의 관행을 따른 것으로 보인다. 어진의 우측 상단에 '자삼십일세진(子三十一歲眞)'이라 적힌 철종의 친필이 1861년(철종 12) 3월에 도사한 본임을 확인해준다. 옆 부분에는 '철종희윤정극수덕순성문현무성헌인영효대왕(哲宗熙倫正極粹德純聖文顯武成獻仁英孝大王)'이란 묘호와 존호가 기록되어 있다.

현재 국립고궁박물관에 전해오는 철종 어진은 모두 3점이나 강사포본과 면복본의 두 점은 화폭의 대부분이 소실된 상태이며, 군복본 한 점은 오른쪽 화폭의 1/3정도가 역시 소실되었다. 규장각에서 펴낸『어진도사사실』의 당시 기록에 주관화사 이한철과 조중묵이 맡았고 김하종, 박기준, 이형록, 백영배, 백은배, 유숙[31] 등이 철종의 군복본 어진 제작에 참여했음을 알 수 있다. 공작털이 꽂힌 화려한

---

30) 현존 어진 중 유일한 竹戰笠과 軍服本의 철종 어진.
31) 국립고궁박물관, 앞의 도록, p.212.

전립의 군복본 철종 어진은, 의복의 화려한 표현을 위한 정세한 채색, 화려한 무늬가 새겨진 바닥의 용문석과 옆에 놓인 기품 있는 칼, 2단으로 된 족좌대의 연출이 이채롭다. 왕으로서의 위엄과 풍모를 드러내려는 듯 했지만 안정감 없는 눈빛에서 철종의 불안한 심경을 엿볼 수 있다.

(7) 고종 어진(1900년 도사본)

고종(1852~1919, 재위 1863~1907)은 조선 제26대 왕으로, 대한제국 초대 황제로 휘는 희, 아명은 명복, 초명은 재황, 호는 성헌·주연이다. 아버지는 흥선 대원군 이하응이며, 어머니는 부대부인 민씨이다. 비(妃)는 민치록의 딸 명성황후이다. 어린 시절부터 글씨나 문장에 대한 자신감이 컸으며, 부지런히 배움에 힘썼다. 흥선대원군의 차자이나 1863년 철종이 후사 없이 죽자 신정왕후에 의해 문조의 양자로 입적되어 즉위에 올랐다.

즉위 후 신정왕후가 수렴청정을 하고, 대원군이 막후에서 섭정을 했다. 1866년 신정왕후가 수렴을 거두고 친정을 하게 되었으나 흥선대원군이 여전히 권력을 독점하고 있었다. 스무 살이 넘도록 흥선대원군이 물러날 기미를 보이지 않자 1873년 명성황후의 도움으로 대원군을 실각시킨 후 통치권을 장악했다.

친정을 하게 되자 그는 대원군과 사이가 좋지 않았던 세력을 발탁하면서도 대원군 지지세력을 유지시킴으로써 조신들이 자연스레 친정체제를 받아들일 수 있도록 만들었다. 또한 노론 중심의 양반 사대부들의 요구를 수용하고, 호전의 통용을 전면 금지함으로써 백성에게도 기대감을 안겼다. 1875년 고종은 운요호사건을 계기로 개화의 필요성을 절감한 후 일본과 청나라에 사신을 파견하는 등 일본의 개화 경험을 적극 배우되, 중국식 동도서기(東道西器)를 개화정책의 기본방향으로 잡았다.

이때 개화당이 대두하면서 조정은 개화당과 사대당의 격심한 알력 속에 빠졌으며 정권은 왕비의 척족세력이 장악했다. 개항 이후 물가가 오르면서 백성의 생활이 불안해지고, 개항에 반대하는 사대부의 불만이 높아지는 가운데 민씨 세도가 시작되면서 조세 제도가 흔들리고 왕실의 국고 낭비가 극심해졌다. 여기에 개화 관련 비용이 급증하면서 재정이 고갈되어 군인들의 급료 체불이 잦았다. 이로 인해 1882년 '임오군란'이 일어나자 대원군을 불러들였다가 대원군이 청나라로 납치되자 조정상민수륙무역장정을 체결하는 등 청나라에 더욱 예속되었다.

1884년 급진 개화파가 일으킨 '갑신정변'을 겪은 후 고종은 더욱 온건개화파에 힘을 실어주었다. 1885년 거문도사건 이후에는 러시아의 활용 가치에 주목하면서 러시아를 통해 일본을 견제하려 했다. 이후 10년 동안 여러 개화 조치를 취했으나 왕실 유지에 전념함으로써 국력을 키우는데 실패했다. 1894년 청일전쟁에서 승리한 일본이 대원군을 끌어들여 갑오개혁을 단행하자 정권을 넘겨주었다가 삼국간섭으로 일본이 다시 힘을 잃자 친러파 내각을 구성했다. 그리고 1895년 일본이 을미사변을 일으켜 명성황후를 살해하자 다음 해 아관파천을 단행해 친일정권을 무너뜨렸다.

1897년 국호를 대한제국으로 바꾸고 광무개혁을 추진했으나 1904년 러일전쟁에서 승리한 일본이 미국과 영국으로부터 조선의 식민지화를 승인 받는 한편, 한일협약과 을사조약을 통해 외교권을 박탈하고 내정간섭을 본격화했다. 이에 1907년 헤이그 만국평화회의에 밀사를 파견하여 일본의 침략을 세계에 호소하려다 실패한 후 고종은 일본에 의해 강제로 퇴위되었으며, 1910년 식민지가 된 이후에는 이 태왕으로 불리며 덕수궁에서 만년을 보냈다.

대원군이나 외세에 손잡은 신하들로 인해 운신의 폭이 좁았으나, 그런 조건 속에서도 고종은 나라를 일으키려고 노력했다. 그러나 끝까지 전근대적인 사고와 옛날 방식을 벗어던지지 못했고, 나라보다 왕실을 우선하느라 나라 안의 여러 세력을 자주독립과 근대화를 위해 통합하지 못하고 말았다.

추존 문조왕비인 신정왕후는 안동김씨 세력을 견제하기 위해 흥선대원군과 손잡고 흥선대원군 둘째 아들을 자신의 양자로 세워 익성군으로 봉하고 왕위를 잇게 하였다. 그가 바로 1897년 대한제국의 수립을 선포한 고종황제이다. 하지만 일본에 의해 외교권이 박탈당하고 만국평화회의를 계기로 강제로 왕위에서 물러나게 된다.[32] 1919년 1월 일본에게 독살 당했다고 전해진다. 고종의 시호는 '고종통천융운조극돈윤정성광의명공대덕요준순휘우모탕경응명립기지화신열외동홍업계기선력건행곤정영의홍휴강문헌무장인익정효황제(高宗統天隆運肇極敦倫正聖光義明功大德堯峻舜徽禹謨湯敬應命立紀至化神烈巍勳洪業啓基宣曆乾行坤定英毅弘休壽康文憲武章仁翼貞孝皇帝)'이다. 능은 경기도 남양주시 금곡동 소재에 있는 홍릉이다.

고종은 재위 내내 안으로는 조선 왕실의 정통성을 확보하고 그 존속을 위해, 밖으로는 자주독립국가로서 권위를 시각적으로 보여주고자 열성적으로 노력하였다. 1899년 10월 대한국국제를 반포하여 자신이 신성불가침한 전제군주임을 널리 알린 고종은 왕실 위상제고사업의 일환으로 1900년부터 왕실 진전과 어진의 재정비작업을 명했

---

32) 전주시, 앞의 도록, p.28.

다. 이 시기부터 1902년 사이에 네 번에 걸친 공식적인 어진제작이 있었다. 이 가운데 1900년 영정모사도감과 1900년~1901년 어진모사도감은 태조 및 열성조 어진 제작을 위한 것이었고, 1902년 고종 어진 도사도감과 기노소입사기념(耆老所入仕記念)[33]에 의한 어진도사는 고종을 위한 사업이었다.

1872년 고종어진도사에서는 모두 5본의 어진을 그렸다. 이한철이 고종의 면복본과 군복 대소본(이 3점은 고종의 마음에 들지 않아 1902년 어진도사 당시 파기되었음)을, 조중묵이 익선관본과 복건본을 그렸다. 동참화사는 박기준, 수종화사는 백은배, 유숙, 안건영, 박용훈, 서순표 등이 참여하였다.

> 상이 이르기를, "사관은 좌우로 나누어 앉으라" 하고, 이어서 대신에게 명하여 앞으로 나오게 하였다. 이유원이 앞에 나아가 문안하고 나니, 상이 이르기를, "어진의 초본을 이제 다 그리고 이제 장차 상초(上綃)할 것이므로 입시하게 한 것이다" 하니, 이유원이 아뢰기를, "오늘 어진을 우러러보니 매우 영광입니다" 하였다. … 상이 이르기를, "미진한 곳이 있거든 경들은 각각 말하라."[34]

고종은 여러 본의 어진을 제작하기 위해 상초단계 전인 초본내기 중이었는데 마침 그 어진에 대해서 이유원, 이한철, 유후조, 김진규, 김병학 등의 화원과 대신들에게 품평을 하게 하였다. 초본을 낸 어

---

33) 권행가, 「고종황제의 초상 - 근대시각 매체의 유입과 어진의 변용과정」, 홍익 대학교 박사학위논문, 2005, pp.80-88.

34) 『高宗實錄』 9년 임신(1872) 2월 10일 甲子, "上曰 史官分左右 仍命大臣進前 裕元進前問候訖 上曰 御眞草本 玆以模成 今將上綃 故所以爲入侍矣 裕元曰 今日御眞仰瞻 極爲榮耀…上曰 如有未盡處 卿等各言之."

진 가운데 어느 본이 가장 닮게 그렸는지 가려내기 위해 의견을 수렴하는 과정으로 보아 고종도 어진 제작에 깊게 관여하며, 조선의 정통성을 잃지 않으려는 의지를 드러냈다.

1902년 5월에는 순종 예진 6본(면복본 익선관본 2본, 군복대소본 각1본, 복건본 1본)과 함께 고종 어진 5본(면복본, 익선관본 2본, 군복대소본 각 1본)등 총 11본이 도사되었다. 당시는 고종이 즉위한 지 40주년이 되는 해이자 51세가 되어 육순을 바라보는 망육순의 해로서, 고종은 영조의 예를 따라 기로소에 입사하였고 이를 기념하기 위해 다시 어진본을 도사하였다. 이때의 어진화사는 조석진과 안중식이었으며, 어진도사 등록에는 면복대본 1본과 익선관 소본 1본을 도사[35]하였다고 기록되어 있다.

황룡포본 고종 어진(원광대학교 박물관 소장)인 본 작품은 일월오봉도 병풍을 제외하면 전체적인 형식에 있어 국립중앙박물과 소장본과 거의 동일하다. 그러나 안면이나 오봉도 병풍의 모사, 용포의 주름처리가 상당히 거칠고 소매 바깥으로 나온 손의 묘사 역시 자연스럽지 못해 기량이 많이 떨어지는 작품이다.[36] 아마도 본 어진은 석지 채용신이 직접 제작하지는 않았을 것으로 보인다. 후에 채용신이 세운 공방의 일종인 '채석강도화소(蔡石江圖畵所)'에서 그의 제자나 협력자들이 모사했을 가능성도 배제 할 수 없다.

(8) 순종 어진(1900년 도사본)

순종(1874~1926, 재위 1907~1910)은 조선 제27대 왕이자 대한제

---

35) 국립고궁박물관, 앞의 도록, pp.213-214.
36) 위의 도록, p.215.

국 제2대 황제로 휘는 척, 자는 군방, 호는 정헌이다. 고종과 명성황후의 둘째 아들로 태어나 1875년 세자로 책봉되었다. 1882년 민태호의 딸을 세자빈으로 맞고, 1897년 대한제국이 수립됨에 따라 황태자로 책봉되었다. 1904년 황태자비 민씨가 죽자 윤택영의 딸을 황태자비로 맞이하였다. 1907년 고종이 일제에 의해 강제로 왕위에서 물러나자 즉위했다. 이후 연호를 융희로 고치고 동생인 영왕 이은을 황태자로 삼았다.

황제의 자리에서 할 수 있는 일은 경운궁에 거처하는 고종에게 문안인사 올리는 일과 일본 고위인사와 친일 대신과의 접견 및 훈장을 수여하는 것이었다. 통감부가 기획한 남순과 서순 행사에 동원되는 등 일본의 병합수순에 이용되다가 1910년 8월 한일병합조약의 체결함에 따라 일본 황제에게 통치권을 넘기고, 일제에 의해 '이왕(李王)'으로 강등되는 수모를 겪었다. 순종은 창덕궁에 거처하면서 망국의 한을 달래다가 1926년 4월 25일 승하했다. 순종황제의 장례날인 6월 10일을 기하여 독립을 외치는 만세운동이 일어났다.[37] 순종의 시호는 '문온무녕돈인성경효황제(文溫武寧敦仁誠敬孝皇帝)'이며 능은 경기도 남양주시 금곡동 소재에 있는 유릉이다.

왕세자 시절부터 순종(1874~1926)은 고종과 함께 예진을 그린 기록이 전해온다. 무려 6본이나 도사를 했음에도 1907년 황제로 즉위한 후 1914년~1916년에 김은호에 의해 어진이 다시 제작되었다. 당시는 고종의 추천을 받아 비공식적으로 그려졌던 순종 어진은 익선관과 곤룡포 차림의 전신좌상으로서 대조전 벽에 걸려 있으나 1917년 대조전 화재로 인해 불타버렸다.

---

37) 전주시, 앞의 도록, p.29.

여러 차례에 걸쳐 김은호는 순종의 어진을 제작하였는데, 1916년 경에 그가 그린 익선관본 순종 어진은 제작 당시의 사진에서 확인할 수 있다. 그 외에도 1923년에 그린 순종의 군복본 어진 유지초본이 국립 현대미술관에 소장되어 있으며 고려대학교 박물관에도 유지초 본이 소장되어 있다.

이상에서 살펴본 바와 같이 현재까지 전해오는 조선시대 태조 이 래 역대 왕들마다 여러 차례 어진을 제작하였고, 그에 따른 기록도 같이 전해온다. 현재 남아 있는 어진은 전신상의 〈태조 어진〉과 초 본형태인 전신상의 〈세조 어진〉, 반신상의 〈영조 어진〉이 있으며, 영조의 연잉군 시절의 전신상의 예진인 〈연잉군 초상〉이 있다. 전신 상의 〈원종 어진〉과 〈철종 어진〉, 〈익종 어진〉은 부산 피난 시 보 관창고의 화재로 인해 많은 부분이 소실된 채 잔 폭만이 전해온다. 대한제국 시기의 전신상 〈고종 어진〉과 반신상의 〈순종 어진〉을 마 지막으로 실제적인 어진 제작은 더 이상 이루어지지 않았다. 이러한 현실에서 볼 때 우리 문화재인 어진의 보전에 따른 재현 및 역사적 가치에 대한 재평가가 요구되는 바이다.

2. 제왕학과 상학

1) 제왕의 의미

동양의 왕은 '천·지·인을 하나로 꿰뚫고 있는 자'라고 한다. 셋 (三)을 하나(一)로 꿰뚫는 형상의 왕(王)이라는 한자에서 그러한 사 상을 엿볼 수 있으며, 임금은 곧 '천자'라고도 하여 하늘의 뜻에 따라 세상을, 인간 사회만이 아니라 온갖 만물을 다스리는 자로 받아들였다.[38] 즉 왕은 '하늘과 땅과 인간을 하나로 꿴 존재'로 풀이되어, 왕의 존재가 신성화된 이후에 내려진 해석으로 보인다.

왕은 도끼의 모양을 본떠 유래했다는 견해도 있다. '왕(王)'자를 분리해놓고 보면 날과 몸통, 자루를 끼우는 구멍으로 이루어져 있음을 알 수 있다. 고대의 전쟁에 있어 왕의 명령을 받고 출정하는 장수가 왕에게 도끼를 하사받고 돌아오면 이를 반납하였다는 것 역시 도끼가 왕의 상징[39]이었다는 점에서 설득력 있게 받아들여진다. 이는 고대사회 지배자의 무덤에서 도끼가 출토되는 점에서도 알 수 있다. '왕(王)'자를 도끼에 비유하였다는 것은 바로 도끼가 생사여탈의 주요 수단이 되는 상징물이었기 때문이다.

하늘의 뜻, 곧 천명을 부여받은 왕은 하늘을 대신한 통치자로서 모든 의식의 주관자이자 최고 지도자로서 존재하였다. 『한서』에서는 다음과 같이 말한다.

> 천(天)이 존중해 주어 왕이 되게 해주는 것은 사람의 힘으로 그렇게 할 수 있는 것이 아니라 저절로 그렇게 되는 것이니, 이것이 천명을 받았다는 증거이다. 천하의 사람들이 몰려드는 것이 마치 부모에게로 돌아오는 것과 같으니, 그것이 천을 감응시켜서 상서로운 표징에 이르는 것이다.[40]

그렇다면 조선시대에서 제왕의 의미는 어떠하였을까? 중외(中外)

---

38) 함규진, 『왕의 투쟁』, 페이퍼로드, 2007, p.263.
39) 강응천, 『역사의 키워드 왕을 말하다』, 한겨레출판, 2017, p.7.
40) 『漢書』「董仲舒傳」, "董仲舒對策一 天之小大 率使之王者 必有非人力所能致而自至者 此受命之符也 天下之人 同心歸之 若歸父母 故天瑞應誠而至."

의 대소신료(大小臣僚)와 한량(閑良)·기로(耆老)·군민(軍民)들에게 내린 교지(敎旨)로 조선왕조를 개창하여 왕위에 오른 태조 이성계가 「즉위교서(卽位敎書)」에서 처음 언급한 내용을 보도록 한다. 즉 왕이 하늘의 뜻에 의해 세워졌기 때문에 치도(治道) 또한 하늘의 명을 받들어 수행한다는 인식이 있었다.

> 왕은 이르노라. 하늘이 많은 백성을 낳아서 군장(君長)을 세워, 이를 길러 서로 살게 하고, 이를 다스려 서로 편안하게 한다. 그러므로 군도(君道)가 득실이 있게 되어, 인심이 복종과 배반함이 있게 되고, 천명의 떠나가고 머물러 있음이 매였으니, 이것은 이치의 떳떳함이다.41)

이 교서에서 이성계는, 하늘이 낳은 백성을 다스려 편안하게 해주기 위해 국왕을 의미하는 군장을 세운 것이 천명에 의한 당위성에서 비롯됨을 강조하였다. 특히 조선의 개창자인 태조로서는 천명에 의해 새로운 왕조가 세워졌을 때 비로소 왕의 정당성을 인정받을 수 있었던 것이다.

이처럼 왕은 하늘과 연결되어 있다는 사고가 있었으므로 하늘의 변화를 읽어내는 천문 역법에 대한 관심 역시 조선 초부터 있었다. 그 대표적인 사례는 '천상열차분야지도(天象列次分野之圖)'의 제작, 서운관의 관상감(觀象監)으로 개편, 천문 관측기구의 제작과 운영, 달력의 편찬42) 등에서 확인할 수 있다.

---

41) 『太祖實錄』1권, 태조 1년 7월 28일 丁未, "王若曰 天生蒸民 立之君長 養之以相生 治之以相安 故君道有得失 而人心有向背 天命之去就係焉 此理之常也."

42) 정재훈, 앞의 책, p.159.

우주의 자연 질서를 보장하는 것이 하늘의 도라면, 인간의 국가질서를 보장하는 것이 바로 왕이다. 하늘의 도가 눈에 보이지 않듯이 왕은 글로써 규정될 수 있는 존재가 아니었다.[43] 『경국대전』에도 영의정을 위시하여 조정의 모든 대신들로부터 노비에 이르기까지 모든 인간이 규정되어 있지만, 왕에 대해서는 규정짓지 않았다. 왕은 명에 의해 결정되어 인간이 규정할 수 없는 초월적 존재로 보았기 때문이다. 하늘의 도가 우주의 관장 하에 자연 질서를 형성하듯이 왕은 인간만사의 범주에서 국가 질서를 유지하였다. 즉 자연의 질서와 인간의 국가 질서를 같은 이치로 본 것이다.

정도전이 저술한 『경제문감』에서도 우주만물의 근본은 하늘이고, 모든 나라의 근본은 왕이라 하였다. 우주만물이 존재하고 유지되는 것은 하늘의 도가 있어 가능하듯이, 국가의 백성이 평화롭게 살아갈 수 있는 것은 왕의 도가 있기 때문이라고 하였다. 이와 같이 왕이 하늘의 도를 본받아야 백성을 평안하게 할 수 있다고 기술하였다. 조선조 정도전이 하늘의 도와 왕의 도를 같은 이치로 본 것은 송대 유학자들의 사상에 영향을 받은 것이라 볼 수 있다.

유교 사상가들에게 왕은 인간사회의 질서와 문명을 담보하는 존재이기 때문에 인류의 무질서는 현재 왕의 존재 이유를 부정함과 동시에 새로운 왕의 탄생을 요청하는 징후로 받아들였다. 인간사회가 극도로 무질서한 상황에서 왕이 자신의 역할을 제대로 수행하지 못한 것은 천명에 어긋난 행위의 결과라는 것이다. 이에 고대의 왕들은 인간사회의 질서와 문명을 보전하며 발전시키기 위해 최선의 노력을 다해야 한다는 것을 천명으로 여겼다.

---

43) 신명호, 『조선의 왕』, 가람기획, 2005, p.87.

그리하여 왕의 초월적 지위는 유교 지식인들에 의해 이론화되었다. 이들은 왕을 우주의 덕을 체현한 신성한 존재로 신비화했다. 이론적으로 하늘의 덕을 체현한 왕은 하늘과 같은 존재였다. 하늘과 인간이 하나가 되는 천인합일의 사상과 이의 구현은 왕에 의해 증명되었다.

천인합일을 성취하여 왕이 된 역사적 인물들로 중국의 삼황오제 내지 요왕, 순왕, 우왕, 탕왕, 문왕, 무왕 등이 거론된다. 우왕이나 탕왕, 문왕, 무왕은 각각 하나라, 은(商)나라, 주나라를 건국한 시조들이다. 이들은 모두 하늘에 비견되는 덕을 갖추었기 때문에 왕이 되었다. 따라서 이들은 성인이며 동시에 왕이다. 성인이며 왕인 존재, 또한 인간이면서 하늘과 합치하는 존재, 이것이 바로 성인천자론(聖人天子論)과 천인합일설의 내용44)이 된 것이다.

하늘의 명을 받은 건국시조는 그 후손들과 백성들에 의해 하늘과 동격의 신앙대상이 되어 종묘에 모셔진다. 이들이 모셔진 종묘는 그 왕조의 최고 신성지가 된다. 종묘는 하늘의 뜻과 그 하늘의 뜻을 체현한 건국시조가 있는 신성지역으로서 왕조의 중요대사가 결정되는 장소였다. 건국시조를 계승하는 후계자들은 종묘의 제사를 주관하는 대제사장의 기능을 독점하여 하늘과 인간의 매개자 역할을 한다.

하늘과 인간을 매개하는 왕은 하늘의 덕을 겸비한 존재로서 근거를 둔 것이다. 하늘은 인간 중에서 천명을 받을 인간에게 갖가지 우주현상을 통하여 그 뜻을 암시한다. 조선 건국을 예로 들어서 천명의 암시를 받은 것으로 태조 이성계는 하늘에 비유되는 덕을 갖춘 성인으로 생각한 것이다. 따라서 그에게 천명이 내렸으며, 그 징조

---

44) 위의 책, p.85.

는 꿈이나 기타 신비한 자연현상으로 나타난다. "해동에 육룡이 날으시어 그 하시는 일마다 모두 하늘이 돕지 않음이 없으니 옛 성인의 일과 같으셨다."[45] "야인과 더불어 사시니 야인이 침범하거늘 하게 덕원으로 옮기신 것도 하늘의 뜻이시니"[46]라 하였으므로, 조선 건국이 천명에 의한 것임을 노래한 『용비어천가』에 이러한 사실들이 서술되고 있다.

일반 대중들이 왕을 보는 관점은 드라마나 사극, 영화를 통해서 재해석된 상태에서 수용하는 부분들이 많다. 역사는 후대사람들이 어떻게 해석하느냐에 따라 다양한 시각과 가치관을 통해 대중에게 왕의 이미지가 각인된다. 그렇기 때문에 역사를 풍부하고 제대로 이해하여 다양한 관점에서 왕을 평가해야 한다는 것이 시대적 요구이자 흐름이었다. 아무리 위대한 왕이라도 그의 리더십은 세습 군주제의 산물이므로 민주적 관점이 요구된다는 것이다.

사실 왕의 역사는 권력의 역사라 해도 과언이 아닐 만큼 치열하다. 부자간 형제간에도 권력 싸움이 존재했고, 지정학적으로는 반도국가이기에 외부 세력들과도 끊임없이 힘겨루기를 해야 했다. 그럼에도 불구하고 현재에 각 계 지도자들은 종종 그러한 유혹에 빠져 왕과 같은 '절대적 지도자'를 바라는 일부의 왜곡된 민심을 조장한다. 따라서 우리의 역사에 등장한 왕들과 일정한 거리를 두고 그들을 다양한 시각으로 조명하는 것은 오늘날 국가의 미래를 위해서도 필요한 일이다.

---

45) 『龍飛御天歌』「제1장 海東章」, "海東六龍飛 莫非天所扶 古聖同符."
46) 『龍飛御天歌』「제4장 野人章」, "野人與處野人不禮 德源之徒寘是天啓."

2) 제왕과 상학의 관계성

고대로부터 상학은 도읍지를 정하는 일, 인재 등용, 전쟁, 제례의식 등의 국가 중대사를 결정함에 있어 점복과 함께 중요하게 활용되어 온 학문이다. 상학은 제왕학이기도 하며 군사학의 한 분야로 자리매김하며 왕의 통치와 관련되어 존재하였다. 상학을 '제왕학'이라고 하는 이유는 제왕의 상이 제왕의 품격과 권위에 걸 맞는 상이라는 의미도 있지만, 제왕이 발군한 인재들이 각계 분야에서 능력을 최대치로 발휘하여 통치에 활용한다는 의미가 있기 때문이다. 고대로부터 전승되어 온 상학이 어느 시기에 누구로부터 비롯되었는지 그 기원은 명확하게 밝혀지지 않았다. 다만 고대의 역사 기록을 통해 인물 평가의 중요한 척도로서 인사의 기본 지침으로 활용되어 왔음을 고대의 기록을 통해 알 수 있는 것이다.

고대에는 국가의 제왕이나 제후가 어떻게 통치를 하느냐에 따라 백성의 평안이 좌우되었기 때문에 조선시대에도 왕의 뒤를 이을 왕세자를 책봉하여 제왕학을 배우게 하였다. 제왕들이 필수적으로 배워야했던 것 중의 하나인 상학은 제왕학으로 불릴 만큼 중요한 부분을 차지하며 후대로 전승되어 왔다. 이에 고대 상학의 역사에서 제왕과 상학과 관련된 내용을 살펴보면 다음과 같다.

> 옛날의 요임금은 용모로 사람을 택하였고, 순임금은 기색을 보고 사람을 택하였으며, 우왕은 그 말씨로써 사람을 택하였고, 탕왕은 음성으로 사람을 택하였으며, 주나라 문왕은 국량으로 사람을 택하였다.[47]

---

47) 『大戴禮記』「少閒篇」, "昔堯取人以狀 舜取人以色 禹取人以言 湯取人以

『대대예기(大戴禮記)』의「소한편(少閒篇)」에서 알 수 있듯이 요·
순 시대의 왕들은 국가의 정치기반을 확립함에 있어 상학을 인사에
적용하였다는 것을 알 수 있다. 인재등용의 방식에 있어 외형의 상
과, 기색, 음성, 역량 등 다양한 기준으로 인재를 선별하였다. 비록
후대의 기록이라 하더라도 상학이 중국 고대사와 더불어 발전했으
며, 중국의 성왕(聖王)들이 각자의 기준에 의해 인재를 선별하여 등
용하였다는 것을 기록을 통해 확인할 수 있다.

> 황제가 태어나자마자 말을 하였고 용안에는 성덕이 있었다. 전욱서
> (顓頊序)에는 머리에 창과 방패를 가지고 있다 했고, 제곡(帝嚳)은
> 날 때부터 치아가 하나 나 있다고 했다. 요임금은 눈썹에 여덟 가지
> 의 색깔이 있었다. 순임금은 눈동자가 겹으로 두 눈이 마치 아침별
> 처럼 밝고 용안은 큰 입을 가졌다. … 문왕은 가슴에 털이 4개 나
> 있고 용안에 호랑이 눈썹을 가졌고 무왕은 치아가 통으로 위를 향
> 해 뻗어 나 있다.[48]

고대의 황제들은 태어나면서부터 성스러운 덕이 얼굴에 드러나
있다고 기록되어 있다. 임금들은 머리, 치아, 눈, 눈썹, 입, 체모 등
모두 일반인과 다른 특징적인 상(相)을 취하고 있다는 것이다. 이러
한 기록을 통해 고대에는 황제가 신성화되어 일반 백성과는 다른 특
별한 상징성이 용모를 통해 부여되었던 것이다.

聲 文王取人以度."
48) 樓紹棠, 古今中外, 『相學通鑑』, 正一善書出版社, 1972, p.6. "皇帝 生而能
言 龍顔有聖德 首戴干戈 帝嚳酷 生而騈齒 帝堯 眉八彩 眉有八種紺翠之
色也 帝舜 目重瞳 如曉星 龍顔大口 … 文王胸四乳 龍顔虎尾 武王 騈齒
望羊."

태종 때 … 명을 받들고 진단이 왕궁으로 들어와 여러 왕들의 상을 살피게 되었다. 진단이 회답하여 아뢰기를 "수왕은 진실로 천하의 주인이 되실 날이 있을 것입니다. 신이 수왕의 저택에 도착했을 때 문 앞에 앉아있는 수 사람을 보았는데, 그 성을 묻자 장민, 양숭훈 라고 대답하였습니다. 그러므로 신이 이 두 사람을 살펴본 즉 후일 모두 장상(將相)에 오를 사람들이므로 그 주인을 알 수 있기 때문입 니다"라고 하였다. 태종이 몹시 기뻐했다.[49]

태종 조경이 진단으로 하여금 자신의 여러 아들 가운데 누구의 상이 뛰어난가를 살피게 했으며, 진단이 그들 가운데 셋째 아들인 수왕의 신하들만을 보고도 그 주인의 인물됨을 알아 후일 황제가 될 것을 예견한 내용이 이것이다. 태종의 셋째 아들인 수왕(진종, 997~ 1022)은 아명이 덕창이었으나 후에 원보·원간·항으로 이름을 바꾸었다. 당시 수왕은 태종의 셋째 아들이므로 재위에 오를 확률이 극히 적었음에도 형들은 배제된 채 무난히 재위를 이어받았다.

또한 『송사』의 「태종본기」에 "겨울철인 10월 갑신일에 화산에 은 거해있는 은사 진단에게 희이(希夷)선생이라는 시호를 하사하였다"[50] 라고 하였는데 이것은 옹희 원년(984)의 역사기록이다. 이상의 내용 으로 진단은 상술에 밝은 실존 인물로 상술을 활용하여 일세(一世) 를 풍미했음을 알 수 있다. 당시의 상술은 황제가 경으로 옮긴 후 14년에 걸쳐 자금성을 완공하였다.

영락황제는 자신이 연왕이던 시기부터 『유장상법』을 저술한 원충

---

49) 太宗 … 遂命陳摶歷抵王宮 以相諸王 摶回奏曰 "壽王眞他日天下主也 臣 始至壽邸 見二人坐於文 文其姓 則曰張旻 陽崇勳 皆王左右之使令 然信 觀二人 他日皆至將相 卽其主可知. 太宗大喜.
50) 『宋史』「太宗本紀」, "冬十月甲申 賜華山隱士陳摶號希夷先生."

철이 신봉하여 왕의 재위 결정에도 영향을 미쳤을 뿐 아니라, 대신과 군사(軍師)의 인사에도 절대적으로 영향력을 발휘하였다.

1402년 43세의 나이에 권좌에 오른 영락황제[51]는 4년째 되던 1406년 부친인 원공과 교분을 가지고 자문을 받기도 하였으며, 후일 황제에 즉위한 후에도 원공과 그의 아들인 원충철 부자를 각별히 신임하였다. 아마도 영락 황제가 국가를 경영하기 위한 인재 등용에 있어, 이들 부자의 상법을 통해 많은 자문을 구했기 때문이라 본다.

원충철은 영락황제의 배려로 '상보사소경(尙寶司少卿)'과 '중서사인(中書舍人)'으로 정사에 종사하게 되는데, 바로 그 기간 중 상법과 관련하여 영락 황제의 질문에 대답한 내용을 정리하였으며, 그것이 바로 『영락백문』[52]이다. 책 제목으로 보아 100개의 질문과 그 답이 존재해야 하는데, 아쉽게도 현재는 73개만 남아 있다.

『영락백문』중 제1문에서 영락황제가 자신의 상이 어떤 상에서 비롯되어 왕이 될 수 있었는지에 대해 문답하는 내용이다.

> "짐이 현재 왕의 위치에 있는데, 상의 어느 부분에서 비롯되어 만백성의 주인이 될 수 있었는가?" "왕께서는 용으로 태어나서 봉황으로 성장하셨으며, 6척의 키에, 큰 얼굴, 둥근 허리, 3척에 이르는 보폭 때문입니다. 소년 시절에 곤궁하였던 것은 수염이 나지 않은 이유입니다. 지금은 수염이 자라 1척 8촌이나 되어서 용의 상에 부합되는 연세에 이르렀기 때문입니다."[53]

---

51) 明나라(成祖 : 재위 1403~1425) 제3대 황제로 본명은 주태이며, 22년간 재위했다.

52) 「永樂百問」은 원충철(袁忠澈, 1377~1459)이 명나라 永樂황제가 질문한 것에 대하여 답한 내용을 정리하여 기록한 것으로 상법의 주요한 내용을 수록하고 있다.

원충철과 영락황제의 문답을 통해 보면 고대 제왕들이 상학에 대한 관심과 조예가 깊었음을 알 수 있다. 원충철은 영락황제가 왜 제왕이 되었는지를 구체적으로 설명하였지만, 여전히 고대 제왕의 상(相)을 일반인과 다른 상징적 특징을 부각하여 신성한 상으로 설명하였다.

> 서른여덟 개의 치아를 가진 사람은 왕후이며, 서른여섯 개의 치아를 가진 사람은 조정의 벼슬아치거나 거부이며, 서른 두개의 치아를 가진 사람은 보통사람이며, 스물여덟 개의 치아를 가진 사람은 하천하고 가난한 무리이다.[54]

고대에는 성인과 지혜로운 이는 치아의 숫자가 많다고 생각하였다. 떡을 입에 물었을 때 남게 된 치아의 자국이 많다하여 추대된 유리왕의 야사를 통해서도 알 수 있다. 탈해가 말한 것처럼 성인과 지혜로운 사람은 치아가 많다고 이해되어, 치아의 숫자가 많은 사람을 동양에서는 성인의 상에 속한다고 보았던 것이다. 성인인 석가모니의 신체적 특징을 설명한 「삼십이상팔십종호」에 석가모니는 치아의 숫자가 무려 40개였다고 하였다.

이를 보아 알 수 있듯이 고대의 제왕이나 성인과 영웅들은 일반인과 다른 특별한 신성한 상징성을 상(相)에서 찾으려고 했다. 그러한 예를 보면 "순임금은 한 눈에 눈동자가 두 개로 기이한 상인지라 요

---

53) 『柳莊相法』「永樂百問」, "朕居王位 出於何相 而得爲萬民之主 對曰 主乃龍生鳳長 身長六尺 面大腰圓 能步開三尺 少年所困 未出鬚之故 今已鬚長一尺八寸 以合龍相當年之壽."
54) 『麻衣相法』「論齒」, "三十八齒子王侯 三十六齒子朝郞巨富 三十二齒子中人福祿 三十者平常之人 二十八齒下貧之輩."

임금의 자리를 선위 받았다"[55]는 기록과 "중이[56]는 갈비뼈가 양쪽에 겹으로 있어 진나라가 패권을 잡는데 기반을 마련하였다"[57]는 기록에서 보아도 신체적인 특별함을 상에서 찾았다는 것을 확인할 수 있었다. 그러나 이와 반대의 논리를 편 순자의 주장도 있었다.

> 눈은 흑과 백의 좋고 나쁨을 구별하고 귀는 소리의 맑고 탁함을, 입은 신맛과 짠맛 단맛과 쓴맛을 구분하며 코는 향기로움과 비린내, 누린내를 가려낼 수 있는데 이는 사람이 태어나면서부터 지니는 것이다. 이런 것들은 다른 영향에 의한 것이 아니라 우왕이나 걸왕이 모두 같은 것이다.[58]

순자는 사람이 같은 본체를 지니며 타고났지만 살아가는 주위환경과 학습에 의해서 각기 다른 인재가 되기도 한다는 논리를 폈다. 사람이 태어난 본체의 기능은 왕이나 일반인 누구나 같다고 본 것이다. 다만 그것을 어떻게 계발하고 순화시키느냐에 따라 각기 다른 인재가 되는 것이라 보았다. 현재의 관점에서는 순자의 논리가 일반적으로 받아들여지기도 하지만, 조상으로부터 받은 유전적 인자인 타고난 원초적 기운에 의해 드러나는 성정(性情) 또한 무시할 수 없는 부분이다.

나아가 조선시대 왕과 상학과 관련된 기록에 대해서도 살펴볼 필

---

55) 『麻衣相法』「石室神異賦」, "若夫舜目重瞳 遂受獲堯禪之位."
56) 중이(BC 697~628)는 진나라의 문공이다.
57) 『麻衣相法』「石室神異賦」, "重耳骿脅果奧覇晉之基."
58) 『荀子』「榮辱」, "目辨白黑美惡 耳辨音聲淸濁 口辨酸鹹甘苦 鼻辨芬芳腥臊 骨體膚理辨寒暑疾養 是又人之所常生而有也 是無待而然者也 是禹桀之所同也."

요가 있다. 그에 앞서 우리나라에 상학에 대한 간략한 고찰을 통해 보면, 상학이 언제쯤 들어왔는지에 대한 정확한 기록은 존재하지 않았다. 단군조선에서 고려시대까지의 역사를 서술한 『해동역사』의 「왕인」편에는 "왕인은 백제국 사람인데 … 여러 경전에 능통하였으며, 사람들의 상을 살필 줄 알았다"59)는 기록에서 상학적 전문지식의 습득여부에 관계없이, 고대에도 사람을 분별함에 있어 상을 보고 관찰하였음을 알 수 있다.

고대 우리나라에서도 제왕이나 위인과 관련된 야사를 통한 일화나 기록을 통해 제왕과 상학과 관련 부분들이 있다. 『삼국사기』의 「열전」에도 관상과 관련된 표현이 등장한다. 고구려의 경내로 들어간 신라인 거칠부가 법사 혜량의 강론을 듣고 신라로 돌아가려 할 때 법사는 다음과 같이 말했다. "그대의 상은 제비턱에 매의 눈(鷰頷鷹視)이라, 장차 반드시 장수가 될 것이다. 만약 병사를 거느리고 오게 되거든 나에게 해를 끼치지 말라."60) 이러한 기록으로 미루어 볼 때 삼국시대 혹은 그 이전에도 관상학 이론의 체계가 이루어진 것은 아니지만 이미 관상이 널리 통용되고 있었다. 중국의 역사서인 『주서』에서도 백제의 풍습에 대해 언급했는데, "또 의약·복서 및 점을 치는 것과 관상 보는 법을 알고 있었다"61)라고 기록하고 있다.

일찍이 상명사(相命師) 혜징이 사사로이 그 친한 사람에게 이르기를, "내가 사람들의 운명을 본 것이 많았으나 이성계만한 이는 없었

---

59) 『海東繹史』「人物考」, "王仁百濟國人 … 仁通於諸典 又能察人想."
60) 『三國史記』「第四十四卷 列傳 第四」, "相汝鷰頷鷹視 將來必爲將師 若以兵行 無胎我害."
61) 『周書』「異城列傳」, "百濟傳 亦解醫藥卜筮占相之術."

다. … 내가 본 상으로는 임금이 될 운명이니, 그가 왕씨를 대신하
여 반드시 일어날 것이다."62)

고려 말 이성계가 조선을 건국한 배경에서 선조 때까지 정치와 명
신(名臣)들의 행적을 기록한 야사의 기록이 담긴『동각잡기』에는 다
음과 같은 기록이 있다. 고려 말 관상가 혜증이 이성계의 얼굴을 보
고 가까운 장래에 개창할 것을 예언한 것이다.

　　동북면(東北面) 도순문사 이달충(都巡問使 李達衷)63)이 고을을 순
　　시하다가 안변부에 이르렀는데, 달충의 진무(鎭撫)한 사람이 어떤
　　사건으로 태조를 불쾌하게 여겨 달충에게 말하였다. 달충이 태조를
　　불러 보고는 자기도 모르게 뜰에 내려와 영접해 앉으면서 술자리를
　　베풀고 진무에게 이르기를, "절대로 그와 겨루지 말라" 하였다. 환
　　조가 달충을 보고 그가 태조를 후하게 대접한 것을 사례하였다. 달
　　충이 서울로 돌아갈 적에 환조가 들에서 전송하니, 태조는 환조의
　　뒤에 서 있었다. 환조가 잔에 술을 부어 돌리니, 달충이 꿇어앉아서
　　마시었다. 환조가 괴이히 여겨 물으니, 달충이 말하기를, "귀랑은
　　참으로 비범한 사람입니다. 공께서도 아마 미치지 못할 것이며, 공
　　의 가업을 번창 하게 할 사람은 반드시 이 아드님일 것입니다" 하면
　　서, 이내 그 자손을 부탁하였다.64)

---

62)『東閣雜記』, "又有相命師惠贈 私謂其所親曰 吳相人之命多矣 無如李成桂
　　者 … 吳之所相者 君長之命也 其代王氏而必興乎."
63) 李達衷(1309~1384) 고려(忠肅王~禑王)때의 문신이자 학자. 李蒨의 아들로,
　　儒學에 정통함. 密直提學을 지낼 때 공석에서 辛旽을 비판하여 파면되었다
　　가 신돈이 실각한 후 鷄林府尹으로 복직함.
64)『太祖實錄』1권, 총서 32번째 기사, 東北面都巡問 使李達衷行縣至安邊府
　　達衷鎭撫 一人 以事不快於太祖 言於達衷 達衷召而見之 不覺下庭 延坐置
　　酒 謂鎭撫曰 愼勿與較 桓祖見達衷 謝其厚待 及達衷還京 桓祖餞 之于野

이달충이 태조의 상을 보고 큰 인물이 될 것을 알아보았던 내용의 기사가 『태조실록』에 전해진다. 그러나 태조의 상에 대한 구체적인 내용이 없어 이달충은 태조가 어떠한 상이어서 비범한 사람이란 표현을 했는지는 알 수 없다. 비범함이란 일반인과 다른 특별함이 있는 형상으로 판단된다. 『제정선생문집 권4』의 「부록」에도 같은 내용이 전해진다. 태조 이성계와 제정공 이달충의 인연에 관하여 언급하며, 동북면 도순문사 이달충이 태조가 비범한 인물임을 알아보았다는 내용이 전해진다.

그리고 『국조보감』 제69권 「정조 1년」에 영조대왕이 왕세손의 관상을 보았다는 기록이 다음과 같다.

> 신미 1751년(영조 27) 겨울에 장헌세자가 신룡(神龍)이 구슬을 안고 잠자리로 들어오는 꿈을 꾸었다. 깨어나서 그 형상을 벽에다 그려 놓았었는데, 탄생함에 미쳐 울음소리가 큰 종소리와도 같았고, 우뚝한 콧날, 튀어나온 미골, 움푹 들어간 눈, 큰 입 등 관상이 특이하였다. 영조가 직접 와서 보고는 대단히 기뻐하면서 혜빈을 보고 말하기를, "이 아이를 얻었으니 종사에 근심이 없겠다" 하고, 손으로 이마를 어루만지면서 "여기가 나를 빼어 닮았구나" 하였다. 그리고는 그날로 원손(元孫)이라는 칭호를 정하였다. … "총명하고 영특하여 상지(上智)의 자질을 갖추셨으니 동방의 복이요" 하였다.[65]

또한 영조가 세손이 태어나자 상을 보며 자신과 닮았음을 확인하며 기뻐하는 내용이 있다. 고대 상법에서도 "영아의 상을 보기가 어

太祖立桓祖之後 桓祖行酒 達衷立飮 至太祖行酒 達衷跪飮 桓祖怪問之 達衷曰 貴郞眞異人 公殆不及 昌公家業者 必此子也 因以其子孫屬之."
65) 조순희 역, 『國朝寶鑑』 제69권 「정조 1년」, 한국고전번역원, 1996.

렵다는 말을 하지 말라, 출생하면 곧 그 운명을 알게 된다"[66]고 하였다. 곧 영아 시기부터 타고나는 상(相)의 인자가 이미 결정되어 나타나므로 그대로의 상을 보았던 것이다. 조선시대에도 왕세손의 탄생을 축하하며 영조가 세손의 안면의 상에 대해 구체적으로 언급하였다. 그러면서 본인과 닮았음에 흡족해하는 기록을 통해, 당시 왕실에서 상을 보며 인물을 평가하고 판단했던 것을 알 수 있다. 이처럼 조선시대 관상학은 왕실과 사대부 계층은 물론 일반 백성들까지도 일반적인 상식으로 자리 잡고 있었으나 학술적으로 체계화되지는 않았다.

그럼에도 불구하고 왕과 관리들이 모두 상학에 대해 호의적이지는 않아 비판적인 시각을 가진 학자도 있었다. 자연과학에 대해 깊은 관심을 가져 많은 업적을 남긴 다산 정약용(1762~1836)은 과학적 자세는 사고의 합리성이 전제되어야 한다고 강조하면서 일체의 비합리적인 것을 배척하였다. 그의 문집인 『여유당전서』의 「맥론」, 「상론(相論)」, 「갑을론」[67]편에서 다산은 손목의 맥을 짚어 병을 진단하는 진맥법의 부정확성을 설파했다. 「상론」에서는 얼굴 모양을 보고 운명을 점치는 관상법을 배격했고, 관상에 의해서 빈부귀천이 결정되는 것이 아니라 반대로 직업이 분화되어 습성이 달라지기 때문에 상이 변하는 것이라고 주장했다. 갑자 · 을축을 따져 길일을 택하는 따위도 믿어서는 안 된다고 했다.

또한 풍수지리설도 맹렬히 비판하여 다산은 다음과 같이 말했다. 곧 풍수설을 가리켜 이것이야말로 꿈속에서 꿈꾸고 속이는 속에서

---

66) 『柳莊相法』「嬰兒通論」, "莫道嬰兒難相 一生出腹可知"
67) 丁若鏞, 金鎭玉 譯, 『與猶堂全書』, 2005.

또 속이는 연극이라고까지 하였다. 그는 밀물과 썰물이 일어나는 원인과 사람 눈의 근시와 원시 현상에 대해서도 비교적 정확한 이론을 전개하였다. 뿐만 아니라 박제가와 함께 우리나라 최초로 종두법을 연구하여 보급한 전말을 기록한『종두설』, 불후의 의서인『마과회통』 등을 통하여 의학자로서의 그의 면모를 엿볼 수 있다. 다산의 자연과학적 업적이 근대과학의 성과에 미치지 못하는 것이 사실이고, 또 상당 부분은 서양의 이론을 수용한 것이다.

한편 홍릉이 길지가 아니므로 천릉할 것을 청하는 궁내부 특진관 이재순이 다음과 같이 상소하였다.

신이 또 듣건대, "상지법은 관상법과 같아 괴이하고 못생긴 형상을 보면 성행이 사악하고 교활함을 알 수 있고, 성기(聲氣)가 용렬하면 재기(材器)가 나약함을 숨길 수가 없다고 합니다. 이것은 모두 보통 사람의 육안으로도 알아 볼 수 있는 것이지 반드시 밝게 살펴보고 나서야 알 수 있는 것이 아닙니다. 산맥의 마디가 어떠하고 수법(水法)이 어떠하며 오행음양이 상생하고 배합하는 오묘함에 대해서는 애당초 반드시 알 수 없으나 좋은 산이나 좋은 물을 보면 그곳이 좋다는 것을 알 수 있고, 암석이 울퉁불퉁 솟아 있고 물이 부딪쳐서 사태가 나서 패여 뚜렷하게 좋지 않은 곳이라면 역시 그곳이 좋지 않음을 알 수가 있는데, 촌에 사는 초동이나 목동이 보더라도 역시 같을 것입니다."[68]

---

68)『承政院日記』3121책 (탈초본 140책) 고종 37년 5월 25일 한국고전번역원, 서경숙(譯), 2003. "臣又聞相地之法 如相人之法 其怪醜之形見 而性行之險狡可徵 聲氣 短劣 而材器之懦孱莫掩 此皆凡人肉眼之所能見 非必有藻鑑然後知之也 龍節之如何 水法之如何 五行陰陽胞胎配合之妙 初未必知 而見好山好水 能見其好 巖石磊砢 沙溜敗壞 判然不好處 亦能見其不好 村野樵牧之見性亦同."

이처럼 조선시대의 각종 문헌에는 관상과 관련한 설화적 내용이 전해오고 관상가의 이름까지 등장하지만, 우리나라의 독자적인 관상 서적에 대한 기록은 찾을 수 없었다. 물론 체계를 갖춘 독자적인 관상서는 없었지만 조선시대의 왕가나 양반들도 관상에 관심과 조예가 깊었음을 알 수 있다. 당시의 관료나 한학자들은 교양으로 주역, 풍수, 관상을 배웠고, 또한 그것을 하나의 수단으로 활용하면서도 정작 유교가 지배하는 사회에서 이를 글로써 남길 가치가 있는 학문으로 보지는 않았다. 주변의 동양문화권인 중국에서는 대표적인 관상서를 선별하여 『사고전서』에 수록하여 전승해 오고 있어 한국과 대조를 보인다.

3) 제왕과 인재의 차이점

고대에 제왕이란 흔히 황제나 국왕을 아우르는 호칭으로서 곧 군주를 가리킨다. 왕학은 왕가나 전통 있는 가족·가계 등의 특별한 지위의 후계자에 대한 학으로, 어린 시절부터 상속자를 상속할 때까지 하는 특별 교육을 말한다. '제왕학'이라는 명칭은 존재하지만 일반적으로 명확한 정의가 있는 학문이 아니어서 보편적인 교육에 해당하지 않는다. 구체적으로 규명한 '지도력' 또는 '경영력' 이라고 해야 할 것이다.

협의의 제왕학은 태어날 때부터 제왕의 보좌에 앉을 운명에 있는 자의 교육을 말한다. 고대에 이것은 황제가 왕통을 유지하고 후대들에게 전승하기 위해 무언가를 실천하는 것이 아니라 어디까지나 전통을 답습하는 것이었다.

이처럼 국가통치에 있어 제왕에게 중요한 일은 본인이 여러 역량을 갖추기보다 각 분야에 재질을 가진 인재를 선별할 수 있는 능력을 갖추는 것이다. 각 분야에 맞는 인재를 알맞게 배치하여 효율적인 치도(治道)를 해나가는 것이 지도력에 있어 가장 중요한 제왕의 덕목이라 하면, 신하에게 필요한 역량은 과연 무엇일까? 유소의 『인물지』「유업」편에서는 신하될 사람의 재질을 12종류로 분류하여 왕이 인재를 잘 가려 그에 맞는 책무를 주는 것이라 하였다. 신하에게 필요한 것은 왕이 의도한 정치적 구현에 적합하도록 재능을 겸비하여 실행에 투입되는 것이 중요했다.

> 사람의 재질과 배움에 따른 직분은 12 종류로 분류할 수 있다. 청절가 · 법가 · 술가 · 국체 · 기능 · 장비 · 기량 · 지의 · 문장 · 유학 · 구변 · 웅걸이 있다. … 무릇 이 12종류의 재질은 모두 신하가 될 자의 소임으로, 군주의 일은 아니다. 군주의 덕은 총명하고 평담하여 여러 재능 있는 사람들을 잘 가려내는 것이지, 스스로 일을 맡아서 처리하는 것이 아니다. 그러므로 군주가 치국의 대도를 세우게 되면, 12종류의 재질을 가진 사람들이 각자 적합한 임무를 맡게 된다.[69]

조선시대 인재등용에 있어 소신을 가졌던 세종(1397년~1450년)은 1418년 집현전 설치를 시작으로 많은 업적을 남겼다. 그는 1430년 『농사직설』의 배포, 1432년 『삼강행실도』의 편찬, 1434년 '앙부일구'로 시간 측정, 장영실의 '자격루' 설치, 1443년 집현전 학자들과

---

69) 『人物志』「流業」, "蓋人流之業, 十有二焉 有淸節家 有法家 有術家 有國體 有器能 有臧否 有伎倆 有智意 有文章 有儒學 有口辨 有雄傑 … 凡此十二材 皆人臣之任也 主德不預焉 主德者 聰明平淡 聰達衆材 而不以事自任者也 是故 主道立 則十二材各得其任也."

'훈민정음'의 창제, 1445년『용비어천가』의 편찬이라는 위대한 업적을 남길 수 있었다. 이러한 결과는 제왕으로서 적재적소에 필요한 인재의 선별과 기용에서 비롯된 것이었다.

1433년(세종 15) 장영실에게 관직을 제수하는 과정에서 엄연히 반상의 구분이 분명 존재하는데 어찌 장영실에게 막중한 책임을 맡길 수 있느냐는 신하들의 반대 상소가 계속 이어졌다. 그럼에도 세종은 인재의 기용에 있어 반상의 차이를 두지 않고 오로지 능력을 보고 장영실에게 능력을 발휘할 기회를 줌으로써 조선은 과학발전의 르네상스를 이룰 수 있었다.

> 천하의 대업이 이루어지면 명예도 함께 얻게 된다. 그래서 요임금은 뛰어난 덕을 지닌 인재를 똑똑하게 밝혀 칭송받았고, 순임금은 이팔을 등용하여 공업을 이루었다. 탕임금은 유신의 현자인 이윤을 발탁하여 명성을 얻었고, 문왕은 위수가의 늙은이를 중용하여 존귀하게 되었다. 이로 말하건대, 성인들이 크게 덕을 일으킬 때 인재를 구함에 총명하고자 애쓰지 않고, 인재를 임명함에 그저 편안하고 한가로움이나 얻고자 한분이 있었던가?[70]

고대 왕조에서도 인간을 분석하고 관찰하여 등용하는 것은 치도에 있어 가장 중요한 화두였다. 이를 위해서 제왕에게 요구되는 것은 총명한 지혜로 인재를 잘 식별하는 혜안을 갖는 것이었다. 각 분야에서 능력을 발휘할 수 있도록 직재를 부여하여 역량을 발휘할 기회를 주는 것이 무엇보다 중요했다.

---

70)『人物志』, "天功旣成 則並受名譽 是以 堯以克明俊德爲稱 舜以登庸二八爲功 湯以拔有莘之賢爲名 文王以擧渭濱之叟爲貴 由此論之 聖人興德 孰不勞聰明於求人 獲安逸於任使者哉."

무릇 성현이 아름답게 여기는 이유 중에서 그 총명보다 나은 것이
없으며, 총명이 귀하게 여겨지는 이유 중에 인물을 잘 식별하는 능
력보다 앞서는 것이 없다. 인물을 식별하는 일에 참으로 지혜로우
면, 각양각색의 인재들이 스스로의 자리를 찾고, 이로써 여러 일들
이 흥하게 될 것이다.[71]

고대 이래 조선왕조에서도 인재 선별의 유무에 따라 자신의 왕조
를 세우느냐, 아니면 이반자의 모략 등으로 반역자가 되어 역사 속
으로 사라지느냐를 결정짓는 역사가 존재하였다. 그러므로 지도자
에게 가장 중요한 것은 인재의 선별에 따라 그 인재의 능력을 최대
치로 발휘할 수 있게 하는 것이 지도력에 있어 가장 중요한 덕목인
것이다. 현대에도 국가지도자를 임명함에 있어 각종 청문회와 같은
다양한 인사 시스템을 도입하여 검증하고 있다. 그럼에도 불구하고
지도자의 잘못된 인사에 따른 적절하지 못한 등용이 국민들에게 실
망과 배신감을 안겨주기도 한다. 현대에도 고대와 같이 모든 분야
의 최고 경영자로서 인재를 알아보고 선별하는 능력은 지도력 혹은
경영에 있어 필수사항인 것이다.

신하는 스스로 임무를 맡음으로 재능을 삼지만, 군주는 인재를 쓰
는 것을 재능으로 삼으며, 신하는 말을 잘하는 것을 재능으로 삼지
만, 군주는 잘 듣는 것을 재능으로 삼는다. 신하는 일을 잘 실행하
는 것을 재능으로 삼지만, 군주는 상벌을 적절하게 내리는 것을 재
능으로 삼는다. 이처럼 군주와 신하의 재능이 다르므로 군주가 많
은 인재들을 관할할 수 있게 되는 것이다.[72]

---

71) 『人物志』, "夫聖賢之所美 莫美乎聰明 聰明之所貴 莫貴乎知人 知人誠智
    則衆材得其序 而庶績之業興矣."

『인물지』「재능(材能)」에서는 군주와 신하가 갖추어야 할 재능이 각자 다르다는 것을 주장하면서, 지도력의 유형에 따라 인재배치에 대한 중요성을 설명하였다. 지도자의 지도력에 있어 인재의 중요성에 대한 인식과 함께 인재에 대한 논란도 늘 따라다닌다. 훌륭한 지도자는 자신과 친분이 있는지, 자신에게 잘 보이는지 등의 사사로움에 끌려서 인재를 등용하지 않는다. 그러므로 지도자는 직분에 맞는 재능과 덕목을 먼저 생각하여 등용하는 총명함을 가지고 있어야 한다.

> 어진 군주가 사람을 등용하는 것은 유능한 기술자가 나무를 제재하는 것과 같이 하는 것이다. 큰 나무는 작은 배와 큰 배의 대들보로 쓰고, 작은 나무는 배의 노나 쐐기를 만드는데 사용한다. 긴 것은 처마와 서까래로 사용하고, 짧은 것은 동자기둥이나 두공(枓栱)으로 사용한다. 작은 것과 큰 것, 긴 것과 짧은 것에 상관없이 각각 그 마땅한 것을 얻어 사용하고 둥글고 모난 것들을 자로 재어 각각 사용될 곳들이 있게 한다. … 사람에게는 그에 따른 재주가 있고 사물에는 그에 따른 형상이 있다. 한 가지를 맡겨도 너무 무거워하는 경우가 있는 반면 혹은 백 가지를 맡겨도 오히려 가볍게 여기는 경우가 있다.[73]

제왕과 인재의 다른 점은 각 지위에 맞게 요구되는 역량이 다르다는 것이다. 이에 제왕으로서는 선별한 인재를 자신의 이상적 정치구

---

72) 『人物志』「材能」, "臣以自任爲能 君以用人爲能 臣以能言爲能 君以能聽爲能臣以能行爲能 以能賞罰爲能 所能不同 故能君衆材也."

73) 『淮南子』「主術訓」, "賢主之用人也 猶巧工之制木也 大者以爲舟航柱梁小者以爲楫楔 脩者以爲櫚榱 短者以爲朱儒枅櫨 無小大脩短 各得其所宜 規矩方圓 各有所施…人有其才 物有其形 有任一而太重 或任百而尙輕."

현에 참여시켜 통치력의 성과인 업적을 쌓는 것이 무엇보다 중요하였다. 반면 인재는 제왕의 통치에 필요한 재능을 갖추고 연마하여 성과를 내는데 일조하는 것이 중요하였다. 제왕에게는 유능하고 재능을 갖춘 인재가 꼭 필요하였으며, 통치에 따른 성과와 업적을 낸 제왕의 곁에는 늘 유능하고 재능 있는 인재가 함께 하였다는 것을 확인할 수 있었다.

3. 어진과 상학의 연관성

1) 사실성과 상학

조선시대 전신사조(傳神寫照)의 발현으로 초상화의 인물 표현에 있어 최대한 사실적으로 묘사하고자 하였는데, 어진 제작에서도 이는 예외가 아니었다. 대상인물의 외형만이 아닌 내적으로 잠재한 인품과 성정의 표현을 중요하게 여겼기 때문에 일반적인 회화와 달리 사실적 표현에 근거하여 독자적인 형식으로 발전해 왔다. 이러한 미술사적 사조는 현존하는 어진의 수가 현저히 적음에도 조선시대 현존 어진과 상학과의 인문학적 교류에 있어 가치가 부여되는 것은 사실이다.

여기에서 조선시대 어진은 초사실성의 기저 하에 대상인물의 개별적인 외형과 정신을 포착하여 왕의 덕성과 인품을 담아 제작되었다는 점에 주목하였다. 인간의 내면적인 기운은 어떤 형태로든 반드시 체외로 발현된다는 상학에서의 기본원리가 초상화제작에 있어서도 유효하여 상학적인 연구가 가능한 것이다. 대상인물의 상을 관찰함으로써 인간의 외면적 특징을 통해 내재적 본질인 덕성 및 타고난 능력 등을 파악한다는 방법론이 서로 통하는 부분이다. 상학에서 오악을 중심으로 안면의 상을 분석하듯이, 초상화 제작에서도 오악을 중심으로 한 기본적인 골상도에 따라 대상인물의 안면묘사가 세부적으로 이루어지기 때문에 오악을 중심으로 하는 상학의 연구 및 분석이 가능하다고 본다. 즉 초상화를 제작하는 것은 관상가가 상을 분석하여 여러 정보들을 분석해내듯이 어진화사 또한 왕의 성정과 덕성을 잘 포착해내는 것이 무엇보다 중요하기 때문이다.

성정과 덕성에 더하여 왕의 초상인 어진은 형(形)과 영(影)의 예술로서 형이란 그려지는 대상인물 그 자체이며, 영이란 제작되어진 초상화 자체로 현재의 사진과도 같다. 인간의 외적 모습은 시시각각으로 변모하지만 형의 배후에는 그 사람만이 가진 불변의 본질, 즉 정신이나 마음이 자리하고 있다. 어진화사가 왕의 모습을 그려낼 때 외양인 형의 올바른 포착이 가능하다면, 자연스럽게 이 형과 구조적으로 연계되어 있는 정신이나 마음 같은 내적 요소 역시 화면 위로 끌어올려져 형으로 비추어지는 것이다.[74] 이를 초상화에서는 함축된 의미로써 '전신사조(傳神寫照)' 또는 '사심(寫心)'이란 단어로 표현하고 있다.

전신론은 중국 동진의 고개지가 "정신을 그리는 것은 눈동자에 있다"[75]라고 정의한 그의 화론에서 비롯되었다. 『화운대산기』의 「논화인물(論畵人物)」에서 '전신(傳神)'이라는 단어는 '전신사조(傳神寫照)'의 줄임말에서 유래되었다는 것을 알 수 있다. 전신론에 따라 제작된 왕공사대부나 무인들의 초상화에서 당대 화원들의 필치에 따른

---

74) 조선미, 『한국의 초상화』, 돌베개, 2009, p.5.
75) "傳神寫照 正在阿堵中."

묘사가 얼마나 세밀하고 정제했는지 잘 보여준다. 눈썹과 수염을 비롯한 머리카락 한 올 한 올 세어 그린 듯 정교한 세선묘가 특징적이다. 초상의 정수인 이목구비는 안면 골격구조에 따라 치밀한 선묘와 음영으로 그려졌다. 대상인물의 재현 의지가 높았던 결과로 일반인들은 대상인물과 똑같이 닮았다고 착각할 정도의 시각적 완결성을 갖추게 된 것이다.

태조의 용안 묘사에 있어, 오른쪽 눈썹 위의 사마귀와 유사한 작은 혹의 사실적 표현을 통해 대상인물의 암묵적 동의하에 어진 제작이 이루어졌음을 단적으로 보여준다. 오른쪽 눈썹 위 사마귀까지 그려진 점으로 보아 어진 제작에 있어 사실적 묘사에 치중했음을 반증하고 있다. 이는 태조의 동의 없이는 불가능 했을 일이다. 이성낙의 연구에서 태조의 오른쪽 눈썹 위의 혹을 약 0.7~0.8센티미터의 모반세포성모반(母斑細胞性母斑, Nevocellualarnevus)[76]으로 진단하였다. 최고의 국사(國事)인 어진 제작에 있어 개국한 왕의 어진에 이마의 혹까지도 표현한 것은, 피사인인 왕과 그리는 화가, 그리고 감독관[77] 등 관련된 어떤 누구의 이의제기가 없었기에 사실적 묘사가 가능했고 이는 상학적으로 연구할 가치를 제공하고 있는 것이다.

태조 어진이 처음 그려질 당시인 건국초기부터 대상인물의 보여지는 모습 그대로 사실적 표현을 전제로 제작에 임했다는 것을 알수 있다. 어진 제작과정에서 화사에게 요구되는 가장 중요한 원칙이 실제 왕의 모습과 같이 매우 사실적인 용안(龍顏)과 용체(容體)를 화폭에 담아내야 한다는 것이다. 이와 같은 화법은 『승정원일기』에 보

---

76) 이성낙, 『초상화 그려진 선비정신』, ㈜눌와, 2018, p.46.
77) 위의 책, p.49.

이듯이 희정당에 남구만 등이 입시하여 태조의 영정을 봉안하는 문제, 임진란 때 순절한 고인후 등에게 증시(贈諡)하는 문제 등에 대해 논의하는 과정에서도 확인할 수 있다.

> 선유들이 이른바 '털끝 하나 머리털 한 올, 조금이라도 혹 차이가 있다면, 이는 곧 다른 사람이다' 라고 말한 것은 과연 바꿀 수 없다는 견해이다.[78]

특정 인물의 성정을 그려내는 초상화에서 그 대상인물을 확실히 인지해내기 위해서는 거의 같은 모습의 닮음이 전제되어야 한다. 이 의미는 곧 초상화가 극 사실성을 요구하는 재현 예술임을 강조하는 것이다. 대상인물을 닮게 그리기 위해 진력했던 조선시대 화가들의 양상은 현존 초상화의 초본 작업과정에서 충분이 엿볼 수 있는 부분이다. 조선시대 초상화는 인물을 닮게 그려내는 정체성의 구현은 물론 지성에 이어 인품까지 담았다.

초상화 제작에 있어 예로부터 "터럭 한 올이라도 같지 않으면 그 사람이 아니다"[79]라는 관념 하에 대상인물을 최대한 실물과 닮게 그려내기 위해 진력을 다하였다. 관상자들이 느끼기에 대상인물의 사실적 모습과 더불어 실제 성정까지도 표현이 가능할 때 비로소 인정받을 수 있었다. 즉 인물의 형상을 그대로 옮기는데 그치지 않고 내면의 정신을 외면의 형상으로 표현하는 경향이 두드러졌다. 유교 경전 중 하나인 『대학』에 "마음에 내적인 성실함이 있으면 그것이 밖

---

78) 『承政院日記』 328책 (탈초본 17책) 숙종 14년 3월 7일 庚辰, "一毛一髮 少或差殊 則便是別人者 誠是不易之論."
79) "一毫不似便是他人."

으로 반드시 드러나는 법이다"[80]라고 하여 대상인물의 내면을 그림으로 표현함에 있어 어진화사가 추구해야 하는 철학적 사상과 서로 통하는 면이 있다.

왕조의 배려하여 어진 제작에 참여하게 될 최고의 실력을 갖춘 화사에게 요구되었던 암묵적인 예술적 평가기준은 칠분모(七分貌) 정도의 만족함이었다. 어진을 모사하는 과정에서도 무엇보다 '진(眞)'의 중요성을 강조하였는데 '진'을 올바르게 표현할 수 있는 실력을 지닌 어진화사를 찾는 것은 쉬운 과정이 아니었다.

따라서 조선시대 어진 제작에 있어 현존 어진이지만 유일하게 왕세제 시절의 예진과 왕이 된 이후 그려진 어진이 동시에 남아 있는 경우가 매우 드물다. 연잉군 초상과 영조의 어진은 안면의 세부 부분인 이목구비의 표현에 있어 이곽이 들어나면서 앞을 향해 펼쳐진 귀, 살짝 치켜 올라간 눈과 눈썹, 굳게 다문 두터운 입술, 산근과 연상 수상이 높은 코의 표현이 왕세제 시절의 모습과, 왕이 된 후 시간이 흘러 그려진 영조 어진과 닮은 모습에서 조선시대 초상화의 표현방법이 사실성에 입각한 예술이었음을 확인할 수 있다.

여기에서 왕의 초상인 어진이 존재하는 경우 역사적 사실에 기반하여 제왕의 통치에 대한 시각을 상학의 관점에 따라 어떻게 정국을 이끌어갔는지에 대한 유추가 가능해진다. 그러나 어진이 존재하지 않는 경우 역사적 사실에 기반 하기 때문에 때로는 왜곡된 왕의 이미지로 일반인들은 인식해 버리는 우를 범할 수 있으므로, 이에 어진의 중요성이 부각되는 것이다.

---

80) 『大學』, 傳文 第 1章 1節, "誠於中形於外."

2) 회화성과 상학

조선의 초상화 전통과 형식은 중국이나 일본의 동일한 유교문화권을 형성했던 경우와 달리 정형화된 초상화들이 오랫동안 그려졌다. 이를 보면 조선시대 유교사회 고유의 한 특질로서 초상화를 들 수 있을 정도로 현존하는 초상화들은 회화적 조형미나 예술성 모두 조선시대의 문화역량이 결집된 문화유산으로 손색이 없음을 보여준다.

그리하여 안면의 작은 특징 하나라도 놓치지 않고 그대로 화폭에 담아내려는 관념이 밑바탕에 있었으므로 치밀하게 그려낸 조선시대의 초상화에는 숭고한 회화성이 존재하는 것이다. 또 잘생긴 인물은 잘 생긴 대로, 전염병인 마마를 앓았던 흉터의 흔적이나 검버섯 같은 얼굴의 흠은 흠결대로 진솔하게 그렸다.[81] 예를 들어 초상화를 통해 피부질환을 분석한 의학계의 논문이 나올 정도로 정직하게 그렸다. 외형만이 아닌 대상인물의 정신까지도 담아야 한다는 조선시대 초상화의 '전신(傳神)'의 회화론 아래 발전한 형식미가 존재하고 있었기 때문에 상학적 연구를 가능하게 해준다.

초상화 구도에 있어서 '안면각도'는 감상자의 시각에서 대상인물의 인상이 크게 좌우되므로 상당히 중요하게 작용한다. 〈그림3〉 안면취각의 분류에서 보듯 정면관의 태조어진은 10분면의 각도로 대상인물을 바라보는 감상자에게 위압감과 경외심을 갖게 하는 특징이 있다. 각도와 함께 초상화에 그려진 대상인물의 안면의 방향이 왼쪽인 좌안(左顔)이냐, 아니면 오른쪽인 우안(右顔)이냐가 중요하다. 좌안, 우안의 여부는 봉안장소의 배치상황과 제작 시 주위환경과 여건에 따라 결정되기도 하였다.

---

81) 이태호, 앞의 책, pp.35-36.

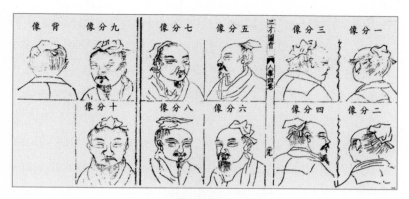

〈그림 3〉 안면취각의 분류[82]

　이처럼 조선시대 어진의 회화적인 특징으로 어진의 다양한 안면 각도에 의해 감상자에게는 대상인물의 이미지가 다르게 느껴질 수 있다는 것이다. 정면관인 10분면이 어진의 위엄을 표현하는데 가장 적합하지만, 안면을 사실적으로 표현하는데 많은 제약과 어려움이 있어 다양한 안면 각도를 취하였다. 어진 제작에 있어 다양한 변수들에 의해 어진 속 용안의 방향이 정면을 향해 있는지, 오른쪽을 또는 왼쪽을 향하고 있는지가 결정된다. 이에 각 취각의 배치 방향에 따라 제왕의 위엄이 다르게 느껴진다. 즉 십분면인 정면관은 더 국가적인 제왕의 엄중함이 느껴지고, 안면 취각에 의해 7분면, 8분면, 9분면일 경우 공적인 이미지보다는 사적이고 개방적인 이미지를 주게 된다.

　어진 제작에 있어 안면각도에 대한 『승정원일기』의 기록에서는 정면상이 이상적임을 피력하고 있다. 그 이유로는 백관을 마주대하

---

82) 조선미, 『초상화 연구』, 문예출판사, 2007, p.81.

는 임조(臨朝)시 왕의 위엄이 가장 잘 나타나므로 이상적이었기 때문이다. 선묘 위주의 초상화 묘법으로 표현했던 17세기 이전의 초상화에서는 음영의 표현 없이 안면 각도를 정면관으로 묘사했을 때 안면을 실제와 같이 입체적으로 표현하기에는 무리가 있었을 것이다.

예컨대 태조 어진은 정면상임에도 불구하고 서양화법이 아닌 선묘 위주의 전통 기법으로 안면을 묘사한 것을 알 수 있다. 따라서 이 어진의 양식이 서양화법이 사용되기 이전인 조선 초기의 원작에 충실하게 따르고 있음을 확인할 수 있다. 5백년이 넘도록 조선왕조가 지속되는 동안 영원불변하는 존재로서 신(神)에 가까운 지위를 유지하면서 경기전에서 역사의 흐름을 지켜본 태조 어진은 시간을 뛰어넘어 초월적 권능을 발휘하는 듯하다.[83] 조선왕실의 발상지인 전주에 모신 태조 어진은 왕의 초상이라는 의미를 넘어 왕실과 왕조, 그리고 국가의 상징성을 내포하고 있다.

연잉군의 초상은 육리문(肉理紋)에 의거한 눈 묘사와 단호하게 선묘로 그린 콧날, 강한 입술 선과 짙은 색의 입 모양은 시간적으로 가까운 시기인 만큼 안면의 표현방법에서도 비슷한 기법을 찾을 수 있다.[84] 이렇게 세밀한 안면묘사의 회화적 특징은 왕의 상(相)을 분석하여 성정을 읽어내는 것을 가능하게 해준다. 그러나 세자인 연잉군 초상보다 왕이 된 영조의 어진이 권위 있고 엄숙해 보여 그 지위에 따른 바람직한 성정에도 세심한 주의를 기울였음을 알 수 있다.

그러나 익종 어진은 좌안 9분면에 가깝고 관모와 몸체의 비례나

---

83) 『왕의 초상』「경기전 태조 어진과 진전의 성격」, 조인수, 국립전주박물관, 2005, p.278.
84) 전자홍, 앞의 논문, 2009, p.37.

면류관을 쓴 옆모습에 있어 전체적으로 표현기법이 정제하지는 않다. 화면 절반 이상이 소실되어 정확히 확인되지 않지만 익종의 왼쪽 옆얼굴이 약간 보이는 자세를 취하고 있다. 검은 옷 위에 화려한 색으로 그려진 여러 가지 무늬와 실의 섬세한 꼬임 등을 정교하게 묘사하였으며, 옷 주름은 선묘 위주로 표현하고 그 주변에 부드럽게 음영을 넣어 입체감을 살렸다.[85] 채색 기법에 있어서도 섬세하고 선명하여 어진화사의 기량을 충분히 확인할 수 있었다.

회화사적인 면에서 철종 어진은 현존하는 다른 어진에서 볼 수 없는 전복(戰服)과 전립(戰笠)의 복식을 하고 있어서 절대 권력자로서 국왕의 위엄과 풍모를 효과적으로 드러내고 있다. 다양한 장식과 문양, 소재, 색감의 조화가 절묘하게 이루어지고 있는 점 등을 통해 볼 때 어진 중의 백미[86]라 평가하기도 한다. 그렇지만 어진 속의 철종은 비록 의관이 군왕임을 말해주지만 철종의 내면을 감추지 못했음을 눈동자에서 알 수 있다. 눈의 흰자와 검은 동자가 제 위치에 있지 않아 왕의 초상화임에도 불구하고 가능한 사실성에 입각하여 있는 그대로 표현하였다.

안면묘사에 있어 철종 어진은 전체적으로 어두운 갈색으로 채색되어 있으며, 안면의 바깥 윤곽선과 이목구비의 구성은 짙은 갈색선으로 규정되어 있다. 위 눈꺼풀은 고동색 선으로 나타내고 눈동자에는 검은 동공 주위에 니금색을 칠하여 홍채를 표현하여, 아래 눈꺼풀에 난 속눈썹을 담묵으로 칠한 위해 검은 세선으로 처리하는 세

---

85) 전주시, 앞의 도록, p.70.
86) 윤영필, 「國立古宮博物館 所藏 哲宗御眞의 制作技法 硏究」, 원광대학교 석사학위논문, 2006, pp.2-3.

심한 주의가 엿보인다. 콧날은 음영을 넣지 않고 갈색 선으로 그었지만, 그 높이가 살아나 있다. 수염 역시 특이하게 검은데 이것은 철종의 나이가 젊었기 때문으로 생각되며, 화법은 짙은 갈색 선에 니금효과를 섞어서 사용[87]하였기 때문에 매우 사실적으로 표현하여 여러 측면의 상학적 연구가 가능하다.

역사적으로 어진 제작은 왕조의 존속과 번영에 꼭 필요한 국가적 행사였으므로 어진화사에게 무엇보다 전신사조(傳神寫照)의 발현에 의한 왕의 외면과 내면적 인품과 성정의 표현까지도 요구되었다. 제왕의 상징성과 위엄을 부각하기 위해 의관의 단장함이나 연출 안면의 세부적 표현방법에서 사실적인 묘사가 이루어져 상학적인 분석이 가능한 것이다. 이를 통해 상학과의 교류에 의해 제왕의 성정을 읽어내어 통치관을 분석하고 업적과의 상관성에 대해서도 유추할 수 있을 것이다.

이상 조선시대 어진을 상학적으로 분석하기 위해 어진의 가치를 사실적·회화사적 특징을 중심으로 살펴보았다. 조선시대의 어진 제작은 역사적으로 국왕에게 어진과 진전이 왕권강화와 유교 이념과 기반 하에 제의적인 목적에 의해 때로는 어진 자체가 왕의 분신과 같은 상징으로 중시되어 건국 초부터 500여 년 동안 이어질 수 있었다.

---

87) 국립고궁박물관, 앞의 도록, p.212.

Ⅳ. 조선시대 어진의
상학적 분석

조선시대 어진을 상학적으로 분석함에 있어, 동양 상학의 이론적 기반 하에 상학의 세부이론을 조선시대 현존 어진에 대입하여 분석 및 연구하고자 한다. 상(相)의 분석을 통해 역사적 사실과 연계하여 제왕의 성정과 통치관 업적에 관한 다양한 상관성에 대해서도 밝히려는 것이다.

1. 어진분석을 위한 상학이론

1) 동양 상학의 이론적 기반

고대의 상학이 어느 시점부터 인식되어 활용되어왔는지 그 시작의 원류는 정확히 알 수 없다. 과거로 거슬러 올라가 이미 상고시대부터 천지자연과 주위 환경에 대한 관찰을 통해 자신의 일상에서 벌어지는 여러 사건들을 예측하여 대비하는 삶을 살았던 것에서 상학이 시작되었을 것이다. 모든 천지 만물의 형상을 살펴 그 본질을 탐구함으로써 이를 우리의 실생활과 결부시켜 적용시켜 온 것이다.

과거 역사기록을 통해 상학이 인물의 평가에 따른 인사의 한 방편으로 이용되어 인재등용에 활용되었음을 알 수 있다. 일반적으로 그것은 사람을 '지인(知人)'하는 것이 주요 목적으로 인간의 외형적 요소들을 통해 내면적인 세계를 들여다볼 수 있는 학문으로 통용되었다. 한 예로 선진시대의 『대대예기』「소한」편에 하나라 건국자인 요순이 인재를 분별함에 상학을 활용하였다는 것이 기록으로 전해진다. 상학에서는 내재된 마음, 즉 심상이 외형의 상으로 드러난다고 생각했고 이러한 심상을 통해 성격, 재능, 덕의 유무를 가늠하였다.

상학은 고대왕조의 새 도읍을 정하는 중대한 결정에서부터 전쟁이나 각종 의례와 관련된 국가적 주요 행사에 많은 영향력을 미친 제왕학의 한 분야였다는 것을 각종 기록이나 전해오는 설화를 통해 알 수 있다. 조선의 새 왕조를 건국한 태조 이성계가 한양으로 천도를 단행하고 궁궐터를 정할 때 도승인 무학과 정도전, 하륜의 의견 대립이 팽팽하였다. 결국 태조는 정도전의 의견을 받아들여 북악산 뒤에 두고 왕성을 지은 후 궁궐을 남쪽으로 향하게 하여 짓도록 하였다. 관악산의 화기를 막기 위해 비보로 불을 잡아먹는다는 전설의 동물 '해태'의 석상을 세워 조선왕조의 기틀을 안전하게 마련하고자 했으며 상학이론을 간접적으로 활용하였다.

이처럼 상학의 범주는 거시적으로 살펴보면 땅의 형태를 관찰하고 분석하는 지상학(地相學), 하늘의 별자리를 관찰하고 분석하는 성상학(星相學), 사람을 관찰하여 분별하는 인상학(人相學)과 같이 관찰되고 분석되는 대상 모두가 이에 해당된다. 이 논문에서는 상학의 범주를 인상학의 관점에 한정하여 조선시대 어진의 상을 분석하였다.

그런데 인상학에서는 대상의 상(相)을 세부적으로 볼 때 어떠한 관점에서 살피는가에 따라 다음과 같이 세 가지로 분류되기도 한다. 인체 각 부위는 모양과, 주름, 흉터와 같은 주로 형태적 모습을 살펴보는 형상법, 각 부분의 기색을 읽어내는 기색법, 마음을 읽어내는 심상법[1]으로 분류할 수 있다. 즉 사람의 인상을 관찰함에 있어서 동양의 상학은 이·목·구·비를 중점적으로 분석하는 면상뿐만 아니라, 체상·수상·족상·성상(聲相)·언상(言相)·심상과 세부적으로 살펴볼 수 있는 기색·표정·몸짓·주름·점·사마귀·질병의

---

1) 주선희, 앞의 논문, p.31.

흔적까지 아우르는 포괄적인 개념을 아우르고 있다.

알다시피 '상(相)'이란 글자의 의미는 『설문해자』[2]에서 목(木)과 목(目)을 합한 글자로 나무의 싹이 트고 성장하는 과정을 드러나지 않는 부분부터 눈으로 자세히 관찰하고 살펴봄으로 나무의 본질까지 들여다볼 수 있다는 뜻이다. 이는 상(相)의 의미가 겉으로 관찰되는 외면이나 외형에 국한하지 않고 내면의 기운까지도 들여다보는 것까지도 포함되므로 상을 보는 이의 혜안이 요구된다.

유형의 상을 분석함에 있어서, 사람을 안다는 것은 매우 어려운 것이기에 사람을 보는 지혜가 있으면 우리의 삶에는 실패가 적을 것이며, 사람을 안다는 것은 우주를 안다는 말과 같다. 그래서 사람을 소우주라 하는 말에 공감하는 것이다. 상을 안다는 것은 곧 마음을 안다는 것이요, 마음을 안다는 것은 우주의 이치를 안다는 것과 같으므로 인간을 소우주라고도 하는 것이다. 그러므로 소우주인 인간을 안다는 것은 곧 도를 아는 일이라고도 말할 수 있다.[3] 이처럼 상학은 자연의 질서와 접목하여 의학과 관련해 연구되며 생체학적으로 풀어 밝히는 학문이다.

학문으로서의 상학을 고려하면서 조선시대 어진을 분석함에 있어 일차적으로 상학이론의 배경에 있어 그 근간이 되는 동양철학 사상인 천인상응론, 음양오행론, 시공합일론, 유비추리론, 균형과 조화론에 대해 살펴보고자 한다.

---

2) 『說文解字』, "四篇上, 木部 東漢 許愼 撰."
3) 최인영 편저, 『面相秘笈』, 청학출판사, 2008, p.7.

(1) 천인상응론

천인상응론은 본질적으로 고대 중국철학 사상인 천인합일과 같은 의미로서 대자연의 상징인 하늘(天)과 인간(人)이 서로 응한다는 것이다. 이는 중국 고대의 『주역』 사상에서 확인할 수 있다. 『주역』에서는 우주의 질서에 인간 존재의 변화를 이입시켰다는 점에서 천인합일의 측면을 심화시켰다. 자신에 대한 인식이 한 부족이나 씨족의 일원이라는 데서 천지를 근본으로 하는 존재의 일원이라는 데까지 확대하여 건곤(乾坤)을 부모로 하고 천지 안에 가득 찬 기운을 제 몸으로 여기며, 천지의 본성을 자기의 본성으로 알아 인류가 나의 동포요 만물이 나의 동류라는 인식을 갖게 되며, 물속의 고기나 하늘을 나는 새도 본성이 같으므로 우주 안의 모든 것을 사랑할 수 있다고 고백하는 데까지 나아간다.[4] 나의 생명근원을 부모에 한정하지 않고 하늘에 연관시켰기 때문에 이러한 천인합일의 사유가 가능했던 것이다.

『주역』의 천인합일 사상은 한나라 동중서에 의해 천인상응의 이론으로 보다 체계적으로 정립되었다. 동중서는 다음과 같이 말한다.

> 사람의 몸의 경우, 크고 둥근 머리는 하늘의 얼굴을 본떴고, 머리털은 별들을 본떴고, 밝은 귀와 눈은 해와 달을 본떴고, 코와 입의 호흡은 바람과 공기를 본떴고, 마음이 앎에 통달하는 것은 (천지의) 신명(神明)을 본떴고, 차고 빈 뱃속은 만물을 본떴다. … 하늘은 한 해를 마치는 수로 사람 몸을 만들었기 때문에 작은 뼈마디 366개는 한 해의 날 수에, 큰 뼈대의 12개는 달수에, 몸 안의 오장은 오행의 수에, 밖의 사지는 사계의 수에 부응한 것이다. 눈을 뜨고 보다가

---

4) 곽신환, 『주역의 이해』, 서광사, 1990, p.29.

눈을 감고 자는 것은 낮과 밤에 부응하고, 강함과 유연함은 겨울과 여름에 부응하고, 슬픔과 즐거움은 음과 양에 부응하고, 마음의 사고력은 천체의 도수(度數)에 부응하고, 행위의 윤리는 (높고 낮은) 천지에 부응한다.[5]

이처럼 천지의 상징과 만물의 생명성이 서로 감응의 원리로 만나고 있다. 몸이 하늘과 같고 또 수(數)가 서로 비견되기 때문에 명(命) 역시 서로 연계된다는 논리로 전개된 이유가 여기에 있다.

천인상응의 시각에서 볼 때, 인간의 존재를 상학에서도 우주와 자연의 축소판으로 보아 자연에 의한 규율이 인간의 운명에 어느 정도 직접적으로 영향력을 미친다고 생각하였다. 이와 관련한 고경 가운데 『황제내경·영추』「사객」에서는 천인감응론의 관점을 통해 인간이 생성됨은 천지자연의 기(氣)와 영향으로 자연의 변화에 순응하면서 생명활동이 이루어진다고 인식하였다. 이러한 천인상응론의 관점을 다음과 같이 설명하고 있다.

하늘은 둥글고 땅은 모가 나니 사람의 머리가 둥글고 발이 모가 난 것으로써 서로 응한다. 하늘에 해와 달이 있듯이 사람에게도 두 눈이 있고, 땅에 구주(九州)가 있듯이 사람에게도 구규(九竅)가 있다. … 한 해에 12달이 있듯이 사람에게도 12관절이 있다. 땅에 사계절의 풀이 자라지 못하는 곳이 있듯이 사람에게도 자식이 없을 수도

---

5) 董仲舒, 『春秋繁露』「人副天數」, "人之身 首妢而員 象天容也 髮 象星辰也 耳目戾戾 象日月也 鼻口呼吸 象風氣也 胸中達知 象神明也 腹胞實虛 象 百物也…以終歲之數成人之身 故小節三百六十六 副日數也 大節十二分 副月數也 內有五臟 副五行數也 外有四肢 副四時數也 乍視乍瞑 副畫夜也 乍剛乍柔 副冬夏也 乍哀乍樂 副陰陽也 心有計慮 副度數也 行有倫理 副 天地也."

있다. 이는 곧 인간의 신체와 천지가 서로 응한다는 것이다.[6]

또한 『황제내경·소문』「삼부구후론」에서는 인체를 상부, 중부, 하부로 나누고 다시 각각을 아홉 부분인 삼부로 나누어 인식하였다. 이는 자연을 천지인으로 인식하였던 삼재사상과 천하를 아홉으로 나누어 구주(九州), 구야(九野)라고 인식한 것과 같은 맥락이다. 기능적 측면에서 천인상응론은 사시주야와 천지자연의 변화에 따라 인체가 작용함으로써 인간의 상이 조화롭게 형성된다는 것이다. 천으로 상징되는 시간의 질서와 리듬에 따라 자연의 한 부분인 인간이 같은 질서와 리듬으로 움직인다고 볼 수 있다.

고대 상학서인 『마의상법』의 「논형」에서도 천인상응론의 관점을 신체의 구조적 측면에 조화롭게 대비해서 자세히 설명하고 있다.

> 사람은 음양의 기를 부여받아 천지의 모양이고 오행의 타고난 품성을 품부받아 신령한 것이다. 그러므로 머리는 하늘을 본뜨고, 발은 땅을 본뜨며, 두 눈은 해와 달을 본뜨고, 소리는 우레를 본뜨며, 혈맥은 강하를 본뜨고, 골절은 금석을 본뜨고, 코와 이마는 산악을 본뜨고, 터럭은 초목을 본뜨니, 하늘은 높고 장원해야 하고, 땅은 모나고 두터워야 하며, 일월은 밝고 광채가 나야 하고, 뇌정(雷霆)은 음향이 울려 퍼져야 하며, 강하는 윤택해야 하고 금석은 튼튼해야 하며, 산악은 높이 솟아야 하고, 초목은 수려해야 하는데, 이는 사람의 형체를 논하는데 있어 큰 개요로 곽림종의 상을 보는 여덟 가지 법이 이것이다.[7]

---

6) 『黃帝內經·靈樞』「邪客」, "天圓地方 人頭圓足方以應之 天有日月 人有兩目 地有九州 人有九竅…葳有十二月 人有十二節 地有四時不生草 人有無子 此人與天地相應者也."

이처럼 천지자연의 이치에 부합하게 신체의 각 구조를 자연체에 대입시켜 자세하게 설명하였다. 이것은 인간의 신체구조가 천지의 조화 속에서 서로 상응하여 이루어졌다는 개념이다. 즉 인체의 각 세부적 부분이 자연의 이치에 응하는 상을 지녔을 때 올바른 상으로 보았던 것이다. 『유장상법』의 「인동천지론형」에도 이와 관련된 내용이 있어, 상학의 근본 저변에 '천인상응론'이라는 철학사상이 존재했음을 알 수 있다.

> 하늘은 큰 하늘이며 사람은 작은 하늘이다. 하늘의 해와 달에 해당하는 것은 사람에게 있어서는 두 눈이고, 사계절은 인체의 사지이며, 쇠와 바위는 근육과 뼈이고, 산악은 오관이며, 오행은 심·간·비·폐·신의 순서에 해당된다. 대개 머리는 둥글어 하늘을 닮았고, 발은 넓어 땅을 닮았으며, 몸체는 산림을, 음성은 우레와 천둥을, 오악은 산천을 본받았다. 또한 하늘의 바람과 구름과 우레와 비에 해당하는 것은 사람의 희로애락과 같으며, 하늘의 바람과 구름을 측정할 수 없는 것처럼, 사람의 아침과 저녁의 화복도 또한 그러하다.[8]

---

7) 『麻衣相法』「論形」, "人禀陰陽之氣 肖天地之形 受五行之資 爲萬物之靈子也 故 頭象天 足象地 眼象日月 聲音 象雷霆 血脈 象江河 骨節 象金石 脾額 象山嶽 毫髮 象草木 天欲高遠 地浴方厚 日月欲光明 雷霆 欲震響 江河 欲濶 金石 欲堅 山嶽 欲峻 草木 欲秀 此皆大慨也 郭林宗 有觀人八法 是也."

8) 『柳莊相法』「人同天地論形」, "此言天乃一大天 人乃一小天 天有日月人有雙目 天有四時人有四肢 天有金石人有筋骨 天有山嶽人有五官 天有金木水火土人有心肝脾肺腎爲五形 大槪頭圓像天足方像也 週身像山林 聲音像雷霆 五嶽像山川 天有風雲雷雨 人有喜怒哀樂 天有旦夕禍福."

관상학에서는 안면과 신체를 구조적으로 삼정(三停)과 삼재(三才)로 나누어, 천중(天中)에서 인당에 이르는 상정 부위는 '천'으로, 산근에서 준두에 이르는 중정 부위는 '인'으로, 인중에서 지각에 이르는 하정 부위는 '지'로 나누어 설명하였다. 천지인의 삼재에서 이마는 천이 되고 코는 인이 되며 턱은 지로 배분된다는 것이다. 이마는 넓고 둥그스레하고 코는 곧고 바르며 턱은 넓고 모진 것을 좋은 것으로 보았다. 이와 같이 얼굴에서 삼재를 나누어 보았는데 천은 귀(貴)하고 인은 수(壽)하며 지는 부(富)한 것으로 본 것이다. 구주(九州)는 중국의 지명인데 얼굴에서도 이에 해당하는 부위가 있는 바, 예를 들면 이마를 양주라 하고 턱을 기주라 하였다.

나아가 인체의 기능적 측면에서는 주야·사시·이십사절의 변화에 따라 적응해 나가는 것으로 『마의상법』에서도 이러한 관점을 발견할 수 있다. 예를 들어 "하늘의 도는 1년 중 24절이 있어 주세(週歲)하고, 사람의 얼굴에는 24변이 있는 것이니 오행으로 배분하면 틀림이 없는 것이다"[9]했다. 또한 대개 기색은 15일에 바뀌고 자시에 변하게 된다며, "사시의 기색을 분변하고자 하면 그 기색의 오행 소속을 구별하라. 봄에는 청색, 여름에는 홍색, 가을에는 백색, 겨울에는 흑색, 그리고 사계월(四季月)에는 황색에 소속되는데, 이를 사시의 정기(正氣)라 한다"[10]라고 하여 시간의 흐름에 따라 얼굴색이 어떻게 변하는지 설명해 놓았다. 예를 들어 봄에는 만물이 태어나므로 삼양(三陽)에 푸른색이 나타나는 것이 마땅하다고 하여 12개월 안의

---

9) 『麻衣相法』「總訣人第五」, "天道一週歲而有二十四節氣 人面有一年 亦有二十四變 以五行 配之 無不驗者."
10) 『麻衣相法』「總訣人第五」, "欲辨 四時之氣者 別其氣五行之所屬也 春靑夏紅 秋白 冬黑 四季月 要黃."

계절마다 기색의 변화를 설명한 것이 특징이라 할 수 있다. 이와 같이 기능적 측면의 천인상응론은 주로 시간의 흐름에 따른 얼굴색의 변화에서도 찾을 수 있다.

같은 맥락에서 『동의보감』의 「신형문」에서도 인간의 신체 구조적 부분을 하늘에 대입한 천인상응의 관점으로 설명하고 있다.

> 손진인이 이르기를, 천지 존재 가운데 가장 귀한 것이 사람이다. 하늘을 닮아 머리는 둥글고, 땅을 닮아 발은 네모졌다. 하늘에 사시가 있듯이 사람은 사지가 있고, 하늘에 오행이 있듯이 사람에게는 오장이 있다. … 땅에 풀과 나무가 자라듯이 사람은 모발이 자라나고, 땅 속에 금석이 묻혀 있듯이 사람은 치아가 있다. 이 모든 것들은 사대(四大)와 오상(五常)을 근본으로 하여 잠시 형(形)을 빚어 놓은 것이다.[11]

이와 같이 인간이 천지의 기를 받고 태어나 구조적으로 천지와 서로 상응하고 기능적으로 사시주야와 천지자연의 변화에 적응해 나간다는 동양철학 이론인 천인상응론은 고대 여러 의서에 나타난다. 곧 그것은 『황제내경』·『동의보감』과 『마의상법』·『유장상법』을 비롯한 다양한 상학서 등에서 확인할 수 있었다.

(2) 음양오행론

음양과 더불어 오행은 전국시대부터 우주자연을 설명하고 이해하

---

11) 『東醫寶鑑』「身形門」, "孫眞人曰 天地之內 以人爲貴 頭圓象天 足方象也 天有四時 人有四肢 天有五行 人有五臟…地有泉水 人有血脈 地有草木 人有毛髮 地有金石人有牙齒 皆禀四大五常 假合成形."

는 중심 개념으로 활용되었다. 추연은 오행을 다섯 가지 구체적인 사물이 아니라 다섯 가지의 원소인 기로 보았다. 추연의 오행사상과 그의 영향을 받은 음양가들은 오행에 관하여 반유교적인 한대 성향을 지녔다. 비록 추연이 혼자서 오행설을 창시한 것은 아니더라도 그는 100년 안팎에 제나 연과 같은 동해안의 나라들에서 널리 유포되고 있었던 이 주제에 대한 여러 관념을 체계화하여 확립시킨 것[12]으로 알려지고 있다. 이 같은 오행상승설과 오행상생설이 서로 영향을 주고 결합이 전국시대 후기에 들어와 오행상생상승설로 탄생하게 되었다.

여기에서 주목할 것으로, 『황제내경·소문』의 「천원기대론」에서 오운과 음양은 하늘과 땅의 길이자 만물의 벼리이고 변화의 부모이고 살리고 죽이는 근본이며, 신명이 머무는 곳으로 보았다. 이는 음양과 오행을 천지자연의 보편적인 규율로 인식했음을 보여주는 것이다. 또 『황제내경·영추』의 「음양이십오인」편에서는 천지 사이 육합 내에서는 오행을 떠나지 못한다고 하였다. 천지간 만물의 변화법칙이 인간에게도 해당되어 오행에서 벗어나지 않는 것으로 보았다.

이 같은 오행의 원리는 후에 과학적으로도 응용되었지만 철학적인 해석으로 오행철학이 성립된 이래 의학, 건축, 예술, 정치, 인문철학, 지리학, 술수학 등 광범위한 영역에 절대적인 영향을 미쳤다. 우주란 무극에서 제일 먼저 수기(水氣)가 생기고, 두 번째로 화기(火氣)가 생기며, 세 번째로 목기(木氣)가 생기고, 네 번째로 금기(金氣)가 생기고, 다섯 번째로 토기(土氣)가 생겨서 형용(形容)이 없는 절

---

12) 조셉 니담 著, 李錫浩 外 2人 譯, 『中國의 科學과 文明』 II, 乙酉文化社, 1986, p.328.

대적인 역자(力者)인 영유(靈維)의 힘으로 팽창할 대로 팽창하여 마침내 대 폭발을 일으켜 우주아가 탄생되었다는 동양 철학의 우주론이 정착된 것이다.

한대에 이르러 이러한 우주론적 응용으로서 상생과 상극의 원리로서 음양오행론에 많은 영향을 미친 인물이 동중서임은 주지의 사실이다. 현재 남아있는 위서·참서나 그 인용문을 보면, 그 주제가 예컨대 동중서의 저술이나 '십익'에서 토의된 주제와 얼마나 부합되었는가를 알 수 있으며, 음양·오행설, 자연의 현상과 전조(前兆), 우주의 형태와 크기, 지구의 형태와 만물의 형성에 대한 것이 그의 공헌으로 자리한 것이다.[13] 음양오행론이 다양한 측면으로 응용 및 구체적 이론으로 정립된 것이다.

예컨대 『춘추번로』「오행상생」에서는 오행의 상생관계를 서로 낳는 것이라고 설명하였다. 동중서는 이에 다음과 같이 말한다.

> 하늘과 땅의 기는 서로 합해져 하나가 되어 나뉘면 음과 양이 되고 다시 나누게 되면 사시가 되고 줄지어 놓게 되면 오행이 된다. 행(行)이라는 것은 행하는 것이나 똑같이 행하지는 않으므로 오행이라 하는 것이다. 오행이란 오관(五官)이며 견주어 서로 낳기도 하고 서로 이기기도 한다. 그런 고로 다스리는데 있어 거역할 때 어지럽게 되고 순종하면 다스려지는 것이다.[14]

---

13) 마이클 로이 著, 이성규 譯, 『고대중국인의 생사관』, 지식산업사, 1998, p.206.
14) 『春秋繁露』「五行相生」, "天地之氣 合而爲一分爲陰陽 判爲四時 列爲五
  行 行者行也 其行不同 故謂之五行 五行者 五官也 比相生而間相勝也 故
  爲治 逆之則亂 順之則治."

이와 같이 동중서는 『춘추번로』「오행상생」에서 오행의 상생관계를 서로 낳는 것이라고 하였다. 천인상응론을 정당화하고 해석하는 기제로 오행을 매개로 하늘과 땅 그리고 인간을 합일된 존재로 보았다.

하늘과 인간의 합일에 관련된 오행상생론은 위아래의 질서 체계를 중요하게 여기는 유가적 사유에 해당된다. 즉 전국시대에는 음양가 추연이 오덕종시론으로 역성혁명을 옹호하였다면, 진한시대에 이르러 동중서는 부자관계로 비유되는 오행상생론으로 상하간의 질서를 보여주면서 유가의 윤리사상을 제시하였다. 부자관계를 조금 더 확대하면 그것은 군신관계에 그대로 적용할 수 있다. 그리고 오행상승설은 상생에 대한 견제 장치로 작용한다. 즉 오행상승설은 세력간의 균형과 상호간의 견제를 암시한다.

상호 균형으로서 음양오행론을 정착시킨 동중서의 사상은 음양오행의 우주론적 세계관을 통해 정치, 사회, 윤리질서의 해석을 통해 수신 제가 치국의 방법론으로 한 단계 더 높이게 되었다. 즉 그는 백성을 천하의 가장 귀한 존재라고 말하면서도 천존지비(天尊地卑)의 질서를 내세움으로써 군주에게 충성을 다하는 도리를 말하지만, 다른 측면에서 천자를 견제하는 힘이 백성에게 있음을 주장함으로써 상생과 상승으로 질서와 견제의 균형을 보여준다. 동중서가 내세우는 이러한 천인감응론과 음양 그리고 오행의 사상은 그 영향이 동양적 사유형식과 인식체계에 잔존하는 세상의 모든 것을 패턴으로 분류하는 하나의 상징체계이자 중요한 문화적 은유체계이며, 세상을 해석하는 기제라고 할 수 있다.

고대 상서인 『유장상법』에서도 오행에 대해 "세상의 모든 일과 모든 만물을 생성하는 원리이며, 우주에 있는 온갖 사물과 현상의 근원이다"[15]라고 했다. 이 같은 설명을 이해한다면 우리 인체 역시 오행을 바탕으로 모든 것이 형성된다는 것을 의미한다.

　상학의 대표 고전인 『마의상법』에서도 "사람은 음양의 기를 받아서 천지의 형상과 같고 오행의 도움을 받아서 만물의 영장이 되었다"[16]라고 하여 인간이 음양오행의 규율에서 벗어날 수 없음을 밝히고 있다.

> 골은 양이 되고 육은 음이 되니 음이 부족하면 양이 의지할 수 없게 된다. 만약 음양의 골육이 균형을 이룰 경우 소년에 일찍 귀하게 되지 않는다면 일생 부자로 산다고 한 것이나, 살이 너무 많으면 이는 음이 양을 승함이다. 살이 너무 없는 것은 양이 음을 승하는 상이 되어 모두 좋지 않다. … 살이 뼈 속에 묻힌 듯하면 이는 음의 부족이요 뼈가 살 밖으로 두드러지면 양유여(陽有餘)라 한다.[17]

　마른 사람을 양적으로 보고 살 찐 사람을 음적으로 본 것이다. 이는 형상의학에서 비수(肥瘦)를 구분할 때 음양의 관점에서 비인(肥人)을 음성양허(陰盛陽虛)한 것으로 보는 것과 일맥상통한다. 양적인 골과 음적인 살이 조화를 이룰 때 좋은 상이 되기 때문이다.

　이와 같이 한의학에서나 관상학에서도 음양오행을 천지자연의 보편적인 규율로 인식한 것처럼 인간은 음양오행의 규율에서 벗어날 수 없다고 보았다. 특히 관상을 볼 때 오행의 상생과 상극 이론을 적극

---

15) 『柳莊相法』, "生物之理 萬象宗焉."
16) 『麻衣相法』「論形調」, "人稟陰陽之氣 肖天地之形 受五行之資 爲萬物之靈子也."
17) 『麻衣相法』, "骨爲陽兮肉爲陰 陰不多兮陽不附 若得陰陽骨肉均 少年不貴終身富 有餘則陰勝於陽 不足則陽勝於陰 … 肉不浴在骨之內 爲陰不足 骨不陰 欲生肉之外 爲陽有餘也."

활용한 것이 특징이라고 할 수 있다. 오행은 우주 만물을 구성하고 있는 목·화·토·금·수의 원기(元氣)로서 항상 변화의 여지를 가지고 있다. 우주는 유·무형의 상이 해당되는 광범위한 형상 체계인 오기(五氣)를 지니고 있으며, 모든 존재는 이 오행의 원리에 귀착되지 않는 것이 없다. 세상의 존재하는 많은 것들 중에서 오직 인간만이 우주의 기운인 오기가 운행되고 있으므로 동양학에서는 인간을 소우주로 보았다.

음양오행의 원류와 그 의미, 특히 오행인의 성정(性情)을 인상학적으로 접근한 구체적인 저술 사례를 보면 오서연의 『인상과 오행론』이다. 그는 여기에서 오행인의 성정을 응용한 활용법으로서 목형의 성정과 활용법에 이어서 화형, 토형, 금형, 수형의 성정과 그 활용법을 적극적 대응법으로 논리를 전개하였다.[18] 음양오행의 원리에 따라 오행에 적용된 자신의 성정을 응용함으로써 운명의 개척과 심신의 안정적 대응을 주문하고 있다. 인상학의 실제적 응용을 현대인에 도움이 되도록 유도한 점에서 그 의의가 있다고 본다.

(3) 시공합일론

모든 생명체는 시간과 공간에 의지하여 살아가며, 시공 어느 하나가 분리되어 있다면 생명체가 생명활동을 할 수 없을 것이다. 이 세계의 생명 존재는 시공이 서로 감응하며 조화를 이루는 힘이 있으며, 여기서 감응이라는 것은 상호간의 관계를 맺는 것을 말하는 것으로, 자연이 천지에 감응하여 생명을 생성하듯이 시(時)나 위(位)에 알맞은 행위도 결국은 서로의 감응과 조화를 지향하는 것임을 알 수 있

---

18) 오서연, 『인상과 오행론』, 학고방, 2017, pp.192-246 참조.

다.[19) 인간 역시 이러한 시공간의 세계에서 생명활동을 전개하며 삶을 영위하고 있는 것이다.

고대의 중국철학에서도 시공의 개념을 서로 분리할 수 없다고 보아, '우주' 자체가 이미 시공의 의미를 함축하고 있다. 『시자(尸子)』에서 "사방상하왈우 왕래고금왈주(四方上下曰宇，往來古今曰宙)"라 했는데 우(宇)는 공간이며 주(宙)는 곧 시간으로 분류한 즉, 우주를 원초적으로 시공합일체로 본 것이다. 위의 언급처럼 사방상하는 우(宇)라 하며, 고금왕래는 주(宙)라 하는 점에서 우주에는 시공의 개념이 동시에 들어있다.

그리고 『관자』에 나오는 '주합(宙合)'이 곧 시공의 합일개념으로 드러나 있으며, 장자도 '우주'라는 용어를 여러 차례 사용하고 있다. 또한 『묵자』에 보이는 '우구(宇久)'는 모두 '우주'와 상응하여 시공합일의 개념을 표현한 것이다. 이와 같이 시간과 공간을 불가분의 관계로 보는 것은 사물의 운동 변화가 시간과 공간을 떼어 놓고 따로 존재할 수 없기 때문이다.

전국시대의 추연은 음양과 오행을 시공과 연결시켜 접근하였다. 사마천의 『사기』「맹자순경열전」과 『여씨춘추』에 전하는 추연의 사상은 음양소식(陰陽消息)의 원리에 입각하여 운세의 변화를 파악하였으며 구주(九疇)라는 공간과 종시대성(終始大聖)의 시간을 망라하여 전개하였다.[20) 음양과 오행을 결합하고 시간과 공간을 연결하여 변화의 법도를 밝혔던 것이 시공합일론의 원류이다.

---

19) 심귀득, 『주역의 생명관에 관한 연구』, 성균관대학교 박사학위논문, 1997, pp.107-108.
20) 정하용, 『卦 氣易學과 명리학의 원류에 관한 연구』, 공주대학교 박사학위논문, 2013, p.64.

따라서 시간과 공간이 '우주'라는 개념에 포함되어 있으며, '세계'라는 것도 시간과 공간개념에 포함되어 있다. 곧 우(宇)는 공간구조, 주(宙)는 과거 현재 미래의 시간구조이며, 뿐만 아니라 세(世)는 시간변화로써 과거 현재 미래, 계(界)는 공간변화이다.[21] 인간은 우주 속에서 살며, 또 다른 용어로 말하면 세계 속에서 사는데 이 모두가 시공합일의 시각에서 생명현상이 전개된다는 것이다. 여기에서 시공합일론과 인간의 관상학 적용이 가능하다는 추론을 할 수 있다.

실제 관상학에서는 안면 분석에 있어 시간과 공간의 구획이 가능하다고 보았기 때문에 시공을 합일한 관점에서 상(相)을 보는 방법이 존재하여 왔다. '유년운기부위(流年運氣部位)'는 세월의 흐름에 따른 유년에 해당되는 그 해의 운기를 예측할 수 있게 해준다. 또 삼정(三停)의 분석을 통한 얼굴의 세 부분으로 구획하는데, 상정은 초년으로 중년은 중년으로 말년은 하정으로 배속하여 길흉을 판단하였다.

이러한 맥락에서 「마의선생석실신이부」에서는 "골격이란 바뀜이 없으니 상(相)의 주체라 하였다. 그러므로 일생의 영고(榮枯)를 알아내야 하고, 기색은 자주 변하는 것이나 행년(行年)의 길흉을 징험할지니 아는 자가 참고하면 사람의 귀천을 거의 짐작할 수 있는 것이다"[22]라고 하여 상을 본다는 것은 시간과 분리된 고정 불변의 형(形)을 보는 것이 아니고 시시각각으로 변하는 기색을 포함한 형상을 보는 것을 의미한다.

기색은 자주 변하는 것이므로 『유장상법』의 「사시기색」편에서

---

21) 金忠烈, 『中國哲學散稿』 Ⅱ, 온누리, 1990, pp. 225-226.
22) 『麻衣相法』「麻衣先生石室神異賦」, "骨格無易相之體也 則曰世之榮枯 可由此而知 氣色族生相之用也 則行年之休咎可 由此而驗 知者參之 人之貴賤思過半矣."

는 4계절에 따라 알맞은 색이 따로 있다고 보았고, 특히 12개월에 따라 보는 부위와 색이 다르다고 하였다. 즉 한 해 안에서도 시간의 흐름에 따른 각 계절과 각 월에 적합한 기색이 있어 변화를 판단하였던 것이다.

그리하여 허공(空)에 있는 하늘(天)에서 물이 생기고, 땅에서 바람과 불이 만들어진다는 것을 알 수 있다. 이것이 지·수·화·풍·공의 5대이다. 5대의 원리와 의미는 반드시 이해해야 하는 중요한 것이다. 하늘은 공(空)으로 사람의 정신을 만들고, 땅은 모(母)로 사람의 외형을 만든다. 그러므로 사람의 마음과 신체는 부모의 그것이기 때문에 그것에는 상(相)이 없고 자아에 상이 있는 것이며, 신체는 지(地)에 해당하고 신체안의 체액은 수(水)이다. 체온은 화(火)이고 호흡은 풍(風)이며 마음은 공(空)이다.[23] 상학에서는 이 같이 시간과 공간의 의미를 시공합일의 맥락에서 접근하고 있으며 그 곳에는 사람이 중심이어야 한다는 철학사상이 근간이 되고 있다.

이마 위 중앙으로부터 코끝까지는 독맥이며, 인중으로부터 턱까지 얼굴 중심부를 임맥으로 분류하여 순서대로 13부위로 나누었다. 발제 아래 천중(天中)을 시작으로 천정, 사공, 중정, 인당, 산근, 연상, 수상, 준두, 인중, 수성, 승장, 지각으로 나눈 것이 이것이다. 곧 이름을 붙일 때 이마를 천(天)의 부위로 보고 턱을 지(地)의 부위로 분류한 것이다. 13부위의 좌우로 여덟에서 열 한 개까지 각각 부위별로 이름을 붙여 놓았는데, 이것은 안면에 공간적인 좌표[24]를 설정해 놓은 것으로 볼 수 있다.

---

23) 미즈노 남보쿠 지음, 김현남 편역, 『관상』, 나들목, 2015, p.16.
24) 오서연, 앞의 논문, p.32.

관상을 추론함에 있어서 추상적으로 접근하든 구체적 실상으로 접근하든지 간에, 우주, 자연, 여백, 허무 등을 논하지만, 그것은 반드시 사람의 심신이 머무는 자리일 때 의미 부여가 가능하다.[25] 이처럼 관상학은 시공합일의 사상에 기반 하여 여러 분야의 다양한 정보들을 추론할 수 있다.

인간의 생명활동 속에서는 시간과 공간이 분리된 절대의 틀을 벗어나 있다. 그것은 시공합일의 측면에서 생명활동이 전개된다는 것이며, 인간의 관상 원리도 큰 틀에서 이의 영향을 받을 수밖에 없다. 인간에게 주관과 객관이 순간으로 사라지며 시간, 공간, 그리고 인과율의 관계들은 주관적인 형식이 아니라, 사유의 보편적인 원리들이므로 차별화된 동일성이다.[26] 시공이 동일성으로 다가설 때에 우주에 존재하는 각기의 꼴들은 그 시공합일이라는 틀에서 생명활동을 지속하게 되는 것이다.

(4) 유비추리론

'유비(類比)'를 통해 원리를 알아가는 방법은 고금을 통해 알려져 왔다. 고대 철학의 방법론에서 유비의 방법론이 자주 사용되고 있다. 그것은 인도철학의 니야야학파에서 분류하는 연구의 방법론이 대표적이다. 그들이 철저히 추구한 철학의 유비적 방법은 인식 방법론으로서 그 중에서도 논쟁의 방법인 것이며, 올바른 지식을 얻기 위한 인식방법으로 '유비'와 '추론'이 포함된 4가지 방법론을 거론한다.[27] 첫째 직접 지각, 둘째 추론, 셋째 유비, 넷째 성인의 언어가

---

25) 오서연, 앞의 책, p.93.
26) 라다크리슈난 저, 이거룡 옮김, 『인도철학사』 Ⅰ, 한길사, 1996, p.65.

그것이다. 여기에서 유비를 거론할 때, 비유하자면 물소는 소와 같은 것이라는 유비를 통해서 물소와 소의 닮은꼴을 찾아가는 방법인 것이다. 유비추리의 접근방법으로 인도철학의 4가지 인식방법론에 이처럼 두 가지가 포함되고 있다.

고대의 중국철학에서도 유비의 의미 해석이 거론되어 왔다. 그것은 『주역』의 괘상(卦象)이 곧 천지의 형상을 본뜬 것으로 유비의 추리가 가능하도록 의미부여가 가능해진 것이다. 상징으로서의 『주역』 괘상에 대한 연구는 근본적으로 의미해석으로서 '유비적 설명'일 수밖에 없는데, 그 의미 해석이란 두 가지 의미들을 유비시키거나 하나의 의미와 연구자 자신의 의미 체계를 유비하는 이상일 수 없기 때문이다.[28] 우주 만상을 유비의 시각에서 바라보며 유의미하게 접근함으로써 미래를 예측하도록 한 것이 『주역』철학의 공헌인 점을 상기해보자는 것이다.

인류에게 미래를 적극 대비하도록 유도하는 『주역』에서는 다음과 같이 말한다.

> 성인(혹은 易)은 천지와 더불어 서로 비슷하다. 그래서 서로 어긋나지 않는다. 그의 앎은 만물에 두루 미치며 그 도는 천하를 건진다. 그러므로 과실이 없다. 사방으로 두루 행하여도 치우치지 않아 낙천지명(樂天知命)한다. 그러므로 근심하지 않으며, 주어진 처지를 편안히 여기며 인(仁)에 힘쓴다. 그러므로 능히 만물을 사랑한다.[29]

---

27) 中村 元著, 김용식·박재권 공역, 『인도사상사』, 서광사, 1983, p.125.

28) 박재주, 『주역의 생성논리와 과정철학』, 청계, 1999, p.27.

29) 『周易』「繫辭上傳」, "與天地相似 故不違 知周乎萬物而道濟天下 故不過 旁行而不流 樂天知命 故不憂 安土敦乎仁 故能愛."

인간으로서 성인이 천지와 비슷하다는 논리가 유비이며, 서로 어긋나지 않는다는 판단이 추리이다. 유비추리의 방법을 통해서 낙천지명(樂天知命)하는 것으로, 이는 어떠한 고통도 극복할 수 있도록 하는 혜안이 생기는 것이다.

유비추리의 방법이 이처럼 중요한 이상, 구체적으로 '유비'란 개념은 무엇인가를 살펴보도록 한다. 유비란 글자 그대로 논리를 하나로 한다는 뜻으로, 다른 것들 속에서 같은 로고스를 발견하는 것이며, 이 같은 유비적 설명방식은 철학이나 과학의 이론 정립에서 논증적 설명보다 더 일반적으로 사용되어 이론을 정립하는데 대단히 본질적인 설명기법이다.[30] 유비추리의 방법이 부수적인 것이 아니라는 뜻이다. 유비의 방법을 통해 진리를 발견하고 보다 근본적인 해법을 모색하는데 요긴하게 사용된다는 것으로 이해하면 좋을 것이며, 상학의 원리에도 이러한 유비추리의 원리가 깃들어 있다.

그러면 관상학에 있어서 유비추리란 무엇인가? 서로 유사한 것을 비유하여 공유되는 특성을 가늠하는 것을 말한다. 곧 유비추리에서는 그 특성이 문제가 되는 새로운 사례들과 우리가 알고 있는 속성들 간의 상호 관련성을 보여주는 과거 사례간의 유사성이 가까울수록 속성간의 상호 관련성을 보여줄 가능성이 높아진다.[31] 이와 반대로 새로운 사례와 과거 사례간의 유사성이 적을수록 서로 관찰된 사례들 간의 상호 관련성을 보여주기 어렵게 되는 것이다. 또한 유비추리에서는 각 사례들 간의 유사성만이 아니라 차이성도 고려되어야 한다. 다시 말하면, 유비추리의 관계를 파악하기 위해서는 긍정적인

---

30) 박재주, 앞의 책, p.24.
31) 김옥선, 「類比推理의 類型과 基準」, 이화여자대학교 석사학위논문, 1993, p.20.

유비와 부정적인 유비의 가능성도 고려되어야 한다는 것이다.

유비추리의 규칙이라는 것은 그것을 기계적인 절차에 의해 사용하는 것이 아니고 중요한 문제에 관한 사례들 간의 관련성을 자각하는 과정을 통해 실행되는 것이다. 그리고 더욱 성공적인 유비일수록 유비는 매우 다른 종류의 사물임에도 불구하고 그것들의 부분과 전체의 구조 사이에 상호관계가 비교할 만한 것임을 지적할 수 있다. 유비추리론이 상학에서도 일부 활용되고 있는 이유는, 우리가 대상을 직접 설명하기보다는 다른 구조를 빌어서 그 대상의 특성에 대해 적절한 설명이 가능하기 때문이다.

상학에서 유비의 대상은 동물의 형상과 성정뿐 아니라 자연의 모습도 포함되어 있다. 예를 들어 오악(五嶽)은 중국에 있는 다섯 개의 산을 가리키는데 얼굴에서 산처럼 솟은 부위를 오악이라 하여 실제로 존재하는 산의 이름을 붙인 것도 유비추리의 한 예로 들 수 있다. 오악은 얼굴에서 솟은 부위인 이마, 코, 턱, 좌우 관골에 중국의 산이름을 붙인 것이다.[32] 이처럼 개념적으로 확연히 드러나는 설명방식은 물론 유용한 것이지만, 아직까지도 우리에게는 신화적인 시대나 다름없이 그것을 유비적으로 설명할 수밖에 없는 세계가 있기 때문에 유비추리가 필요하다.

요컨대 관상학에서 '유비추리'의 철학적 원리를 환기해보면 『주역』의 원리와 소통함을 알 수 있다. 상학의 원리와 『주역』의 원리가 근본적으로 벗어나 있지 않기 때문이다. 명리, 풍수, 상학의 저반에는 역(易)의 원리가 그 축을 이루고 있다는 사실에서도 이를 잘 알수 있다. 『주역』「규괘」에서 말하기를, "하늘과 땅이 서로 다르지만

---

32) 오서연, 앞의 책, p.96.

그 하는 일은 같고, 남자와 여자가 서로 다르지만 그 뜻은 서로 통하며, 만물이 서로 다르지만 그 일은 서로 같다"[33]라고 하였다. 하늘과 땅의 유비가 되는 것이며, 남자와 여자의 유비가 되는 것으로, 외형에서 차이가 나는 꼴이라 해도 의미 해석에 있어서 서로 통하는 바가 적지 않다는 것이다.

(5) 균형과 조화론

세상의 평화는 무엇을 말하는가? 우주 만상이 상호 균형을 이루어 궁핍함이 없을 때이며, 상하좌우가 서로 조화를 이루어 쟁투가 없을 때 평화와 행복이 있는 것이다. 세계는 균형과 조화를 벗어나면 흉한 결과가 오게 되고 결국 생명의 쇠망을 초래하게 되며, 보통 사람은 기쁜 일에는 그칠 줄 모르고(절괘 단전 : 人之所說則不知己) 안락할 때는 더욱 사치하고 방자해지기 쉬운 것이며 나라도 또한 마찬가지이다.[34] 역의 절괘(節卦)에서 균형과 조화를 이루지 못할 경우 패망이 초래한다는 것을 거론하고 있다.

『주역』의 원리에 걸맞게 관상학에서도 한쪽으로 치우치거나 지나친 것을 경계하고 조화와 균형이 잡힌 것을 좋은 것으로 보았다. 이른바 귀인의 상이란 한곳의 아름다움에서 취하는 것이 아니며 사체(四體)가 모두 좋은 격을 갖추어야 한다는 것은 어느 한 부분의 상이 좋은 것보다는 전체적으로 균형 있게 조화를 이루어야 좋은 상이기 때문이다. 상(相)의 한 부분이 좋다고 하여 무조건 좋다고 하는 것도

---

33) 『周易』「睽卦」, "天地睽而其事同也 男女睽而其志通也 萬物睽而其事類也 睽之時用大矣哉."
34) 심귀득, 앞의 논문, pp.61-62.

지양해야 하고, 상의 다른 한 부분이 나쁘다고 해서 흉하다고 단언하는 것 또한 해서도 안 될 사항이다.

그러므로 상을 볼 때 일부분만을 볼 것이 아니고 전체적인 조화를 살펴보아야 하는 것이다. 곧 『유장상법』의 「영락백문」에서 오관(五官) 가운데 어느 부위는 크고 어느 부위는 작으면 좋지 않다고 하는 이유가 무엇인지 묻는 것에 대해, 오관은 모두 반듯하고 곧으며 균형을 이루어야 좋고 기울고 삐뚤어졌거나 너무 작거나 깎인 듯한 것은 좋지 않다고 하였다. 한쪽이 너무 크거나 너무 작아도 안 되고 기울어지거나 삐뚤어져서도 안 된다.

이러한 맥락에서 『유장상법』에서는 다음과 같이 말한다. "삼정(三停)이 평등해야 일생동안 의식과 복록이 그치지 않는다."[35] 천지인의 기운이 균등하게 배분되어 있어야 일생의 삶에 있어 치우지지 않는 삶을 산다고 보는 것이다.

> 오성(五星)과 육요(六曜)는 모두 얼굴 위에 있는 것이니 눈썹을 빼놓고는 모두 기울거나 삐뚤어진 것은 두렵다. 목 줄기가 기울거나 삐뚤어지면 허깨비와 같은 몸이니 장차 황천에 돌아간다. 두 눈의 크기가 다른 것을 자웅안이라 하는데 이러한 눈을 가진 사람은 비록 의식은 풍부하나 사람됨이 매우 간사하다.[36]

균형을 이루지 못해 기울거나 틀어진 것, 그리고 좌우가 대칭이

---

35) 『柳莊相法』「永樂百問」, "五官之中 所忌何一官大何一處小 對曰凡五官俱正直平均 不宜偏陷小削 三停平等 一生衣祿無虧."

36) 『麻衣相法』, "五星六曜在人面 除眉之外怕偏斜 天柱者 頸項也 若傾倒欹歪而莫起者 虛幻之軀 必將死也 目一大一小 曰雌雄 有如此雖然財富 必多譎詐."

되지 않는 것을 좋지 않은 상으로 본 것이다. 이러한 예들을 통해 관상학에서 균형과 조화가 길흉화복에도 상당한 영향을 미친다는 것을 말해준다.

다음으로 색(色)과 관련해서 노인의 기색이 눈색(嫩色)을 띠면 좋지 않다고 한 것에 대하여 『마의상법』에서는 다음과 같이 말하고 있다. "노인의 기색이 어린아이처럼 예쁘다면 처자를 극하고 고생스럽게 살게 된다."37) 눈 색은 엷고 화사하게 밝은 색이지만 이는 젊은 사람에게서 나타나는 색이기 때문에 나이가 많은 사람에게 나타나면 좋지 않은 것으로 본 것이다. 이것은 조화라는 것이 공간적인 것만을 의미하는 것이 아니라 노소(老小)나 사시(四時)와 같은 시간적인 것도 함께 고려해야 한다는 것을 의미한다.

서로 조화를 이루는 것은 어느 하나 결핍됨이 없는 것을 말한다. 결핍이 없을 때 화평한 것이며, 음양이 조화를 이루는 것이다. 균형을 갖춘 인물은 이상적 인물에 속한다고 볼 수 있다. "음양화평지인(陰陽和平之人)은 모든 사람이 군자이다"38)라고 『황제내경·영추』「통천」편에서 언급하고 있음은 의미 있는 일이다. 이처럼 의서(醫書)에서나 또는 관상학에서 인간의 형상 구성에 있어서 조화와 균형이 얼마나 중요한지를 알 수 있게 해준다.

인간의 신체가 갖는 균형의 중요성에 대해서 최형규는 다음과 같이 말한다.

---

37) 『麻衣相法』, "老人不宜色嫩 老人色嫩 刑妻剋子 主辛勤."
38) 『黃帝內經·靈樞』「通天」, "陰陽和平之人 基狀委委然 隨隨然 顒顒然 愉愉然 暶暶然 豆豆然 衆人皆曰君子 此陰陽和平之人也."

젊은이의 턱을 관상할 때는 필이 이마사정을 감안해야 한다. 이마는 하늘이며, 하늘은 아버지이다. 턱은 땅이며 땅은 어머니의 자리이다. 아버지와 어머니의 안녕 여부는 상하의 균형 여부에 달려 있다. 만약 어느 한편이 극심하게 균형을 잃었다면 부모 두 분이 다 같이 장수하기를 바라기가 어렵다. 턱이 빈약하면 금전의 여분이 있다 해도 부동산에 집착하지 말아야 한다. … 턱 모양이 빈약해 수명이 의심스러우면 귀와 인중, 법령 사정을 참작한 후에 결론을 내린다.[39]

이처럼 『꼴값하네』라는 저서에서의 균형에 대하여 강조하는 것은 불균형이 가져다주는 명운이 불길하기 때문이라 본다. 턱, 이마 등에서 어느 한편이 균형을 잃는다면 그것은 수명을 장수하기 어렵다는 것도 상학에서의 균형과 조화가 중요하다는 것을 단적으로 언급해주는 말이다.

인간의 신체가 균형과 조화를 이루어야 한다는 것은 아무리 강조해도 지나치지 않다. "체상(體相)에 있어서도 자체의 균형 발전을 요구한다. 뼈와 살은 보기 좋게 균형 잡히고 어깨와 가슴팍, 옆구리와 엉덩이 등이 상호 균형을 이루었다면 최상의 체상이다. 그 자체만 해도 부귀한 상이며, 수명장수의 요건도 함께 갖추었다 해서이다."[40] 그러나 신체의 불균형과 부조화로서 엉덩이는 크지만 가슴팍이 적다거나 어깨는 넓지만 허리가 빈약한 경우 천격이라 하지 않을 수 없다. 상학의 원리에 있어서 인체의 균형과 조화가 얼마나 중요한지를 가늠하게 해준다.

---

39) 최형규, 『꼴값하네』, FACEinfo, 2008, p.140.
40) 위의 책, p.17.

2) 어진 분석을 위한 상학의 세부이론

(1) 정기신론

여기에서 언급하고자 하는 정·기·신의 가치는 무형의 상으로 사람의 상이 형성되는 과정에서 서로 유기적인 상호작용 하에 존재하는 것에서 발견된다. 정·기·신의 상호작용이 잘 이루어졌을 때 비로소 안정된 형상을 갖추게 되는 것이다.

사실 "정(精)은 기운에서 생겨나므로 기운은 정신을 살리게 되고, 일월과 같이 빛나니 어찌 능히 수명을 연장할 수 있으리오"[41]라 했듯이, 정을 기르는 것은 기운이다. 그리고 그 기운은 정신을 온전하게 하며, 여기에서 말하는 일월(日月)이란 양쪽의 두 눈을 의미하며 눈을 통해 정과 기운을 상호작용의 원활함을 확인할 수 있으며 이를 통해 수명의 장단도 파악할 수 있게 된다. 그리고 "기(氣)란 모이면 살고, 기가 흩어지면 죽으니, 생명이란 기에 의존하는 것이다"[42]라고 했듯이, 이에 대하여 『관자』는 기가 모여져 응축되었을 때 생명력 또한 강해지는 것으로 보았다.

그러나 실체가 명확하게 드러나지 않는 정·기·신의 형체를 세세히 확인할 수는 없지만 정(精)이 바탕을 이루어야 기가 길러지고, 기가 형성되어야 신이 존재할 수 있어 비로소 빛으로 발현될 수 있어 상호 유기적인 관계에 놓이게 된다. 이처럼 정·기·신은 서로 유기적인 관계로 정·기·신이 온전하면 형상도 온전하다는 것이다. 곧 무형인 정·기·신이 유형인 형상을 이루는 바탕으로 인체를 이루는 근본이 되며 서로 불가분의 관계에 있다는 것을 시사하고 있

---

41) 무진미래연구원 譯, 『相理衡眞』, 황금시대, 1998, p.449.
42) 『管子』, "有氣則生 無氣則死 生者以其氣."

다.[43] 이를 인체에 적용했을 경우, 인체의 형상은 신체의 골격과 오장육부의 기능이 원활하고 온전할 때 정·기·신 또한 안정된 모습으로 드러나게 된다.

> 행동은 근본의 모습에서 비롯되었으니 타고난 모습을 떠날 수 없으며 행의 근본은 신에 의해 이루어지며 신은 근본이 되는 기로 돌아가는 것이다. 기라는 것은 자연의 대기를 이르며 선천지기가 있고 후천지기가 있어 양성지기가 있으니 이러한 기운은 바른 기운과 치우친 기운으로 나누어진다. 바른 기운으로 이루어진 사람은 형상이 빼어나고 정신이 맑고 밝으며 단정하고 위엄이 있으며 자비가 있고 건강하며 부귀하며 오래 살며 성품이 반드시 정직하고 지혜롭다. 치우친 기로 이루어진 사람은 신이 막혀서 형상이 탁하고 허하여 정서가 떠 있고 경박하고 천하고 미우며 건강하지 못하고 가난하며 오래 살지 못한다.[44]

이처럼 정·기·신은 형상은 보이지 않으나 정이 있음으로 기를 기르고, 기가 존재함으로써 신 또한 존재한다. 이 세 가지가 서로 유기적인 관계로써 균형이 잘 이루어 졌을 때 비로소 그 빛이 발현되는 것이다.

우리의 눈에 보이는 형상은 정·기·신을 바탕으로 이루어지며, 이루어진 형상은 혈(精)을 기르고, 그 혈(정)은 기(氣)를 기르고, 기는 신(神)을 기르기 때문에 기가 온전하면 신이 온전하고 신이 온전

---

43) 김연희,『관상학의 장수비결』, ㈜한국학술정보, 2009, p.69.
44) 『面相祕笈』「諸陽氣勢訣」, "型之本有於行 行之本在於神 神之本歸之於氣也 氣者謂自然大之氣 先天之氣 後天之氣 養成之氣 有正氣 邪氣之分也 正氣生人 神爽形秀 端正威嚴 爲富爲貴爲壽爲慈 性必正直好善 邪氣生人 神滯形濁虛浮輕薄 爲賤爲惡爲夭爲貧."

하면 형이 온전하다는 것이다. 형상과 정·기·신은 각각 독립적이면서도 상호 유기적 작용으로 하나의 인격체를 형성해가는 불가분의 관계를 가지고 있다고 볼 수 있다.[45] 따라서 정·기·신이 안정되어야 형상 또한 편안한 빛으로 드러나게 되는 것이다. 이 세 가지 중 어느 한 가지라도 부족하거나 넘쳐 균형을 잃게 되면 빛으로 발현되는 형상 또한 안정되지 못하므로 이를 통해 길흉을 판단하기도 한다. 정·기·신 자체의 세 기운이 서로 조화가 이루어졌을 때 상학에서 올바른 상으로 나타나 삶에 있어 긍정적인 방향으로 유도될 수 있다고 보았다.

알다시피 삶의 긍정적인 방향으로 유도되어 온 상학은 한대 이후 정·기·신을 중심으로 인물을 품평하는데 활용되었다. 여기에서 인재를 평가하는 등 인물 품평에 관한 이론이 상당수 있는데, 이러한 것들은 당시 음양오행설의 성향이 강한 유가·도가를 비롯하여 제사상들에 의해 자연스럽게 사회 각 계층에 침투되어 실생활에 활용된 것처럼, 표면에 드러나지는 않았지만 상학 이론이 제사상 속에 흡수되었다[46]는 것을 보여준다. 그리고 몸에 있어서 마음을 활용하는 데에는 사람의 정과 기가 왕성하므로 신이 밝아진다는 것을 알 필요가 있으며, 인물 품평은 이러한 상황을 간과할 수 없는 것이다.

다음으로 정·기·신 가운데 기(氣)에 대하여 언급하고자 한다. 『마의상법』의 「논기」에서 기에 대해 다음과 같이 설명하고 있다.

---

45) 김연희, 『관상학의 인재경영』, ㈜한국학술정보, 2009, p.171.
46) 김연희, 앞의 논문, p.3.

보이는 색은 일어나는 기운인 것이니 무릇 사람의 모양이라는 것은 바탕이 되는 것이다. 근본 바탕에 기운이 가득한 바 충만한 기운으로 인해 바탕이 커지니 관대하고 넓은 기운인 즉 온전하고, 기운이 너그럽고 고요하면 신이 편안하며, 얻고 잃음은 급하고 사나운 기운에서 부족해지고 기쁨과 노여움은 덕에서 비롯되는 그 신이 부족해서 놀라 얼굴에 나타나게 되는 것이다.[47]

위의 언급에 설명되어 있듯이 옳은 마음가짐이 바른 기운으로 나타남을 거론하고 있다. 좋은 기운이 충만했을 때 사람의 바탕이 커져 얼굴에 온전하게 나타나지만, 얼굴에 신이 부족할 경우 좋은 않은 기운으로 드러나게 된다.

기운은 말과 같이 선악의 길을 달리고 있는 경우이니 착한 재능을 기르며 군자이고 착함은 적을 맡아 주장하고 또 착함으로 마음의 지혜를 다스리는 것이고, 착함으로 달리는 말을 지배하되 소인은 그 반대가 되나니 기국이라는 것은 얼굴과 몸체가 너그러운 것이 옳을 것이요 온화함으로 이어지는 것이 옳을 것이다.[48]

기운을 달리는 말에 비유하듯이 군자는 착한 재능을 기르며 착함으로 모든 상황에 대처한다고 보았고 소인은 그 반대의 경우라 보았다. 군자의 기국은 얼굴과 신체가 너그러워 온화함이 드러나는 것이 바람직하다고 보았다.

---

47) 『麻衣相法』「論氣」, "見乎色而發乎氣也 夫形者 質也 氣所以充乎質 質因氣而宏 神完則氣寬 神安則氣靜得失 不足以暴基氣 喜怒不足以驚基神則於德 爲有容."
48) 『麻衣相法』「論氣」, "氣猶馬 馳之以道善惡之境 君子則善養基材 善御基德 又善治其器 善御其馬小人反是 其器 寬可以容物 和可以接物."

정신이 희미한 것은 기(氣)가 좋지 않기 때문으로 수명 또한 길지 않다. 기는 정신에 의존하는 것으로 정신의 여분이며, 정신이 관통하는 것이 좋은 것이다. 기는 색의 근본이며, 안정적으로 깊게 숨겨져 있어야 하고, 또 건장하고 충실해야 한다. 만약 기가 몸속에서 희미하게 있으면 밖으로 나타날 수 없으므로 부를 얻기가 어렵다. 이어서 신(神)은 어떻게 접근될 수 있는가?『마의상법』의「논신」에서 신의 중요성을 다음과 같이 설명하고 있다.

> 무릇 모양은 피를 기르고 피는 기를 기르고 기는 신을 기르므로, 형이 온전한 즉 피가 온전하고, 피가 온전한 즉 기가 온전하고, 기가 온전한 즉 신이 온전하다. 그러므로 형은 신을 기를 수 있다는 것을 알 수 있다. 신은 기에 의탁해서 안정되어야 하는데, 기가 불안하면 신이 사나워지고 안정되지 못하여, 신을 안정시킬 수 있는 자만이 군자인 것이다. 깨어있을 때는 신이 눈에 있고, 잠잘 때는 신이 마음에 머무르니 이는 형상으로 인해서 신이 나타나는 것이니 형상은 신의 외형이 되는 것이다. 오직 태양과 달빛은 밖으로 만물을 비추지만 그 신은 깨어있는 일월의 내면에 있는 것이니 눈이 밝은 즉 신이 맑고 눈이 어두운 즉 신이 탁한 것이다.[49]

이처럼 신은 기에 의탁해서 안정되어야 함이 강조되고 있으며, 기가 불안하면 신이 사나워져서 안정될 수가 없다는 것이다. 아울러 신은 정기의 싹이니, 정기가 건장하면 신이 맑고, 신이 맑으면 눈이

---

49) 『麻衣相法』「論神」, "夫形以養血 血以養氣 氣以養神故 形全則血全 形全則氣全 氣全則神全 是知形能養神 托氣而安也 氣不安則神暴而不安 能安其神 其惟君子乎 寤則神遊於眼 寐則神處於心 是形出處於神而爲形之表 猶日月之光 外照萬物易其神 固在日月之內也 眼明則神淸 眼昏則神濁."

수려하다. 그러한 즉 상보다 신의 중요함을 다음과 같이 강조하고
있다.

> 무릇 상의 모양이 부족하여도 신의 넉넉함이 있으면 편안할 것이고
> 모양이 잘 갖추어져 있어도 신이 부족한 것은 옳지 못하며, 신이
> 넉넉하면 귀(貴)에 이르는 것이고 모양이 잘 갖추어진 삶은 재물이
> 넉넉하며, 신은 놀라지 않아야 하니 놀라는 즉 수명이 덜어질 것이
> 고 신은 급하지 않아야 하니 급한 즉 잘못이 많을 것이다.50)

  따라서 형(形)은 유형으로서 실체·신체를 말하는 것이지만, 그 실
체를 이루는 기운은 정·기·신이 무형으로 작용하기 때문에 유형과
무형은 불가분의 관계51)라 할 수 있다. 우리 얼굴의 상은 내재되어
있는 무형의 상이 유형의 상으로 드러나는 이치에 따름이다. 상학서
『옥관조신국』에서는 정·기·신을 다음과 같이 설명하고 있다.

> 사람이 생함에 수(水)에서 기(氣)를 받고, 화(火)에서 형(形)을 받
> 는다. 수는 곧 정(精)이고 의지이며, 화는 곧 신(神)이고 마음이다.
> 정이 합한 후에 신이 생기고, 신이 생긴 후에 형이 온전해지고, 형
> 이 온전한 후에 색(色)이 갖추어진다. 밖으로 드러나 알 수 있는
> 것은 형이라 하고, 심(心)에서 생겨나는 것을 신이라 하고, 혈육에
> 있는 것을 기라 하고, 피부에 있는 것을 색이라 한다.52)

---

50) 『麻衣相法』, "凡相 寧可神有餘而形不足 不可形有餘而神不足也 神有餘
   者 貴形有餘者 富神不欲 驚驚則損壽 神不欲急 急則多誤."
51) 김연희, 앞의 논문, p113.
52) 『玉官照神局』「陳搏先生風鑑」, "人之生也 水氣於水 禀形於火 水則爲精
   爲志 火則爲神爲心 精合而後神生 神生而後形全 形全而後色具 是知顯
   於外者謂之形 生於心者謂之神 在於血肉者爲之氣 在於皮膚者爲之色."

결과적으로 마음은 정·기·신의 움직임과 고요함을 다스려서 몸
과 마음과 뜻을 혼합하여 조화롭게 하는 것이다. 만일 마음을 놓아
버리면 우주 육합(六合 : 위아래의 상하와 사바의 동서남북, 즉 우주
공간)에 가서 멈추어 버린다.

상학에서는 '인체 내에서 형상을 이루는 근본물질인 정·기·신의
상태가 어떠한가'에 따라 부귀·빈천·수요(壽夭)·현우(賢愚)[53] 등
이 판단되며 또한 정·기·신에 의해 좌우되는 것으로 보았다. 그리
고 정(精)은 곧 생명의 근원이라면, 기(氣)는 기름에 비유되고 신(神)
은 등불의 형상에 비유될 수 있는 것이다. "대부분 신기는 사람의
천성으로 기름과 같고 또 등과 유사함이 있으며, 정신이 평화로운
것은 도리어 정신의 결실이니 기름이 맑고 나서 등이 비로소 밝
다"[54] 이와 같이 정·기·신의 세 개념이 유기적 관계를 지니며 거
론될 때 정은 생명력의 근원을, 기는 생생 약동한 생명활동을, 신은
생명력에서 나오는 정신적 활동을 의미한다[55]고 할 수 있다. 요컨대
정·기·신은 인간의 생명 현상을 세 요소로 설명하는 요소이며, 넓
게 보면 모두 기에 포함되므로 이 세 가지는 기의 세 양태로서 상호
유기체적인 영향을 주고받는 관계이다.

(2) 안면분석론

상학에 있어서 안면분석론은 매우 구체적으로 상을 보는 방법론
이라 할 수 있다. 『마의상법』에서도 "한 몸의 득실을 정하는 것은

---

53) 김연희, 앞의 논문, p.116.
54) 『淸鑒』, "大都神氣賦於人 有若油兮又似燈 神平却自精之實 油淸然後燈
　　方明."
55) 김연희, 『관상학의 인재경영』, ㈜한국학술정보, 2009, p.168.

얼굴이다"56)라고 하면서, 사람의 전체적인 상을 보는데 있어 안면의 분석에 대한 중요성을 강조하였다. 즉 얼굴을 다양한 기준으로 나누어 보는 방법들을 제시하였는데, 어진의 분석을 위해 『마의상법』의 안면 분류법 가운데 삼정, 오악, 사독, 오관, 관인팔법, 유년운기부위, 안면십이궁을 위주로 접근하고자 한다.

여기에서 우선 〈그림4〉의 삼정에 의한 안면분석에 대해 살펴보도록 한다. "삼정(三停)이라는 것은 발제에서 인당까지를 상정이라 하고, 산근에서 준두까지 중정이라 하고, 인중에서 지각까지를 하정이라고 한다. 또 발제에서 눈썹까지 상정이라 하고 눈썹에서 준두까지를 중정이라 하고 준두에서 지각까지 하정이라 한다."57) 이처럼 안면을 삼정에 의해 삼등분의 횡단면으로 나누었을 때, 각각의 공간은 다음과 같은 상징적 의미를 나타낸다.

상정은 일생의 순역(順逆) 중 첫 번째 횡단면으로, 삼재(三才) 중 천위(天位)에 해당되며 안면에서는 발제부터 인당에 이르는 이마의 전체적인 부분에 해당된다. 하늘을 상징하여 조상의 복을 보는 자리로 귀함을 주관한다. 상정이 좋으면 뇌 조직 중 전뇌(前腦) 기능이 발달되어 선천지능이 우수하여 초년기에 창성한다고 보았다. 이곳은 지혜, 예술, 종교, 도덕, 감정 등이 드러나는 곳이며, 15~30세에 이르는 시기에 대한 길흉 여부와 윗사람의 관계가 원만한지 여부를 알 수 있다.

---

56) 『麻衣相法』"定一身之得失者面也."
57) 『麻衣相法』, "三停者 髮際至印堂 爲上停 自山根至準頭 爲中停 自人中至地閣 爲下停 又自髮際至眉 爲上停 眉至準頭爲中停 主中自人中至地閣 爲下停."

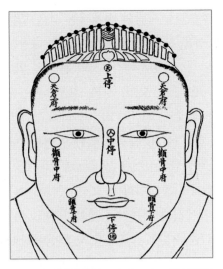

〈그림 4〉 『麻衣相法』 六府三才三停之圖[58]

　다음으로 중정부위는 인위(人位)로 인당의 하단에서 코끝 준두까지 해당되며, 사람을 상징하고 수(壽)를 주관한다. 뇌 조직 중 간뇌(間腦)의 발달여부에 대해 알 수 있다. 천추의 구조와 순환기, 호흡기, 소화기 계통과 팔의 선천적인 발육 상태 및 후천적인 기능에 대한 능력 발휘의 여부를 알 수 있다. 또한 사회적응력, 자립능력 및 사업구상능력, 추진력, 금전에 대한 소유욕과 장악능력 등의 여부를 판단할 수 있다. 중정이 중요한 이유는 나의 능력을 보는 자리이며 중년의 운기를 주관하기 때문이다. 그 사람의 건강과 기력, 정력과 의지력, 결단력의 좋고 나쁨이 또한 이 부위를 통해 드러난다. 결혼, 금전, 사회적 지위를 포함해서 31~50세까지 중년기의 모든 운세가

---

58) 최인영 편역, 『麻衣相法』, 祥元文化社, 2010, p.28.

순행할지 여부에 대한 판단이 이 부위에 기초하고 있기 때문이다.

다음으로 하정부위는 지위(地位)로서 코끝 아래부터 지각(地閣)에 해당되어 인중, 법령, 입, 지각, 아래쪽 뺨 등의 부위를 포함하는 곳으로, 땅을 상징하고 富를 주관한다. 이 부위는 뇌 조직 중 후뇌(後腦)의 발달여부와 생식기, 비뇨기, 배설기 계통 및 하지(下肢) 기능의 우수 여부, 후천적으로 내부 장기 기능이 원활한지 등의 여부를 관찰하는 곳이다. 또한 생활문화 수준, 처세관, 섭생 및 생식능력, 애정과 물욕, 품위 및 만년의 체력이 표현된다. 이 부위의 가장 중요한 특성은 사람의 50세 이후 노년기 운세의 순역, 수명의 장단, 자손의 성취 정도 등을 볼 수 있는 것이다.

또한 얼굴에서 솟은 부위인 〈그림5〉의 오악(五嶽)은 서로 바라보며 기운을 보내주는 가장 큰 요점인데, 중국의 명산에 비유하여 균형과 조화 및 기세에 따른 길흉에 대해 다음과 같이 설명하였다.

이마는 남악인 형산이 되고 턱은 북악인 항산이 되고 코는 중악인 숭산이 되고 왼쪽 관골은 서악인 화산이 되고 오른쪽 관골은 동악인 태산이 된다. 중악은 꼭 높고 풍륭함의 모양을 얻어야 하는 것이 중요한 것이요. 동악은 뚜렷하게 솟아서 도움을 화답하듯 주고받아야 하니, 높지 않고 크지 않은 즉 세력이 없어 사람 됨됨이가 작고 역시 오래 살지 못하며 중악이 약하고 힘이 없은즉 네 개의 산악에 주인이 없는 것이다. 좋은 듯 머물지만 벗어나 유별나면 대귀에 이르지 못하고 위엄과 권세가 없으며 수명도 진실로 오래하지 못하므로 중악(코)의 길이가 미치지 못하는 사람은 수명이 중간에서 그치게 되는 것이다. 얇고 깎인 듯 하여 뾰족하면 늙어서 깨어짐을 보게 되고 필경 쇠약해지는 것을 의미하며 남악(이마)이 기울거나 넘어져도 깨뜨려지니 화목한 가정을 오래하지 못한다. 북악이 뾰족하거나 모자라면 말년에 이름이 없으며 끝내는 역시 귀하게 되지 못하고, 동서악(양 관골)이 기울거나 양쪽이 같지 않으면 마음이 악독하여 사랑하는 마음이 없는 즉 기회가 없으니 오악은 모름지기 서로서로 도울 수 있는 형상이 제일 중요한 것이다.[59]

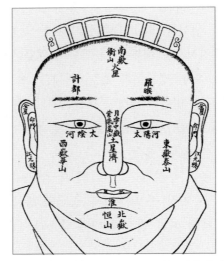

〈그림 5〉『麻衣相法』五星六曜五嶽四瀆之圖[60]

이처럼 오악은 사람의 안면에 위치한 다섯 산봉우리를 일컬으며 코에 해당되는 중악은 숭산을 중심으로, 남악은 형산으로 이마 부위, 북악은 항산으로 턱 부위, 동악은 태산으로 오른쪽 광대뼈, 서악은

---

59) 『麻衣相法』「五嶽」, "額爲衡山(南岳)爲恒山(北岳) 鼻爲嵩山(中岳) 左顴 爲華山(西岳) 右顴 爲泰山(東岳) 中嶽 要得高隆 東嶽 須聳而朝應 不隆 不峻則無勢 爲小人 亦無高壽 中嶽薄而無勢則四嶽無主 縱別有好處 不 至大貴 無威嚴重權 壽不甚遠 中嶽 不及且長者 止中壽 如尖薄 晩年見破 到頭少稱意 南嶽 傾倒則主見破 不宜長家 北嶽 尖陷 末主無成 終亦不貴 東西嶽 傾側無勢則心惡毒無慈愛 五嶽 須要相朝."

60) 최인영, 앞의 책, p.27.

화산으로 왼쪽 광대뼈를 가리킨다. 이처럼 코, 이마, 턱, 그리고 좌우 광대뼈를 중국의 명산인 오대산에 부합시켜 각각의 봉우리가 조화롭게 솟아 얼굴에 겹겹의 성이 자리 잡은 것 같은 안정된 기세를 형성하였다면, 주요 골격구조 또한 고르게 잘 발달되었다고 보았다. 이와 반대로 오악이 솟아 있지 않으면 전신 골격구조가 좋지 않다. 곧 오악은 골격구조를 형상화한 것으로 이는 일생의 건강과 성공 여부에도 영향을 미친다.

여기에서 중악인 코는 곧고 반듯하게 높이 솟아야 하고 동악과 서악은 기울어지지 않고 그 세력이 힘 있게 뻗어 있으며 앞으로 나온 듯 약간 큰 것이 좋다. 남악인 이마는 광활하고 간(肝)을 엎어놓은 듯 둥글고 풍만한 것이 좋으며, 북악인 턱은 풍후하고 널찍하며 받쳐놓은 듯 앞으로 내민 듯이 조공(朝供)하여 튼튼하게 생긴 것을 최고 길상으로 보았다.

오악이 높이 솟았다는 것은 대자연의 산을 보고 비유했다는 것이다. 따라서 오악이 두려워하는 것은 각 다섯 개의 봉우리가 제 기세를 나타내지 못하는 상태로, 가장 중요하게 보는 것은 서로간의 상응하고 있는 배열에 따른 균형과 조화론이다. 또한 코를 군주 혹은 나 자신으로 보았기 때문에 코의 기세를 중심으로 사방에 있는 산들이 신하처럼 받쳐주어야 만인의 추앙을 받으며 자신의 위세를 떨칠 수 있다고 본 것이다.

〈그림5〉의 사독(四瀆) 또한 개울이나 강물의 흐름을 뜻하는데 상학에서는 사람을 우주와 자연의 산과 강 등 다양한 형상에 비유하여 설명하고 있다. 이런 의미에서 사독은 얼굴 부위 중에서 가장 깊은 곳으로 몸의 내부와 연결된 통로로 물이 흐르는 곳이므로 항상 윤택해야 하며, 물길은 적당히 깊어야 멀리 잘 흘러갈 수 있다고 보았다.

귀는 강독이 되고 눈은 하독이 되고 입은 회독이 되고 코는 제독이
된다. 사독은 곡식과 재물이 달아나지 않는 물가에서 헤아릴 수 없
이 많은 것을 취하고 이룰 수 있으니, 재물이 줄지 않으며 갈수록
쌓이고 쌓여 많아지느니라. 귀는 강독이 되니 귓구멍이 넓고 깊어
야 하며 중첩된 성곽이 단단하게 오그라들면 총명하여 대대로 이어
온 집안이 깨어지지 아니한다. 눈은 하독이 되니 깊으면 오래 살고,
길고 작은 듯하면 귀하며, 밝은 즉 무슨 일에도 잘 통하여 알고, 얕
은 즉 수명이 짧고, 어둡고 흐리면 많은 일들이 막히며, 동그란 모
양인 즉 많이 꺾이는 것이니 크지도 않고 작지도 않아야 귀한 눈이
되는 것이다. 입은 회독이라 하며 도량이 넓은 듯 모가 난 입술이
서로 겹쳐 잘 맞아야 하니, 윗입술이 짧아 아랫입술을 덮지 못하거
나 아랫입술이 얇아 윗입술을 받들지 못하는 즉 수명도 길지 못하
고 늙어서는 복이 없는 것이다. 집안이 깨어져 흩어지는 것은 바로
입술이 닫히지 않는 것이다. 코는 제독이라 하며 풍륭하게 둥글고
밝아야 한다. 그러므로 깨어지지 않고 드러나지 않은즉 반드시 집
안이 부자이니라.[61]

사독은 이와 같이 사람의 눈, 코, 귀 입 등 4개의 구멍을 연상하였
는데, 황하강은 안(眼)에 비유하여 하독(河瀆)으로 칭하였고, 양자강
은 이공(耳孔)에 비유하여 장강이라고도 불리어 강독(江瀆)이라 칭
하였다. 제수(濟水)는 비공(鼻孔)에 비유하여 제독(濟瀆)이라 칭하였
으며, 회하(淮河)는 구(口)에 비유하여 넓고 길게 흘러가서 인중에

61) 『麻衣相法』「四瀆」, "耳爲江 目爲河 口爲淮 鼻爲濟 四瀆 要深遠成就而涯
岸不走則財殺 有成 財物 不耗 多蓄積 耳爲江瀆 竅潤而深 有重城之副緊
而聰明 家業不破 目爲河瀆 深而壽 小長則貴 光則聰明 淺則短命 昏濁多
滯 圓則多夭 不大不小 貴 口爲淮瀆 要方闊而脣吻 相覆 上薄則不覆 下
薄則不載 則無壽無晩福 不覆則家業破 鼻爲濟瀆 要豊隆光圓 不破不露
則家必富."

합류지점을 거쳐 대해(大海)인 입으로 흘러들어가야 함을 뜻해 회독(淮瀆)이라 칭하였다. 하독인 눈은 깊고 길고 흑백이 분명하고 광채를 머금은 듯 맑고 깨끗하여 색이 고와야 한다. 제독인 코는 크고 곧아야 하며 비뚤어지거나 만곡됨이 없이 콧구멍이 드러나 보이지 않고 얇아서 벌렁거리지 않는 것이 좋다. 회독인 입은 크고 각이 지고 입술은 붉고 두터우며 구각이 밑으로 처지지 않아야 한다. 강독인 귀는 귓구멍이 넓고 깊으면서도 구멍이 드러나지 않고, 귓바퀴가 단단하고 두터운 형상을 최고의 길상으로 보았다.

길한 상의 관점에서 사독(四瀆)은 자연에 비유한 상법으로 평생의 복과 천수를 살피는데 요긴하다. 사독은 근원이 깊고 기슭이 급하지 않으면 오래도록 마르지 않고 모일 수 있어 재물과 곡식이 풍성하다고 하였다.

이어서 〈그림6〉 오관(五官)에 대해 살펴보도록 한다. 오관은 귀, 눈, 코, 입, 눈썹 등 다섯 곳으로, 그것이 의미하는 구실에 따라 다음과 같은 명칭이 붙여졌다.

> 오관이라는 것은 하나는 귀이니 채청관이라 이르고 둘은 보수관이라 이르고 셋은 눈이니 감찰관이라 이르고 네 번째는 코이니 심변관이라 이르고 다섯 번째는 입이니 출납관이라 이른다. 대총부에서 말하기를 하나의 관은 십년동안 누릴 수 있는 귀(貴)가 나타내고 한 개의 부위는 열 가지의 풍부한 물량을 실어와 취하게 한다. 바로 오관 가운데 혹 한 개의 관이라도 잘 생기면 10년의 영화를 누릴 수 있을 것이요 다섯 개의 오관을 모두 갖추었으면 그 귀한 영화로움이 늙어서 마칠 때까지 이어질 것이다.[62]

---

62) 『麻衣相法』「五官總論」, "五官者 一曰 耳 爲採聽官 二曰 眉 爲保壽官 三

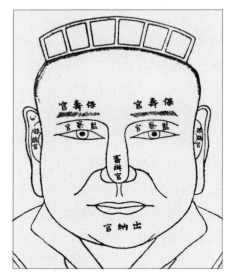

<그림 6> 『麻衣相法』五官之圖[63]

　위에서 말한 채청관(採聽官)에 해당되는 귀는 소리를 듣는 기관으로, 귓바퀴가 분명하고 빛깔이 선명하며 눈썹보다 약간 높게 자리한 것을 이상적으로 보았다. 귀 끝 수주가 입을 향해 조응하였다면 더욱 재운이 왕성하고 말년에 이르러서는 크게 운수대길한 상으로 보았다. 보수관(保壽官)에 해당하는 눈썹은 모양이 곱고 빛이 맑고 윤기가 있으면 일찍이 크게 성공하여 명성을 날릴 상으로 보았다. 감찰관에 해당되는 눈은 모든 사물을 관찰 및 감시하며 인식하는 기관이다. 눈은 흑백이 분명하고 눈동자가 단정하며 광채를 머금은 듯

　　　曰 眼 爲監察官 四曰 鼻 爲審辨官 五曰 口 爲出納官 大總賦 云一官 成
　　　十年之貴顯一府 就十載之富豐 但 於五官之中 倘得一官 可亨十年之貴
　　　也 如得五官 俱成 其貴老終."
63) 최인영, 앞의 책, p.31.

빛나고 모양이 가늘고 긴 형태이면 길상으로 보았다.

심변관(審辨官)에 해당하는 코는 높고 풍후하여 반듯해야 하는데, 굽어지거나 휘어지지 않고, 콧구멍이 드러나지 않고 끝이 뾰족하거나 오그라지지 않는 것이 좋다. 출납관에 해당하는 입은 다물면 작고 벌리면 커야 하고, 양쪽 구각이 위로 당겨 약간 올라간 듯 하고, 입술은 붉고 두툼하며 하얀 치아를 길상으로 보았다.

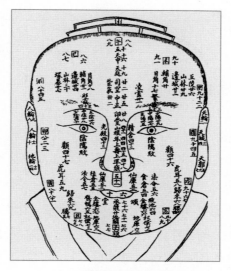

〈그림 7〉 『마의상법』 유년운기부위도[64]

다음으로 세심하게 살펴봐야 할 것으로 할 것으로, 〈표3〉의 유년운기부위표 와 〈그림7〉의 '유년운기부위도' 인데 '유년(流年)'이란 해가 바뀌면서 흘러가는 운을 말한다.

---

64) 『麻衣相法』, 麻衣相土, 武陵出版有限公司, p.18.

나이	1,2	3,4	5,6,7	8,9	10,11	12-14	15	16	17
위치	天輪	天城	天廓	天輪	人輪	地輪	火星	天中	日角
나이	18	19	20,21	22	23,24	25	26	27	28
위치	月角	天庭	輔角	司空	邊城	中正	邱陵	塚墓	印堂
나이	29,30	31	32	33	34	35	36	37	38
위치	山林	凌雲	紫氣	繁霞	彩霞	太陽	太陰	中陽	中陰
나이	39	40	41	42	43	44	45	46,47	48
위치	少陽l	少陰	山根	精舍	光殿	年上	壽上	觀骨	準頭
나이	49	50	51	52,53	54	55	56,57	58,59	60
위치	蘭臺	廷尉	人中	仙庫	食倉	綠倉	法令	虎耳	水星
나이	61	62,63	64	65	66,67	68,69	70	71	72,73
위치	承漿	地庫	陂池	鵝鴨	金縷	歸來	頌堂	地閣	奴僕
나이	74,75	76,77	78,79	80,81	82,83	84,85	86,87	88,89	90,91
위치	腮骨	子	丑	寅	卯	辰	巳	午	未
나이	92,93	94,95	96,97	98,99					
위치	申	酉	戌	亥					

위 〈표3〉에서 제시하는 유년운기부위표를 참고로 하면서 〈그림 7〉에서 제시한 『마의상법』「유년운기부위가」는 1세에서 99세까지 나이에 따라 안면의 해당부위를 규정해 놓았다. 얼굴이라는 공간을 통해 유년이라는 세월의 흐름에 따라 분류한 것은 시공합일의 철학 사상에 근거하여 상을 본다는 것이다.

가장 중요한 핵심은 상을 보는 사람의 나이에 근거하여 운세를 예 측하는데, 그 운세는 주로 안면의 유년부위의 형태와 기색을 근거로 추론하게 된다. 유년부위의 형태와 기색에 따라 운세의 추단에 있어 그 좋고 나쁨이 얼굴의 해당 부위에 나타난다고 보았다. 관찰 대상 자의 특정 '유년' 부위의 형태와 기색이 좋으면 그 사람의 유년에 해

---

65) 최인영, 앞의 책, pp.56-58.

당하는 해당 연령에서 길한 일이 생긴다고 하였다.

그런데 유년으로 상을 보는 방법은 출생 시부터 76세에 이르기까지 8단계의 연령대로 구분하며 특정한 연령단계에서 특정한 부위의 기색과 형상을 본다. 76세에 이르면 얼굴의 가장자리를 돌아가면서 12지지의 자위(子位)로부터 보아 100세에 이른다. '유년운기부위가'에서는 나이에 따라 그 해의 운기(運氣)가 행하는 것을 알 수 있는 곳으로, 남자는 얼굴의 왼쪽 면을 기준으로 하고 여자는 얼굴의 오른쪽을 기준[66]으로 하였다.

　　유년의 운기를 알고자 원하는 사람을 위하여 나열하였다. 몸을 좌우로 나누어 남자는 좌측 여자는 우측을 우선으로 본다. 천륜(귓바퀴 윗부분)은 일세, 이세의 운이고 귓바퀴를 두루 흘러 천성 이, 삼, 사세 운이라. 천곽에서 수주까지 오, 육, 칠세요 다른 쪽 귀 천륜에 팔, 구세의 운이 머물고 인륜에서 십, 십일세이며 비륜곽이 뒤집어지면 반드시 벌을 받는 상이라. 십이 십, 삼, 십사세를 아우르는 지륜은 입을 도와 건강하고 편안한 수명이 되게 하며 … 구십, 구십일세는 미(未)궁이 밝아야 하고 구십 이, 삼세는 신(申)궁에서 열매를 맺게 되고 구십사, 오세는 유(酉)궁을 살펴야 하고 구십육, 칠세는 술(戌)궁을 지나고 구십팔, 구세는 해(亥)궁이 감추고 있다. 만약 사람이 백세를 지나도록 수명을 이어간다는 것은 조상으로부터의 도움으로 긴 생이 얼굴을 두루 돌아 지켜져 왔으므로 다시 처음부터 시작하면 된다. [67]

---

66) 『麻衣相法』, "男左女右各分形."
67) 『麻衣相法』「流年運氣部位歌」, "欲識流年運氣行 男左女右各分形 天輪一二初年運 三四周流至天城 天郭垂珠五六七 八九天輪之上停 人輪十歲及十一 飛輪朝口壽康寧 十二十三併十四 地輪朝口壽康寧…九十九一未羊明 九十二三猴結果 九十四五聽雞聲 九十六七犬吠月 九十八九亥豬吞

이미 『유장상법』에서 언급하고 있듯이 "나이가 바뀜에 따라 당해 운기를 알고자 한다면 남자는 왼쪽을, 여자는 오른쪽을 각각 분명하게 살펴야 한다"[68]는 점을 고려할 필요가 있다. 유년(流年)에 따른 운기부위는 나이에 따른 당해 운기를 말한다. 사람의 얼굴에는 각 1년에 해당하는 유년운기부위가 존재한다. 나이에 따라 상응하는 특정한 부위의 형상과 기색의 관찰을 통해 사람의 유년 운세를 판단할 수 있다.

이러한 운세의 판단에서 볼 때, 얼굴의 주름과 사마귀 결함으로부터도 재난이 일어나곤 한다. 이때 가볍게 여기지 말 것이며 운의 한계는 밝고 어두움으로 나누어 함께 돌아가니, 다시 깨어지고 패하면 저절로 고독하게 되지만, 혹 좋은 부위의 운기를 만나면 안락한 때의 기색으로 맑고 밝을 것이다.[69] 즉 상을 볼 때 얼굴에 나타난 여러 가지 징표들에 대해서도 자세히 관찰할 필요가 있다.

곽림종[70]은 〈그림8〉 '관인팔법(觀人八法)'에 의해 인간의 상을 외재적 형상에 따른 기질과 정신 상태에 따라 여덟 가지 유형으로 다음과 분류하였다.

관인팔법 중 하나는 위엄으로 높고 엄숙하게 하여 권세를 주재한다. … 두 번째는 두터운 것을 말하는데 몸이 두텁고 무거운 모양을 두텁다고 이르니 복록을 주재한다. 세 번째는 맑음을 말하는데 맑

若問人生過百歲 順數朝上保長生 週而復始輪於面".

68) 『柳莊相法』「流年運氣部位圖歌」, "欲識流年 運氣行 男左女右分明."

69) 『麻衣相法』, "紋痣缺陷禍非輕 限運倂衝明暗辨 更逢破敗屬幽冥 又兼氣色相刑剋 骨肉破敗自伶仃 倘若運逢部位好 順時氣色是光晶."

70) 곽림종(128~169)은 後漢대 사람으로 본명은 郭泰이고 자는 林宗이었다. 그는 屈伯彦의 문하에서 공부하였으며, 특히 상술에 뛰어났다고 한다.

음이란 것은 꼬리 긴 깃털처럼 빼어난 정신을 맑음이라 이르니 많은 줄기 가운데 빼어난 한가지와 같고 아주 귀한 보석에 물 뿌린 듯 저절로 높고 아름다워 한 티끌도 오염되지 않았으니 혹 맑고 두텁지 않은 즉 낮은 지위에 가까운 것이다. 네 번째는 기이함으로 능선으로 이어진 바위와 같은 뼈대에서 우러나오는 기질을 기이하다고 이르니 기이하고 맑지 않은즉 천하고 비속한 것이다. 다섯 번째는 외로움을 말하는데 외로움이란 것은 뼈대의 형상이 너무 외로워 추운듯하고 목이 길고 어깨가 움추려 들고 다리가 비뚤어진 듯 몸이 한쪽으로 기울어지고 앉아서는 가만히 있지 못하고 그 움직임은 빼앗아 움켜쥘 듯 하며 물가의 외로운 한 마리 학과 같고 비 맞은 새처럼 육친이 없는 듯한 외로움으로 이루어져 있다. 일곱 번째는 악한 모습을 가로대 악이란 것은 거칠고 사나움으로 그 신체의 모양이 흉폭하고 욕심이 뭉쳐 고집스러워 뱀과 쥐와 같은 모양에 승냥이처럼 사나운 짐승의 소리를 내며 놀라면 참지 못하고 나타나는 흉폭한 성정이 뼈를 부수는 상함으로 모든 것을 주재하니 아름답고 선량함이 부족한 것이다. 여덟 번째는 속물과 같은 형상을 말하는데 속이란 것은 소견이 얕고 비속한 것이 물체에 먼지가 낀 것처럼 신체의 모양과 색이 혼잡스러워 탁하기 그지없다. 의식은 있어도 역시 막힘이 많은 것이다.[71]

---

71) 『麻衣相法』"觀人八法 一曰威 尊嚴可畏 謂之威 主權勢也…二曰厚 體貌敦重 謂之厚 主福祿也 三曰淸 淸者 精神翹秀 謂之淸 如桂林一枝 崑崙片玉 灑然高麗 一塵不染 或淸而不厚則近乎薄也 四曰古 古者 骨氣岩稜 謂之古 古而不淸則 近乎俗矣 五曰孤 孤者 形骨孤寒而項長 肩縮 脚斜身豊偏 其坐如搖 其行如攫 又如水邊獨鶴 雨中鷺鷥 生成孤獨 六曰蓮 薄者 體貌劣弱 形輕氣怯 色昏而暗 神露不藏 如一葉之舟而泛重波之上 見之皆知其薇薄 主貧下賤 縱有食 必夭 七曰惡 惡者 體貌兇頑 如蛇鼠之形 豺痕之聲 或性暴神驚 骨傷節破 皆主其兇暴 不足爲美也 八曰俗 俗者 形貌昏濁 如塵中之物而淺俗 縱有衣食 亦多迍也."

觀人八法					
1	威猛之相		5	孤寒之相	
2	厚重之相		6	薄弱之相	
3	淸秀之相		7	惡頑之相	
4	古怪之相		8	俗濁之相	

〈그림 8〉『마의상법』관인팔법[72]

첫째, 위엄이 있어 용맹스런운 상인 위맹지상(위맹지상)이다. 둘째, 후하여 중후한 상인 후중지상(厚重之相)이다. 셋째, 맑고 청수한 청수지상(淸秀之相)이다. 넷째, 기이하고 고괴한 고괴지상(古怪之相)이다. 다섯째, 외롭고 추운 고한지상(孤寒之相)이다. 여섯째,

---

豺痕之聲 或性暴神驚 骨傷節破 皆主其兇暴 不足爲美也 八曰俗 俗者 形貌昏濁 如塵中之物而淺俗 縱有衣食 亦多迒也."
72) 최인영, 앞의 책, pp.37-45 참고.

박복하고 나약한 박약지상(薄弱之相)이다. 일곱째, 악하고 완고한 악완지상(惡頑之相)이다. 여덟째, 속탁한 상으로 속탁지상(俗濁之相)이라하여 여덟 유형으로 묘사하여 외형과 성정의 특징을 분류하였다.

다음으로 〈그림9〉의 안면십이궁은 얼굴에 12종류의 사안을 내용별로 얼굴에 명시한 것[73]으로, 여기에는 각 부분에 의미하는 것이 있다. 이곳의 형태와 기색이 다른 곳과 차이가 있는지를 보는 것이다.

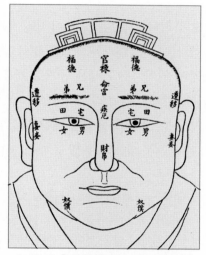

〈그림 9〉『마의상법』十二宮分之圖[74]

안면 십이궁은 명궁·관록궁·천이궁·형제궁·복덕궁·처첩궁·전택궁·남녀궁·질액궁·재백궁·노복궁·부모궁으로 분류하며, 각

---

73) 최형규, 『꼴값하네』, FACEinfo, 2008, p.89.
74) 최인영, 앞의 책, p.26.

각의 배속된 위치에 따라 육친의 관계나 사회나 국가적인 성취 등 여러 정보들을 담고 있다. 각각의 궁위에 대해 자세히 살펴보면 다음과 같다. 두 눈썹 사이 곧 산근의 바로 위의 인당에 해당되는 부위가 명궁이다.

> 명궁이란 것은 양 눈썹 사이의 산근 윗부분에 있으니 밝고 맑은 것이 거울과 같다면 학문을 통하고, 산근이 평평하게 찼다면 복과 수명을 누린다.[75]

사람에게는 생명의 집이 되는 곳으로, 이 명궁 부위가 밝고 빛이 나면 매사에 통달한다.[76] 명궁이라는 명칭은 얼굴 전반을 통해 얻은 모든 정보를 집합하여 일어나는 기색을 근거로 길흉여부에 대해 종합적으로 판단할 수 있기 때문이다.

다음으로 이마의 중앙 부위인 중정에 해당하는 부위가 관록궁이다. 다음과 같이 관록궁에 대한 내용을 소개해 본다.

> 관록궁이라는 것은 중정에 위치하니 위쪽과 서로 자연스럽게 보기 좋게 합하면 벼슬을 하고 복서골(伏犀骨)이 정수리를 통하였다면 한 평생 법정에 끌려가지 않을 것이다. 아침이 되어 역마가 빛나면 관청에서 벼슬을 하고, 물러나 돌아오면 편안하게 지낼 것이요, 밝게 빛나 깨끗하면 무리에서 뛰어난 것으로 크게 발달할 것이다.[77]

---

75) 『麻衣相法』「十二宮」, "命宮者 居兩眉間山根之上 光明如鏡 學問皆通 山根平滿 乃主福壽."
76) 오서연, 앞의 논문, p.35.
77) 『麻衣相法』「十二宮」, "官祿者 位居中正 上合離宮 伏犀頂貫 一生 不到公庭 驛馬朝歸 官司退擾 光明瑩淨 顯達超群."

이처럼 관록궁 부분이 깨끗하고 밝으면 높은 지위에 오르는 영광이 있고 오랫동안 광영을 누린다. 관록궁이 발달한 사람은 성취도가 높고 윗사람의 덕이 있으며 장남이 아니더라도 어버이를 계승할 수 있다.[78] 관록궁의 피부가 두둑하면 반드시 관직에 오래 몸담을 수 있는 형상이기도 하다.

그리고 양쪽 관자놀이인 간문(奸門)의 윗부분으로 일명 역마궁(驛馬宮)이라고 하는 천이궁(遷移宮)은 거주지를 옮기거나 직장의 이동이나 출행 등과 관련한 운신에 따른 운을 판단한다.

> 천이궁이란 것은 눈썹의 모양에서 꺾인 부분에 위지하고 있으며 이름하여 천창이라고도 부른다. 풍만하게 솟아 밝게 빛나면 아무런 근심이 없고 어미가 고르고 평평하면 늙도록 공경하며 부러워하고 역마궁이 완만하면 귀하여 모름지기 사방을 다스리는 벼슬을 할 것이다.[79]

천이궁 부위의 기색이 윤택하고 빛이 밝으면 출행에 있어 무사히 임무를 수행할 수 있으며 그에 따른 성과도 좋다.

이어서 형제궁은 눈썹으로 좌우의 조화가 잘되고 단정하게 난 것으로, 사업을 하여도 반드시 성공한다. 남성은 좌미(左眉)에서 형제운을, 우미(右眉)에서 자매운을 본다.

---

78) 최영순, 『실제인상학』, 동양서적, 2003, p.22.
79) 『麻衣相法』「十二宮」, "遷移者 位居眉角 號曰天倉 隆滿豊盈 華彩無憂 魚尾位平 到老得人欽羨 騰騰驛馬 須貴遊宦四方."

좌우의 눈썹을 가리키는 형제궁은 형제의 일과 사회적으로는 대인
관계의 형제궁의 위치는 양 눈썹이 되고 라후(왼 눈썹)와 계도(오른
눈썹)가 이에 속하며, 눈썹이 길어 눈을 지나면 삼 사형제가 풍파가
없고 눈썹이 성기고 빼어나 털과 털이 단정하여 초생 달과 같이 수
려하면 형제 모두가 출세하여 함께 화평 할 것이다.[80]

위의 언급처럼 형제 운 즉 대인관계 운이 좋은 눈썹은 눈보다 미
장이 길어야 하며, 올이 부드럽고 윤택[81]한 것으로서 미상(眉相)의
기운이 좋은 눈썹이다.

다음으로 좌우 액각(額角)과 천창(天倉)에 해당하는 부위인 복덕
궁은 완만하고 밝고 빛이 나야 평생의 복록을 누린다.[82] 이와 관련
하여 다음의 언급을 보도록 한다.

복덕궁이란 것은 천창(天倉)에 위치하여 있으며 지각을 당겨 끌어
매고 오성(五星)이 서로 도우면 평생 복록이 두루 돌아 흐르고, 이
마와 지각이 서로 도우면 모름지기 오복이 온전하게 갖추어져 덕의
행할 수 있을 것이다.[83]

이마의 액면(額面)이 반반하고, 눈썹이 가지런히 얼굴 전면에서 바
라볼 수 있는 위치에 드러나 보이면 복덕궁이 발달된 얼굴로 본다.
눈꼬리 옆에 위치해 있는 처첩궁은 간문(奸門)이라고도 하는데 이

---

80) 『麻衣相法』「十二宮」, "兄弟位居兩眉 屬羅計 眉長過目 三四兄弟無刑 眉
　　秀而疎 枝幹 自然端正 有如新月 和同永遠超群."
81) 최형규, 앞의 책, p.92.
82) 오서연, 앞의 논문, p.35.
83) 『麻衣相法』「十二宮」, "福德者 位居天倉 牽連地閣 五星 朝拱 平生福祿
　　滔滔 天地相朝 德行須全五福."

곳이 빛나고 윤택해야 아름다운 배필을 만나 혼인할 수 있다.

> 처첩궁이란 것은 어미에 위치하니 이름하여 간문이라 부른다. 윤택
> 하면서 빛나고 주름이 없으면 반드시 사덕을 갖추어 처를 지킬 것
> 이다. 고르게 꽉 차서 풍요로우면 장가들어 처를 맞이한 후부터 재
> 물이 상자마다 가득차고 관골이 우뚝 솟으면 처로 인하여 벼슬을
> 한다.[84]

처첩궁의 위치는 눈꼬리에서 귀밑머리가 난 곳의 위치로 눈꼬리
는 물고기 꼬리를 닮았다하여 어미(魚尾)라 하고, 그 옆 자리 귀밑머
리가 난 곳 까지를 간문[85]이라 하여 배우자와 이성운의 길흉을 판단
하는 자리이다.

다음으로 인당 바로 아래 산근에 위치하고 있는 질액궁은 질병과
횡액을 보는 곳으로 이곳이 풍만하면 편안한 상으로 볼 수 있다.

> 질액궁이란 것은 인당 아래에 있으며 산근에 위치한다. 풍만하게
> 솟아 있으면 아낌없는 조상의 도움이 있으며 인당과 바로 이어진
> 복서비(伏犀鼻)는 주로 문장이 탁월하다.[86]

이곳이 지나치게 꺼져 이마에서 콧대로 이어지는 선이 단절된 형
상이면 갖가지 질병과 고난이 따르는 상으로, 특히 41, 42, 43세의

---

84) 『麻衣相法』「十二宮」, "妻妾子 位居魚尾 號曰 奸門 光潤無紋 必保妻全四
德 豊隆平滿 娶妻 財帛盈箱顴星 侵天 因妻得祿."

85) 최형규, 앞의 책, p.93.

86) 『麻衣相法』「十二宮」, "疾厄者 印堂之下 位居山根 隆而豐滿 祖祿無窮 連
接伏犀 定主文章."

유년에 크게 변화가 있는 상이다.

토성(土星)인 코를 말하는 재백궁은 코끝 준두에서 좌우 콧방울인 난대(蘭臺)와 전위(殿尉)가 재백궁이다. 재성을 관장하는 부위이므로 콧대의 세력이 힘차게 융기하듯이 뻗어 내려오고 양쪽의 준두 또한 잘 받쳐주어야 한다. 재백궁은 지갑이나 금고에 비유하여, 튼튼하고 두둑한 형상이면 금전의 비축력이 좋다.

> 코를 재성이라 한다. 오행 중 토(土)의 기운이 머무는 곳으로 천창 지고 금갑(金甲) 이음(二陰) 정조(井竈)를 망라하여 재백이라 하니 모름지기 풍만하고 밝고 맑아야 재물이 넉넉하며 갑자기 깎인 듯 마르고 혼탁한 듯 어두우면 재물이 사라져 가난해진다. 절통비나 현담비는 하늘이 주는 창고가 만 상자나 되고 바르게 솟아 풍륭하면 일생동안 재물이 풍부하여 귀를 누린다.[87]

그리고 눈썹과 눈 사이의 부분(눈도 포함)을 가리키는 전택궁은 마음 씀의 깊이라든가 재산의 복록을 보는 곳으로 판단한다.

> 전택궁이란 것은 양쪽 눈에 있으며 최고로 두려운 것은 붉은 실핏 줄이 눈동자를 침범하는 것이다. 초년에 가족을 멀리 보내고 재물을 죄다 깨뜨리며 늙을 때까지 살 터전과 양식도 없다.[88]

---

87) 『麻衣相法』「十二宮」, "鼻乃財星 位居土宿 天倉 地庫 金甲 二陰 井竈 總曰財帛 須要豐滿 明潤 財帛有餘 忽然枯削昏黑 財帛乏消 截筒懸膽 千倉萬箱 聳直豊隆 一生財旺富貴."
88) 『麻衣相法』「十二宮」, "田宅者 位居兩眼 最怕赤脉侵睛 初年破盡家園 到老無糧作藥."

전택궁이 풍만한 사람은 품위가 있고, 이상도 높으며, 반드시 노력 이상의 성공을 거둘 수 있다.[89] 그러므로 좌우의 눈썹 아래 윗눈두덩이에 해당되는 눈 생김새 또한 맑고 수려해야 한다.

좌우 눈 아래 와잠(臥蠶)을 말하는 남녀궁은 광채가 나면 가정이 화평하며, 미혼의 여성은 배우자를 맞이하는 상으로 본다.

> 남녀궁이란 것은 양쪽 눈 아래에 있으니 이름 하여 누당이라 한다. 왼쪽 눈(남자를 중심)이 고르고 평평하면 복록 있는 자손으로 영화롭게 번창하고, 와잠이 은은하면 모름지기 맑고 귀한 아들과 함께 영위하게 된다.[90]

이곳은 마치 살아있는 한 마리의 누에를 닮았다하여 와잠이라 이름하고, 그 아래부위 손끝으로 눌러 뼈가 닿지 않는 곳을 누당이라 한다. 이 두 곳을 가리켜 자녀궁이라고도 하며 자식의 수와 현달함, 그리고 수태능력과 생식력, 출산기능으로 보기도 한다.

지각의 좌우에 위치하고 있는 노복궁은 단정하고 풍만해야 좋은 상으로, 아랫사람인 수하들과 좋은 관계를 유지하는 상으로 본다. 다음의 언급을 소개해 보도록 한다.

> 노복궁이란 것은 지각에 위치하고 수성과 아주 밀접하게 이어져 있으며 얼굴이 모나지 않고 둥글고 풍륭하면 임금을 섬기며 무리를 다스릴 것이요, 얼굴의 각 부위가 서로 도우면 한번 호령에 백사람이 승낙할 것이요, 입이 사자구이면 불러서 모으고 꾸짖어서 흩뜨

---

89) 李仁光 譯, 『觀相寶鑑』, 明文堂, 1978, p.85.
90) 『麻衣相法』「十二宮」, "男女者 位居兩眼下 名曰淚堂 三陽平滿 兒孫福祿 榮昌 隱臥蠶 子媳還須淸貴淚堂."

리는 권세가 있을 것이다.[91]

　노복궁의 살이 풍만하고 사마귀나 흠이 없는 사람은 자기를 위하여 힘써 주는 손아래 사람이 많아 사업이 순조롭게 진행되어 크게 성공한다.[92] 그것은 사회성을 보는 자리로, 풍만하고 부드러운 모습은 건강하고 에너지가 충만하며 아랫사람과 자손 운이 좋아 편안한 말년을 보낼 수 있는 상이다.

　　부모궁은 일월각을 말한 것이니 모름지기 원만하게 둥글고 높아야 하는 것이 중요하다. 밝고 깨끗한즉 부모가 건강하게 오래 살며 낮거나 꺼지면 어려서 부모를 잃어버리고 어둡고 칙칙하면 부모에게 질병이 있다. 왼쪽은 아버지를 방해하는 것이요 오른쪽은 어머니를 방해하는 것이다.[93]

　물론 특정한 부위가 따로 있는 것이 아니라 각 궁들을 다시 한번 전체적으로 본다는 상모궁(相貌宮)[94]은 얼굴의 전모를 지칭한 것이다. 즉 특정한 부분을 보고 어느 정도의 판단을 하고, 그 다음에 얼굴 전체에서 받는 느낌을 종합하는 것이다. 이처럼 십이궁은 안면 부위를 12곳에 배속하여 운명에 맞는 역할을 정해놓은 것이 특징이라고 할 수 있다. 이것은 현대의 정보화시대의 흐름에 맞추어 발 빠

91) 『麻衣相法』「十二宮」, "奴僕者 位居地閣 重接水星 顔圓豐滿 侍立成群 輔弼星朝 一呼百諾 口如四字 主呼聚喝散之權."
92) 李仁光 譯, 앞의 책, p.90.
93) 『麻衣相法』「十二宮」, "父母宮 論日月角 須要高圓 明淨則 父母長壽康寧 低陷 幼失雙親 暗昧 主父母有疾 左角 偏妨父 右角 偏妨母."
94) 최형규, 앞의 책, p.96.

르게 살아가야 하는 현대인들에게 꼭 필요한 현대적 관상학의 다양
함을 표현해 놓은 것이라 본다.

(3) 기색론

우리가 자주 언급하는 말로, 기색이 좋아야 건강해 보인다는 말을
한다. 『유장상법』의 「제종기색길흉해론(諸種氣色吉凶解論)」에서 기
(氣)가 생성되어 피부에 색(色)으로 드러나는 과정을 다음과 같이 설
명하고 있다.

> 무릇 기(氣)는 피부 속에서 생성되어 백일이 지난 후에 색(色)으로
> 나타나며, 그때서야 비로소 길흉화복에 반응하게 된다. 기가 좋은
> 사람이라고 하여 바로 운기가 좋다고 말할 수 없으며, 기가 막힌
> 사람이라고 하여 바로 운기가 불길하다고 말하지 마라.[95]

이처럼 기는 인체의 피부 안에서 생성되어, 백일이 지난 후에야
비로소 색으로 드러난다고 하였다. 기가 색으로 드러남에 의해 길흉
화복에 영향을 미치기는 하지만, 기의 좋고 나쁨으로 섣불리 운명을
판단해서는 안 된다는 신중한 입장이다.

『마의상법』의 「논기」에서 기에 대해 형체를 이루는 근본으로 보
았다. 기운의 깊고 얕은 정도에 따른 색을 관찰하여 사람을 분별하
였다.

---

95) 『柳莊相法』「諸種氣色吉凶解論」, "凡氣發於皮內 一白日後 發出爲色 方
    應吉凶 氣好莫卽言美, 氣滯勿就言凶."

기운의 깊음과 얕음을 보고 색을 살펴 성급함과 침착함으로 군자와
소인을 분별한다. … 시(詩)에 가로되 기(氣)는 형체의 근본이다.
현명함과 우둔함을 잘 살펴보아야 하니 소인은 매우 다급하고 군자
는 너그럽게 퍼져 나가기 때문이다.96)

기색의 드러나는 것에 대해 기운이 색으로 나타난다고 보았다. 정
신과 기가 깊고 순수한 사람은 형체의 근본이 안정되어 있다. 기가
너그럽고 고요하며 온화할 때 올바른 형체가 형성된다. 그로 인해
군자와 소인을 구별할 수 있게 되는 것이다.

『유장상법』의 「관기색법」에서는 기(氣)에 대하여 다음과 같이 설
명하고 있다.

기는 정신에 의존하는 것으로서 정신의 여분이며, 정신이 관통하는
것이 좋은 것이다. 기는 색의 근본이며, 안정적으로 깊게 숨겨져 있
어야 하고, 또 건장하고 충실해야 한다. 기는 먼저 얼굴 부위에 나
타나며, 그 다음에 사지로 나타나서 기가 한 달 동안 충족하면 비로
소 색으로 나타나게 되고, 색이 밖으로 나타난 후에야 비로소 길흉
화복을 판단할 수 있게 된다.97)

기의 근원에는 정신의 안정됨이 중요하다. 안정된 정신이 온전한
기로 드러난다고 보았다. 기는 얼굴 부위에 처음 나타나는 것을 시
작으로 전신의 사지에 나타나 한 달이라는 기간 동안 충족되어 색으

---

96) 『麻衣相法』「論氣」, "視其氣之淺深 察其色之躁靜則君子小人辨矣 … 詩
曰 氣乃形之本 察之見賢愚 小人多急躁 君子則寬舒."
97) 『柳莊相法』「觀氣色法」, "氣乃神餘 神貫爲妙 氣乃色之根本 最要安藏 還
宜壯實 先來面目之間 次到四肢之內 氣足一月方發爲色 色發在外 方定
吉凶."

로 나타날 때 이 기색을 통해 길흉화복이 결정되므로 판단할 수 있는 것이다. 그러므로 기와 정신의 관계는 서로 불가분의 관계로 영향을 주고받아 사람의 운명에 작용하는 것으로 보았다.

> 만약 기만 있고 색이 없으면 맞지 않고, 색만 있고 기가 없어도 영험하지 못하여 길흉을 정확하게 판단할 수가 없게 된다. 색이 있고 기가 없는 것은 '흐트러진 빛'이라고 하며, 이러한 사람은 선천적으로 부족하다. 기가 있고 색이 없는 것은 '숨어있는 것'이라 하며, 오직 해당되는 색이 나타난 후에만 만사가 형통할 수 있게 된다. 따라서 기가 있고 색이 없는 것이 오히려 괜찮은 편이고, 색이 있고 기가 없는 것은 좋지 못하다. 요컨대 기와 색이 서로 어우러져야만 길흉을 확실하게 추단할 수 있게 된다.[98]

기와 색이 조화롭게 드러날 때 정확하게 길흉을 판단할 수 있게 된다. 이 두 가지가 조화를 이룰 때 바른 사람으로서 살아갈 수 있게 되고 운세 또한 형통할 수 있게 된다. 기색이 모이는 중이라면 비록 색이 어둡다 해도 일은 그와 같지 않아 기색이 밝아져서 성공을 바랄 수 있다. 기색이 모이는 힘이 크면 일 년간 흥성할 수 있고, 그 힘이 적다면 한 두 계절의 흥성이 있게 된다.

> 무릇 사람의 마음속 기색은 얼굴에 나타나는데, 이를 정신이라 한다. 사람의 마음속이 얼굴에 표현되면 정감은 눈빛에 나타난다. 그러므로 어진 이의 눈빛은 정순하고 단아하며, 용감한 사람은 눈빛은 강렬하다. 그러나 이 둘은 모두 한편에 치우진 재능으로서, 내재

---

98) 『柳莊相法』, "氣無色不驗 色無氣不靈 有色無氣爲散光 終須不足 有氣無色爲隱藏 待發方通 寧可有氣無色 不可有色無氣 吉凶方準."

된 재질 중에서 특별히 두드러진 특징이 표출된 것이다. 그러므로
이 두드러진 재질이 정순하지 않으면 일을 해도 완벽하기 어렵다.
… 그러므로 사람이 태어나면 형체와 용모를 갖게 되고, 형체와 용
모는 내재된 신(神)과 정(精)을 갖고 있다. 정과 신을 이해할 수 있
으면 사물의 이치와 인간의 본성을 파악할 수 있다.[99]

기색과 정신과의 관계를 『인물지』의 「구징(九徵)」에서 마음속의
정신이 기색으로 얼굴에 나타난다는 것이다. 그리고 눈빛으로 성정
이 파악되고, 형체와 용모 속에 신과 정이 내재되어 인간의 본성의
파악이 가능하다고 보았다.

설사 피부 바깥에는 색이 나타났지만 피부 안쪽으로부터 윤택한
기가 없는 것, 만면이 흰하기만 한 것, 얼굴에 흑·백·청·황·자
색 등 여러 색이 여러 군데 나타나는 화잡(花雜)의 경우는 모두 기색
이 흩어지는 것이다. 그리고 기색의 밝은 가운데 어두움이 나타나
자라나는 경우, 얼굴색은 밝고 윤택한데 손바닥 기색이 없는 경우,
얼굴은 밝은데 귀, 코의 기색의 어두운 경우도 기색이 흩어지는 중
이다. 이처럼 기색이 흩어지면 크게 실패하게 된다. 상법에서도 기
에 의해 드러나는 색으로 길흉화복을 논하였다.

정기는 단전에서부터 발생하는데 가슴이나, 오장, 신장 또는 방광
등 한 부위(궁)에서 발생하면, 오래 가지도 않고 단단하지도 않다.
온 얼굴에 건강한 색이 가득한 것은 운이 열려 복이 온다는 것을
미리 알리는 것이다.[100]

---

99) 『人物志』「九徵」, "夫色見於貌 所謂徵神 徵神見貌 則情發於目 故仁目之
精 慤然以端 勇膽之精 曄然以彊 然皆偏至之材 以勝體爲質者也 故勝質
不精 則其事不遂…故曰 物生有形 形有神精 能知精神 則窮理盡性."

일반적으로 어두웠던 기색이 밝아지면 좋은 일이 있게 되고, 밝았던 기색이 어두워지면 근심이 있게 되는 것은 모두 어지럽게 변화하는 기색에서 원인을 찾을 수 있다. 그러므로 잠시 동안 머무는 좋은 기색은 아름답다고 할 수 없다. 하루 만에 홀연히 변하거나 3~4일 만에 변하는 기색은 모두 좋지 않으며 밝기만 한 기색도 좋지 않다. 이는 모두 기색의 뿌리가 평온치 않음이 기색으로 나타나기 때문이다.

(4) 오행관상법

동양학의 모든 사상적 근간은 음양오행설에서 비롯되었다고 해도 과언이 아니다. 음과 양, 음양과 오행은 서로 별개인 듯 하면서도 함께 공존하며, 음양은 오행보다 근원적인 개념으로 오행은 음양의 기(氣)를 포함하고 있다. 즉 음양과 오행은 서로 다르면서도 한 몸처럼 항상 같이하며 동양학의 기본을 이루고 있다.

오행은 우주 만물을 구성하고 있는 목·화·토·금·수의 원기로서 항상 변화의 여지를 가지고 있다. 우주는 유·무형의 상이 해당되는 광범위한 형상 체계인 오기(五氣)를 지니고 있으며, 모든 존재는 이 오행의 원리에 귀착되지 않는 것이 하나도 없다.

세상의 존재하는 많은 것들 중에서 오직 인간만이 우주의 기운인 오기(五氣)가 운행되고 있으므로 동양학에서는 인간을 소우주로 본다. 고대 상서인 『유장상법』에서도 오행에 대해 "세상의 모든 일과 모든 만물을 생성하는 원리이며, 우주에 있는 온갖 사물과 현상의 근원이다"[101]라고 하였다. 이에 상학에서 오행의 형상과 관련지어

---

100) 『柳莊相法』, "氣內丹田之發 或胸或臟或腎或膀胱一宮之發 不久不堅 滿面容壯 方言發福."

오행인의 얼굴형으로 분류하고 성격의 특징을 설명하는 것은 오행에 함의된 속성과 성정의 범주에 속하기 때문이다. 특히 오행의 오기(五氣)와 오성(五性)의 표상적 의미는 얼굴 유형과 성격의 특징을 분석하는 방법론과 매우 밀접한 관계가 있는 것이다. 이러한 오행에 함의된 속성은 대체로 두드러지는 것을 의미하는 것이며 어느 하나의 특정 오행으로 단정지어 분류하기는 어렵다.

여기에서 오행의 다섯 가지 사물이란 오행의 각기 다른 특성이 인체와 서로 응하여 뼈·근육·기운·피부·피 등으로, 이는 다섯 가지 성분을 결정한다. 사람의 형체는 바로 오행이 외부로 드러난 것임을 의미하고 뒤이어 오상(五常)은 각기 다섯 가지의 덕으로 구분되어 배열된다고 보는데, 이것은 오행의 실질적인 속성이 각각 인·의·예·지·신의 오상으로 나타나 다섯 가지 도덕적 품성이 정해진다는 것을 뜻한다. 즉 오행에서 골(骨)·기(氣)·기(肌)·근(筋)·혈(血)의 오상으로 연결되고, 이 오상은 다시 홍의(弘毅)·문리(文理)·정고(貞固)·용감(勇敢)·통미(痛微)의 다섯 가지 성격과 조화를 이루어 변화한 후, 인·의·예·지·신의 오상과 관련하여 외형으로 나타나서 사람의 도덕적 품성을 결정한다는 것이다.[102] 이는 오행의 기운인 목·화·토·금·수의 기가 사람의 신체 및 정신에 적용되어 나타나는 상으로 분류한 것이다.

이러한 맥락에서 고대 『마의상법』을 재구성한 「신인교정증석 합병마의선생 신상편목록」편에 오행형으로 관상을 분류한 부분이 있으며, 『마의상법』에서 「오행형」을 다음과 같이 구별하고 있다.

---

101) 『柳莊相法』, "生物之理 萬象宗焉."
102) 김연희, 앞의 논문, p.57.

목형인은 여윈 듯 마르고, 금형인은 모가 난 듯 하며, 수형인과 토형인은 살집이 있어야 한다. 토형인은 등이 두터워 거북이 등 같아야 한다. 위가 뾰족하고 작으며 아래가 넓으면 화형인이라 하니, 오행의 유형을 자세히 헤아려야 한다.103)

이를 정·기·신에서 고려하면 정이 결합한 후 신이 생겨나고 신이 생겨난 후 형상이 온전하게 되었다. 외형에서 완전하게 알 수 있는 것은 금·목·수·화·토의 상과, 『마의상법』으로부터 영향을 받은 『유장상법』에서도 오행관상에 관해 논하고 있는 것이다. 오행에 따라 사람을 분류하고 그에 따른 체상의 특징을 설명하였다. 『마의상법』에서 바람직한 상은 고유의 오행인의 특징이 나타남이 좋다고 하였다.

무릇 사람은 수(水)에서 정(精)을 받고 화(火)에서 기(氣)를 받아 사람의 형체가 되는 것이다. 정이 결합한 후 정신이 생겨나고, 정신이 생겨난 이후에 바른 모양이 이루어지니 온전하게 갖추어 바깥세상에 나온 모습을 보고 비로소 알 수 있게 되는 것은 금·목·수·화·토의 형상과 나는 새나 달리는 짐승의 모습인 것이다.104)

위의 언급을 보면 사람이 형체를 갖추고 태어나는 과정을 음양오행의 원리로 설명하였다. 『유장상법』에서는 이를 근거로 오형인의 상을 좀 더 구체적으로 서술하였다.

---

103) 『麻衣相法』, "木瘦金方水土肥 土形敦厚背如龜 上尖下濶名爲火 五樣
人形仔細推."
104) 『麻衣相法』, "夫人 受精於水 稟氣於火而爲人 精合而後神生 神生而後
形全 是知全於外者 有金木水火土之相 有飛禽走獸之相."

한편 원충철[105])은 명나라 시대에 활동했던 관상가로 그가 지은 대표적인『유장상법』의「논형설」에서 사람의 형상을 오행에 배속시켜 설명하였다. 그리고『마의상법』의「오형상설」에서는 오행인의 상을 포괄적인 개념으로 서술하였으며,『유장상법』「논형설」에서는 오행인의 형상을 표현하는데 있어 체상과 더불어 이목구비와 사지의 형태까지도 구체적으로 논하였다. 이에『마의상법』과『유장상법』에 제시된 오행형의 특징을 중심으로 다음과 같이 분류하였다.

> 금형인은 작은 듯 체구가 맑고 단정하고 모가 난 듯 반듯하여야 한다. 모양이 짧다면 부족한 것이다. 살비듬은 단단하고 넉넉하게 여유가 있어야 한다. 시(詩)에 가로대 부위에서 가장 중요한 것은 가운데가 반듯하여야 하니 삼정을 갖추고 모가 나면 금형인의 체격을 갖추었으니 스스로 그 이름을 드날릴 것이다.[106])

실제 금형인의 상은 상정과 중정, 하정의 비율이 거의 같은 정사각형의 얼굴형이다. 강직하고 금석의 치밀한 성격을 닮아 옳지 못한 일에는 비판적이다. 신체적으로 어느 한 부위만 짧다든지 할 경우 부족한 상으로 본다. 금형은 아담하지만 단단한 체형으로 음성 역시

---

105) 袁忠徹(1377~1459) : 柳裝相法의 저자로 명나라 때의 관상가로, 자는 靜思이고 호는 柳裝이다. 명나라(永樂黃帝, 1402~1424)때 尙寶司小卿을 거쳐 中書舍人의 관직에 있을 당시 황제와 나눈 대화를 정리하여 집필한 것이 곧「永樂百問」이다. 영락황제는 이「永樂百問」을 읽고 지혜로운 방법과 이치를 터득한 후 많은 그 어떠한 상법도 이 유장상법의 신기함과 오묘함에는 비견될 수 없다고 극찬하면서 '柳裝'이라는 호를 직접 내려주었다. 유장상법의 원본은 현재 존재하지 않는다.

106)『麻衣相法』, "金形 淸小而堅 方而正形短謂之不足 肉堅謂之有餘 詩曰 部位要中正 三停又帶方 金形人入格 自是有名揚."

맑고 깨끗하여 윤택한 여운을 남긴다.

> 목형인은 몸이 곧고 길며, 눈동자는 맑고 입은 크며, 신(神)이 충만
> 하다. 목형인 사람은 몸이 기울어지고 깎여서는 안 되며, 비뚤어지
> 지 말아야 하고, 여위고 움푹 들어가지도 않고, 깨진 목소리를 내지
> 않아야 한다. 만약에 허리가 둥글고 몸이 단정하여야 비로소 동량
> 이 될 수 있으며, 몸이 비뚤어지고 얇으며 작고 이지러지면 소인의
> 상이다.107)

  결과적으로 목형인의 전형적 모습은 몸이 반듯하게 쭉 뻗은 나무
의 모습처럼 굽지 않아야 한다. 그리고 팔다리가 길고 눈썹과 눈이
수려하며 이목구비가 준수하다. 목형의 상은, 형태가 느긋하고 허리
가 꼿꼿하고 신체의 상부가 넓은 느낌이 든다. 자연과 나무가 무성
하다는 의미가 있기 때문에 목형의 상이라고 한다.

> 수형인은 골격이 곧고 바르며, 살집은 알차고 피부색은 희고 윤택
> 하며, 몸은 드러나고 얼굴은 들어가서 몸의 주름으로 보면 엎드려
> 있는 것 같고, 얼굴 쪽에서 보면 우러러 보는 것 같으니, 배와 궁둥
> 이가 커야 비로소 수형인 사람이다.108)

  수형의 상은 입과 엉덩이와 배가 크고 신체 전체가 비만한 형으로
수기(水氣)를 가지고 있는 것처럼 보인다. 문자 그대로 물의 이치를

---

107) 『柳莊相法』, "凡木形人宜聳脩長 睛淸口闊 神足 不偏削 歪斜 枯陷 聲
    破 如腰圓體正 方可棟樑 偏薄虧削 小人之相."
108) 『柳莊相法』, "凡水形要骨正肉實 色白帶潤 體發面凹 紋看如伏 面觀如
    仰 腹大臀大 方是水形."

가지고 있기 때문에 수형의 상이라고 한다.[109] 수형인의 상에서는 수형인 특유의 살집이 많아 둥글둥글한 체형의 항아리 모양의 상으로, 조용하고 걷는 모습은 땅을 보며 구부정하게 걷는다.

다음으로 화형인의 상에 대하여 살펴보도록 한다. 『마의상법』에서는 다음과 같이 언급하고 있다.

> 화형인은 위는 뾰족하고 아래는 넓으며 위는 날카롭고 아래는 풍륭하고, 그 성품이 참을성 없이 매우 급하게 일렁이고 붉은 색이 위를 향하여 타 오르는 듯 하여야 참된 화형인이다. 시(詩)에 가로대 화형인의 모습을 알고자 하려면 머리 위는 좁으며 아래는 넓은 것이다. 모든 행동에 규정이 없고 턱과 변지에 털이 적게 나있다.[110]

이처럼 화형인은 살집이 얇고 뼈가 드러나 보여 안정되지 못하고 날카로운 느낌으로, 자연과 불의 이치를 갖춰 화형의 상[111]이라고 한다. 화형인은 불꽃모양의 형상으로 날렵하게 생기고 기색이 약간 붉은 색을 띨 수 있다.

화형인의 경우 또한 형체가 불꽃모습의 형태로 코도 뾰족하고 입술이 얇으며 귀의 윤곽이 튀어나왔고, 칼귀의 형태가 많다. 오행인 중에 가장 욕심이 없으며 싫고 좋은 것이 분명하여 안팎이 환히 보인다. 급한 성품이지만 열정이 많으며 기회가 있으면 놓치지 않는 과감한 행동으로 성공을 이끌어낸다.

이어서 토형인의 경우는 다음과 같은 특징이 있다.

---

109) 김현남 편역, 『관상』, 2015, p.89.
110) 『麻衣相法』, "火型 上尖下濶 上銳下豊 基性 燥急 騰上色赤 火之形也 詩曰 欲識火形貌 下濶上頭尖 擧止全無定 頤邊更少髥."
111) 김현남, 앞의 책, p.89.

토형인은 몸이 비대하고 두터우며, 얼굴 부위가 풍만하며, 등은 높게 솟아있으며, 피부는 검고, 목소리는 우레와 같이 우렁차며, 목은 짧고 머리는 둥글어야, 바로 이러한 특징을 가진 사람이 진정한 토형이다.112)

토형의 상은 뼈가 굵고 마디들이 짧고 그 자세는 강도 같은 느낌이 든다. 이것은 스스로 땅의 이치를 포함하고 있으므로 토형의 상이라고 한다.113) 살집이 두터운 토형인의 상에 있어서, 피부는 땅의 기운을 닮아 황색으로 표현될 수 있으며 후덕하고 재복이 많아 부귀한 상으로 볼 수 있다.

이처럼 인상학에서 오행의 형상과 관련지어 오행인의 얼굴형으로 분류하고 성격의 특징을 설명하는 것은 오행에 함의된 속성과 성정의 범주에 속한다. 특히 오행의 오기(五氣)와 오성(五性)의 표상적 의미는 얼굴 유형과 성격의 특징을 분석하는 방법론과 매우 밀접한 관계가 있는 것으로 보인다.114) 이러한 오행에 함의된 속성은 대체적으로 특징지어지는 것으로 단정지어 분류하는 것은 어렵다.

위의 언급을 참조할 때, 오행의 상은 하나의 상이 아니라 다른 오행의 상과 혼재하기 때문에 상을 봄에 있어서 주의해야 한다. 옛날 상서에는 상극은 나쁘고 상생은 좋은 것이라 했다.

---

112) 『柳莊相法』, "凡土形 肥大敦厚 面重實 背高皮黑 聲大如雷 項短頭圓 乃眞土也."

113) 김현남, 앞의 책, p.89.

114) 강선구, 『얼굴類型과 性格間 關係에 대한 人相學的 硏究』, 동방대학교 대학원 박사학위논문, 2010. p.63.

〈표 4〉 오행형의 표상에 따른 분류[115]

구분	木形	火形	土形	金形	水形
얼굴형	푸른색의 얼굴에 긴 형의 상이다.	붉은색의 얼굴에 위가 뾰족하고 아래가 넓은 상이다.	누런 황색의 얼굴에 넉넉하고 후한 상이다.	백색의 얼굴에 모가 나고 단정한 상이다.	검은색의 얼굴에 살이 많아 둥근 상이다.
오행상					
체 상	여원 듯 말랐으며, 몸이 곧고 키가 크다.	어깨, 등, 둔부, 복부가 튼실하고 등에 살이 두텁다.	몸이 두툼하고 살집이 좋으며, 상하체가 조화를 이루고 건실하다.	왜소하나 단단하다.	얼굴형과 체형이 전체적으로 둥글둥글하다.
성 정	재주 있고 생각이 많으며, 매사 걱정이 많다(온화, 유연, 정직, 순종적, 진취적).	기백이 있어 재물을 경시하며 신의가 부족하고 사리에 밝으며, 성격이 급하다. 지모가 뛰어나 임기응변에 능하다(성실, 정정당당, 의심, 용감, 낙천적).	마음이 안정되어 남을 잘 돕고, 성실하며, 권세를 탐하지 않고, 남의 의견에 잘 따른다. 심중을 헤아리기 어렵고 신의가 있으며, 인간관계를 중시한다(온순, 쾌활, 원만, 확고).	조급하고, 과단성이 있으며, 강건하다. 청렴결백하여 사욕이 없고 의지가 굳어 관리 직분에 적합하다(소탈, 시비판별, 위엄).	유연한 사고로 다방면에서 적극적이다. 고요하면서도 동적이다(득의양양, 유연함, 융통성, 침착성).
오행의 기	曲直 春氣, 生長 發生	炎上 夏氣 發散 繁茂 燒灼 分裂 急變	稼穡, 陰陽교체기의 중립적인 氣 中和 生化 統合	肅殺 秋氣 變革 收斂 堅剛	潤下 冬氣 滋潤 蓄藏 寒冷 統合

---

115) 이정욱, 『심상관상학』, 천리안, 2006, p.87. (그림인용)

그러나 그 영향의 다소에 따라 극한 뒤에 생하기도 하고, 생한 뒤에 극하는 경우도 있어 오행의 상생과 상극의 이치를 확장하여 상법에 적용하였다.

오행의 상이 여러 가지가 섞여 있으므로 상생상극의 원리를 잘 이해하면 평생의 운이 좋고 나쁨을 판단하는 오행의 체용에 관해서도 자세히 서술하면서 과거의 상법에 비해 더 구체화시켰다. 결국 오행의 상생과 상극의 관계를 넘어 생극제화의 이치까지 확장되어 해석되고 있는 부분들이 상학과의 연관성이 있다고 판단된다.

3) 제왕의 상학적 특징

제왕의 상에 대해 고대 기록에서는 어떻게 표현하고 있을까? 고대 기록에서는 왕의 상을 일반인과 다른 비범함이나 신성함을 부각시켜 상징적으로 표현하고 있다. 그렇다면 조선시대 어진을 통해 실제 제왕의 상이 기록과 부합되는지에 대한 확인이 필요하다. 조선시대 현존 어진 속의 왕은 그 모습에서 비범함이나 신성함을 느낄 수 있는 상으로 일정 부분은 표현되어 있었으나, 일반인에 비해 확연히 대별되는 신비로운 상은 아니었다. 그럼에도 어진 속 왕의 모습은 반듯한 자태로 위엄이 느껴져 일반인과는 구별되는 귀한 신분으로 표현되었다.

우리가 의례적으로 생각하듯이 제왕의 상이라는 것은 일반인과 확연히 다른 완벽에 가까운 상으로 마치 신화 속의 영웅처럼 고대 사람들은 생각하였다. 그렇다면 완벽에 가까운 상이란 어떠한 상인가에 대한 의문이 제기된다. 상학에서는 삼정(三停)이 균등하고 오악(五嶽)이 바로 솟았으며 깊은 사독(四瀆)으로 모든 상에 있어 균형과 조화가 완벽하여 하늘과 땅과 사이에 천지를 운용할 수 있는 반듯한 제왕의 상을 이상적으로 추구한다. 그러나 조선시대 왕이 된다는 것은 역사적 사실을 통해 알 수 있듯이 태중에서부터 왕위 찬탈 과정이라는 많은 역경을 극복하고 왕위에 오르게 된다. 이러한 이유로 태중 당시 이미 권력의 암투 속에서 형성되기 때문에 어느 부분에서 상이 온전하지 않은 채로 태어나게 되는 것이다.

그렇다면 조선시대 현존 어진을 통해서 과연 우리가 생각해왔던 것처럼 왕의 모습이 진정 제왕의 상에 근접했는가의 본질적인 의문이 생긴다. 다음의 언급을 보도록 한다. "오악인 이마, 양 관골, 턱, 코가 높이 솟고 넓으면 평범하게 태어난 사람이 아니다"[116]라고 하여, 제왕의 상의 특징으로 상학적인 균형과 조화의 중요성을 보여준다. 오악의 골의 형상이 뚜렷하면 일반인보다 뛰어난 역량을 지닌 비범한 사람으로 본 것이다. 그중에서도 오악에서 왕의 격에 해당되는 코가 가장 융성해야 하고, 나머지 사악은 신하의 격에 해당되어 코를 향해 조응해야 되는 것이다.

제왕의 상에서 특히 주목되는 것으로 부귀는 어떻게 언급되는 것인가? "부자는 자연히 몸이 후하고, 귀한 자는 형체가 빼어나다"[117]고 한 것에서 제왕의 상은 형체의 중후함보다는 형체를 반듯하게 잘 관리하는 것이 중요하다. 『마의상법』에서도 "복서골이 정수리와 연결되어 있으면 일품왕후이다. 인당으로부터 시작하는 골격이 솟아 뇌로 들어가는 것을 복서골이라고 말하니 주로 큰 귀(貴)를 누리게 된다"[118]라고 하여 귀한 사람의 상에 대해 언급하였다.

---

116) 『神相全篇』, "五嶽兩顴額鼻頦 高隆開闊非凡胎."
117) 『神相全篇』, "富者自然體厚 貴者定是形殊."
118) 『麻衣相法』「麻衣先生石室神異賦」, "伏犀貫頂 一品王侯 註云 若有骨 自印堂 聳入腦 者曰伏犀 主大貴."

다음으로 부귀는 물론 수명에 대한 언급도 주목을 끈다. 제왕의 경우 어떻게 접근되고 있는가를 살펴보도록 한다.

『광감집』에서는 귀가 커서 4치로 높이 솟아 어깨까지 늘어지면 대귀하고 장수한다고 한다. 촉한의 유방은 먼저 임금이 되었으니 귀에 긴 털과 수주가 내려 눈으로 그 귀를 돌아보았다. 송 태조는 입이 모지고 귀가 컸다"[119]라는 기록에서 장수요인에 대해 일반인과 다른 특징적인 상에 대해 구체적으로 묘사하고 있다.

> 고요히 움직이지 않으나 보면 위엄이 있는 것을 옛스럽다 하고, 맑고 투명하여 관통하고 보면 사랑스러워 보이니 그것을 빼어나다 말하고, 맑고 고요하여 보아서 신이 없는 것 같으면 그것을 간직했다고 말하고, 맑고 빛나서 보아 눈이 빛나면 그것을 아름답다하니 이런 상은 공경이나 귀인이 되지 않음이 없었다.[120]

『신상전편』「인상편채 총론」에서는 귀한 신분의 상에 대해 여러 각도에서 느껴지는 분위기를 구체적인 표현으로 설명하였다.

다음으로 『마의상법』에서도 언급하듯이 금성골이 나뉘면 장상의 위치에 오른다.[121] 금성골은 인당에 높이 펼쳐진 다섯 손가락 모양이 발제까지 이어진 것을 말하는 것이다. 이 금성골이 존재하면 주로 크게 귀하여 높은 지위에 이른다고 보았다.

---

119) 『神相全篇』「採聽官」, "『廣鑒集』云 耳大四寸 高聳垂肩者 主大貴壽長
　　蜀劉先主 耳毫垂肩 目顧其耳. 宋太祖口方耳大."
120) 『神相全篇』「人相篇採 總論」, "然而寂然不動 視之有威 謂之古 澄然瑩
　　徹 視而可愛 謂之秀 朗然沈靜 視若無神 謂之藏 煥然光彩 視而爍目
　　謂之媚 人得此相 未有不爲公卿 未有不爲貴人也."
121) 『麻衣相法』「石室神異賦」, "金城骨分 卽登將相."

귀한 상은 반드시 그 유래가 한 가지만이 아니다. 혹은 자신이 스스로 수련하여 얻은 상도 있고, 혹은 태어날 때 신이 부여한 천생적인 상도 있으며, 혹은 하늘의 별자리가 인간 세상에 내려와 준 상도 있고, 혹은 신선이 태아로 변하여 생겨난 상도 있다. 귀한 상을 가진 사람은 정신이 맑고 깨끗하며 골격은 두텁고 깨끗하고, 의지가 굳고 바다와 같이 넓어서 그 누구라도 가히 알 수 있는 상이다. 앉아 있을 때 신기가 안정되면 반드시 큰 공을 세우는 신하가 되는 상이다."[122]

그리고 제왕의 상을 관찰함에 있어서 오악 중 하나라도 높지 않다면 격국이 형성되지 않아, 귀한 상이 아니라고 보았다. 이마인 천정과 턱인 지각 부위가 서로 향하여 마주 보지 않거나 깎여있어도 귀한 상이 아니다. 관골은 높아야 하지만 다른 곳과 조화를 이루어야 좋은 것이다. "용의 머리는 뼈가 튀어나오지 않고 높이 솟은 모습이다. 봉황의 눈은 두 눈이 가늘고 길며 흑백이 분명하면서 광채가 있다. 현령은 이런 상을 지녔으므로 당 태종 때 재상이 되었다."[123] 이처럼 귀한 벼슬을 하는 사람의 상은 전설 속에 등장하는 신비로운 용이나 봉황과 같은 상징물로 설명하고 있다.

제왕의 상은 일반인에 비해 귀한 신분이기에 그 위상에 어울리는 상이다. 고대 상학을 통한 제왕의 상에서는 일반인과 다른 신비로운 상징성을 표현하고 있지만, 조선시대 어진을 통해서 본 왕은 일

---

122) 『柳莊相法』「貴相」, "貴相之來固非一 或自自修來或神匱 或是星辰謫降靈 或自神仙假胎息 精神澄徹骨隆淸 剛毅汪洋誰可識 坐時神氣穩 須作大功臣."
123) 『麻衣相法』「石室神異賦」, "龍腦者 頭骨巍巖高起而顯露 鳳睛者 兩目細長 黑白分明 而光彩也 房玄齡有 此相 唐太宗時 用之爲相."

반인에 비해 귀한 상으로 표현되었다. 다만 왕의 재위시기의 상황에 따라 정·기·신의 안정감에 있어 차이가 있었다.

> 신(神)이 안정된 사람은 오직 군자라고 불리어지며 깨어 있을 때는 신이 눈에서 놀고 잠잘 때는 신이 마음에 머무르니 신이 나가고 물러나며 다스리는 모양이 겉모습의 생김새가 된다. 신이 마음에 머물고 있으니, 형상은 신으로부터 나타나는 것이니 형상은 겉모습이 된다.[124]

이처럼 제왕의 상에 있어 가장 중요한 것이 정·기·신의 조화에 따른 안정감으로 어떠한 난관 하에서도 주도적으로 극복할 수 있는 저력이 되는 것이다. 하지만 더 이상 고대의 왕처럼 상징적 의미의 상보다는 현실적으로 자신의 내면과 외형을 잘 관리하여 통치의지 및 경영철학이 잘 드러나야 한다. 그러기 위해서 처해진 그 시대의 환경변화에 부합하는 지도자의 상이어야 상학의 현대적 가치가 부각될 것이다.

2. 어진의 상학적 분석

조선시대 국왕은 국권을 소유한 절대자로서 다양한 형태의 표현으로 제왕의 상징성과 위상을 드러냈다. 그 상징성에는 국왕에 대한 존엄과 동시에 국왕에 대한 기대도 포함되므로 왕의 초상인 어진은

---

124) 『麻衣相法』「論神」, "能安其神 其惟君子乎 寤則神遊於眼 寐則神處於心 是形出處 於神而爲形之表 寐則神處於心, 是形出處於神, 而爲形之表."

왕을 직접 떠올릴 수 있는 매우 구체화된 기록화 형태의 예술작품인
것이다.[125] 어진의 상징성을 전제로 상학과의 인문학적 통섭의 시도
는 다양한 시각으로 왕과 왕조를 조망할 수 있게 해 준다. 한 예로
새로운 어진이 발견되었을 때 그 전에 가지고 있던 왕에 대한 편견
의 시각을 다른 각도로 살펴볼 수 있는 계기가 된다.

그렇다면 조선시대 왕의 초상인 어진을 통해 우리는 어떠한 정보
들을 알 수 있는가? 가장 중요한 정보로서 초상화에서 요구되는 것
은 역사적·문화적 증거로서의 인물 존재가 아니라 회화적 진실을
담은 산 인간의 성정이 표현되어야 하며, 이로써 작가의 능력은 역
사적 고증의 충실성 대신에 직관적 통찰력으로 평가받게 되었다.[126]
즉 일반적 초상화와 같이 어진 속 대상인물인 왕의 성정과 위엄을
사실적으로 가장 잘 표현할 때 비로소 그 가치가 제대로 발현되는
것이다. 조선시대 어진은 그 어떤 회화작품보다 제왕의 표현에 있어
사실적 묘사에 주력하였음은 앞서 기록들을 통해 살펴보았다.

이러한 특징은 조선시대 어진을 상학이론에 근거하여 연구함에
성정을 분석할 수 있는 근거가 되며, 여러 정보들을 유추할 수 있는
단서가 될 수 있다.

상학에서 외부로 드러난 형질로 내재적인 성정을 파악하는 것은
인간의 내재적 성향과 외재적인 형상이 서로 유기적인 관계이기에
가능하다고 본다. 『인물지』에서는 사람의 성정이 형성되는 이치를
다음과 같이 설명하고 있다.

---

125) 정재훈, 앞의 책, p.12.
126) 조선미, 『초상화 연구』, 문예출판사, 2007, p.424.

대저 사람의 근본은 정(情)과 성(性)에서 나온다. 정과 성의 형성되고 변화하는 이치는 참으로 미묘하고 현묘하니, 성인의 통찰력이 아니면 누가 능히 그 참뜻을 탐구할 수 있겠는가? 모든 혈기가 있는 생명은 천지의 기운을 받아 형질을 형성하고, 음양의 기운을 부여받아 성과 정을 확립하며, 오행의 특성을 체현하여 형체를 드러내지 않는 것이 없다. 그 때문에 오행의 형질을 이해하면, 나아가 사람의 내재된 정과 성을 탐구할 수 있게 된다.[127]

인간의 원래 바탕은 자연의 원기에 의해 형성된 후 음양의 기운에 따라 성과 정이 확립되며, 이것이 오행에 의해서 사람의 각기 다른 형질이 결정된다는 뜻이다. 각기 결정되어 나타나는 형질을 통해 사람의 성정이 결정되는 것이다.

사람의 모든 성정은 아홉 가지의 특질(신, 정, 근, 골, 기, 색, 의, 용, 언)을 통해 드러난다. 성정의 균형과 치우침의 근본은 신태(神態)로 표현되고, 총명과 우매의 근본은 정기(精氣)로 표현된다. 용감과 비겁은 근육에 의해 결정되고, 강인함과 유약함은 골격으로 결정된다. 성격의 조급함과 안정감은 혈기에 의해 결정되고, 근심과 기쁨의 정감은 안색에 표현되며, 흐트러짐과 단정한 형태는 의표에 의해 드러나고, 간사함과 정직함의 변화는 얼굴에 나타나며, 느긋함과 조급함의 상태는 말투에 나타난다. 사람됨에 있어 품성이 소박하고 담백하여 안으로 총명하고 지혜롭고 밖으로는 밝고 명랑하며, 근육은 튼튼하고 골격이 단단하며, 목소리는 맑고 안색에는 미소를 띠며, 의표는 정중하고 용모는 단정하여, 아홉 가지 특징을 모두 갖추고 있는 사람이 바로 순수한 품격을 지닌 사람이다.[128]

---

127) 『人物志』「九徵」, "蓋人物之本 出乎情性 情性之理 甚微而玄 非聖人之察 其孰能究之哉? 凡有血氣者 莫不含元一以爲質 稟陰陽以立性 體五行而著形 苟有形質 猶可卽而求之."

위의 언급처럼 성정이 다양한 특질로 표현되고 있다. 이는 일면적으로 조선시대 현존 어진을 대상으로 하여 제왕의 성정을 분석하는 기반이 될 것이다. 조선시대 어진에 대한 상학 연구를 함에 있어서 전체적인 상학 이론에 근거한 적용이 가능한 일반인에 비해 왕이나 최고 경영자인 경우 일반인과 확연히 다른 상학적 시각과 관점이 있을 것으로 본다. 한 가정을 넘어 국가 전체 또는 세계를 경영할 지도자에게 일반인과 같은 상학이론을 적용하는 것에는 한계가 있다. 가장 중요한 부분으로 정·기·신의 분석이 무엇보다 중요한 요소로 작용한다는 것이다.

이러한 맥락에서 어진의 상학적 연구는 대상인물인 왕이 취한 체상의 표현을 통해 전체적인 상을 살피는 것을 우선으로 한다. 상학 이론에 근거하여 인간의 상을 외재적 형상에 따른 기질과 정신 상태에 따라 여덟 가지 유형으로 분류한 '관인팔법(觀人八法)'과 '오관(五官)'을 기준으로 왕의 성정분석을 할 때 가장 포괄적으로 확인할 수 있으므로 그 기준을 삼았다. 안면의 세부 분석에 있어서는 삼정의 균형과 오악과 사독의 조화를 중심으로 안면십이궁에 있어 주요 특징적인 궁(宮)을 참고하였다. 세밀하게 표현된 안면 묘사를 통해 제왕의 이목구비 형태의 주요 특징을 상학이론에 근거하여 성정과 기질을 살펴볼 것이다. 제왕의 통치시기에 따른 업적을 분석함에 있어 '유년운기부위'를 참고하였다.

---

128) 『人物志』「九徵」, "性之所盡, 九質之徵也. 然則 平陂之質在於神, 明暗之實在於精, 勇怯之勢在於筋 彊弱之植在於骨 躁靜之決在於氣 慘懌之情在於柱色 衰正之形在於儀 態度之動在於容 緩急之狀在於言 其爲人也 質素平澹 中叡外朗 筋勁植固 聲淸色懌 儀正容直 則九徵皆至 則純粹之德也."

따라서 안면의 세부적 표현에 있어 '전신사조(傳神寫照)'에 의한 사실적 묘사가 어진의 상학에서 중요한 정·기·신과 관련되므로 이에 대한 상관성을 역사적 사실에 기반 하고자 한다. 그러나 이러한 정·기·신의 상태는 사람을 직접 관찰할 때에도 쉽게 확인하기 어려운 부분이다. 곧 어진만으로는 판단하기 어려운 한계가 있으므로 어진 상에 표현된 부분을 중심으로 정(精)과 신(神)의 상태, 왕의 기세, 기개, 도량 등을 분석해 보고자 한다.

제왕이 자신의 주도하에 통치를 펼쳐 많은 업적을 남기고 다음 대에 왕통(王統)을 이어줄 수 있는 기반을 마련하려면 무엇보다 건강관리와 관련하여 수명이 중요하다. 그렇다면 조선시대 왕들의 수명은 어느 정도였을까? 수명에 따른 통치와 업적과의 상관성은 없는지 분석해 볼 필요가 있다. 조선시대 왕은 질 좋은 섭생과 의관에게 건강관리를 받을 수 있어 장수할 수 있는 좋은 환경에 있었다. 실제 조선시대의 27대 왕들의 평균 수명은 46.1세로 40대 중반에 해당되는 나이이다. 가장 장수한 왕은 영조(83세), 태조(73세), 고종(68세), 광해군(67세), 정종(63세)이 뒤를 이었다. 60세를 넘긴 왕은 전체 비율에서 20%도 안 된다.

위의 언급에 나타난 것처럼 왕의 재위시기에 왕권을 중심으로 한 통치를 펼치려면 건강관리에 따른 장수의 여부가 무엇보다 중요하다. 장수한 왕일수록 재위기간이 길었고 구상대로 안정적인 통치가 가능하기 때문이다. 상학서에 기록된 장수의 요인인 수명과 관련된 상학이론은 다음과 같다. "귀천을 보는 것은 쉬우나 수명을 아는 것은 어렵다"[129]라고 하여 귀하고 천함을 분별하는 것보다 수명을 아

---

129) 『麻衣相法』「石室神異賦」, "又當知貴賤易 識限數難參."

는 것이 쉽지 않음을 말하고 있다.

알기가 어려움을 직시하듯이 『유장상법』에서는 다음과 같이 설명하고 있다. "세상에서 알기가 어려운 것이 있다면 그것은 오직 사람의 수명이 길고 짧은지를 알아내는 것이다."[130] 일반적으로 알려져 있듯이 『마의상법』과 『유장상법』에서 「수상(壽相)」에 대해 수명의 장단을 아는 것이 쉽지 않다고 설명하고 있다.

> 상을 보는데 있어 수요를 보기가 가장 어려워 인중만을 보아서는 안 되며 신(神)의 기운으로 판단해야 한다. 신이 부족하고 광채가 없고 힘없이 흘겨보고 침침한 듯 어두우면 요절한다. 상을 볼 때 눈이 첫째이며 신기를 위주로 하고 골상은 그 다음이다. 눈에 신기와 빛이 없으면 비량이 높이 솟았어도 장수하지 못할 상이다. 노인이 앞 목에 가로로 늘어진 두 줄의 주름을 수조(壽條)라고 하며 수명을 본다. 이 주름이 있다면 흉한 일을 당하지 않으며 갈수록 좋아진다. 경에 이르길, 눈썹에 난 긴 털이 귀 속에 난 긴 털만 못하고, 귓속의 긴 털은 목 앞의 가로 주름만 못하다. 귓불(명주)이 큰 바다(입)에 나타났으므로 태공이 80세에 문왕을 만난 것이다.[131]

일반적으로 수명을 보는데 있어 대나무를 쪼개놓은 것처럼 깊고 분명한 인중도 중요한 상학의 특징에 해당되지만, 인중과 더불어 신(神)의 기운도 같이 보아야 한다. 이처럼 인중과 함께 수요의 장단에

---

130) 『柳莊相法』「壽相」, "富貴在天誠易見 世所難知惟壽焉."
131) 『麻衣相法』「石室神異賦」, "相中訣法 壽夭最難 不獨人中 惟神是定 神短無光 早赴幽冥之客 眼爲上相 以神爲主 骨法次之 若目無神光 縱使鼻梁高聳 亦非壽相 老人頸下 由兩紋生至於項者 謂之壽條 主壽考 人有此條 若遇休囚而不爲凶 愈見其 康吉矣 故經云 眉毫不如耳毫 耳毫不如 項下條也 明珠出海 太公八十而遇文王."

있어 중요한 요인이 되는 신기는 주로 눈에 나타난다. 수명의 장단을 보는데 있어 안면의 주요 요소들 중에 눈에 드러나는 신(神)이 가장 중요한 것을 강조하고 있으며, 곧 신(神)의 기운은 장수와 밀접하게 관련되어 있는 것이다. 장수하는 상에 눈썹에 난 긴 털과 귓속에서 자라나온 긴 털이 포함된다고 하였다. 그러나 이 모든 것보다 가장 중요한 장수의 요인은 앞 목의 가로 주름이라고 하였다. 또 다른 장수요인으로는 수주가 입을 향해 조응하면 장수하는 상이라고 하였다.

눈썹과 귀에 털이 나있고 긴 눈을 가진 사람은 한가하고 여유롭게 지내면서 백세를 누릴 상이다. 형체와 용모에 근거하여 수명의 장단을 확정할 수는 없으며, 일반적으로 장수하는 사람은 거북이나 학과 같이 반드시 특수한 얼굴 모습을 하고 있는 것은 아니다. 정신이 건전하고, 골격이 맑고 준수하며, 살집 또한 견실하고, 목소리가 맑고 우렁차게 공중으로 퍼져나가는 상이다. 등 부위는 거북이 등과 같이 엷고, 행동도 거북이처럼 느리며, 인중 부위에는 수염이 가득하고 손은 솜과 같이 부드러운 상이다. 형체는 학과 같이 맑고 귀하며, 숨 쉬는 것은 거북이와 같이 느리며, 두피는 두텁고, 관골은 가로로 향해 귀와 이어져 있는 상이다. 귓속에 잔털이 나고, 눈썹 털이 길어 눈을 덮고 있으며, 목 아래는 주름이 두 줄이 있으며, 골격이 단단하고 튼튼한 상이다. 복서골의 세 갈래 길은 천량 부위를 관통하고 있으며, 인중의 푹 파인 도랑은 깊고 넓으며 더욱 긴 상이다.[132]

---

132) 『柳莊相法』「壽相」, "眉耳毫長目 閑居百歲長 休將形樣定長短 龜鶴未必其可然神粹骨淸肉又堅 朗朗聲韵空中傳 背博如龜亦行 亦似人中髭滿手如綿 鶴形龜息頭皮厚 顴骨橫飛與耳連 毫生耳內眉長目 項下雙條成骨堅 伏犀三路貫天梁 溝洫深平闊更長."

위와 같은 여러 장수요인은 왕의 통치력에 따른 업적에 있어 기반이 될 수 있는 중요한 요소로 볼 수 있어, 실제 어진 속 왕의 상과 비교해 봄으로써 그러한지에 대한 평가도 기대된다.

관골과 수명에 대한 언급으로 『신상전편』에는 다음과 같은 내용이 있다. "얼굴에 뼈가 높이 솟으면 관골이라 하고 권세를 주관한다. 관골이 귀로 연결된 것을 옥량골이라 이르고 장수하게 된다"[133]고 하여 옥량골의 형성 및 발달 정도 역시 장수요인으로 볼 수 있다.

물론 어진을 통한 상학적 분석에 있어 여러 가지 제약과 한계가 존재한다. 실물 또는 실제 사진이 아닌 이유로 인해, 아무리 사실성에 근거하여 제작되었다고 하지만 찰색을 제대로 살필 수 없는 점, 왕조 재위 시기별로 용안의 변화를 비롯하여 전체적인 상을 살필 수 없는 점, 그밖에 세부적인 사항에 대해 구체적으로 관찰하지 못하는 점 등이 연구를 진행함에 한계로 작용한다. 앞서 조선시대 어진에 관해 살펴보았듯이 사실성을 전제로 제작되었기에 최대한 상학 이론에 근거하여 분석 가능한 범주 안에서 연구를 진행하였다.

---

133) 『神相全篇』「相骨」, "面上有骨卓起 名爲權骨 主權勢 顴骨相連人耳 名王梁骨."

1) 태조어진 분석

〈그림 10〉 태조 어진

자료: 1872년 (고종 9) 조중묵 외,
비단에 채색 220×151, 국보 제317호,
전주 경기전

〈그림10〉의 어진에서 태조가 취한 체상(體相)을 보면 전신의 정
면좌상으로 머리부터 발끝까지 단정함에서 제왕의 기세가 드러난다.
반듯하고 위풍당당한 건국시조다운 체상으로 넓은 어깨가 수평으로
펼쳐진 형상이 더욱더 부각되어 안정감을 준다. 태조는 조선을 건국
한 창업자로서 신성함과 위엄이 느껴져 대대손손 왕조의 번영을 기
대할만한 체상이다. 그래서 많은 민란과 전란 속에서도 500여년 조
선왕조가 이어질 수 있었다고 사료된다.

태조의 체상에서 알 수 있듯이『상리형진』에서도 배(背)의 뜻은
가린다고 하는 것이므로 자손을 비호해서 덮는다는 것이다. 견(肩)

은 강하고 견고하다는 뜻이고 자기 한 몸을 견고히 두텁게 한다는 뜻이며, 그런 까닭에 등이 산처럼 높게 솟은 것과 같으면 삼산(三山)과 삼갑(三甲)으로 칭한다.[134] 등과 어깨는 산처럼 풍부하게 높고 바르게 서 있어서 방정하고 긴 사람은 지혜가 있어 부자가 되거나 장수를 누릴 수 있다는 의미이다. 그리고 좌상(坐相)에 관하여 "앉음이 산과 같으면 귀하다"[135]라고 하는데, 태조의 좌상은 개국시조라 할 만큼 위엄 있는 모습이다.

또한 〈그림8〉의 관인팔법(觀人八法)에 의거해서 왕의 성정을 분석해보면, 태조는 위맹지상(威猛之相)이라고 할 수 있다. 위(威)란 형상이 존엄하여 그를 대하면 저절로 두려운 마음이 드는 사람이다.[136] 즉 무장으로서 위엄과 용맹이 있어 권세를 주재할 수 있는 상이라는 뜻이다. 외형과 내면이 모두 단호하여 사람들이 스스로 두려워 섬기게 되는데, 이러한 것은 역사적 기록 중 고려 문신 이달충이 태조의 비범함을 알아본 것에서도 잘 드러난다.

〈그림6〉의 오관(五官)에 의거한 상을 분석해보면 특히 채청관(採聽官) 좌우 귀의 색이 윤택하고 눈썹보다 높게 솟아 있고, 이륜과 이곽 또한 잘 형성되어 있다. 양쪽 머리 측면에 살집이 두텁게 형성되어 제왕의 상에 부합되게 채청관의 격국을 갖춘 모습이다. 수려한 귀의 두툼한 수주가 입을 향해 조응하고 있어 귀격의 상으로 볼 수 있다. 그러므로 태조는 유년기부터 비범하여 전장에서 공을 세울 수 있는 남다른 용맹함이 있었다고 유추할 수가 있다. 상서에 있는 내

---

134) 陳淡埜 著・무진미래연구원 譯, 『相理衡眞』, 도서출판 황금시대, 1998, p.3
73.
135) 『神相全篇』「玉管訣」, "坐如山據者貴."
136) 조성우, 『麻衣相法 (全)』, 명문당, 2005, p.21.

용을 인용해 보면 다음과 같다.

> 귀는 모름지기 그 색이 깨끗하여야 하며 높이 떠 눈썹을 지나야 하고, 윤곽이 뚜렷하고 분명하여야 하며, 겹쳐진 살비듬이 두텁고 명문이 넓고 큰 사람은 채청관의 모습이 제대로 갖추어진 것이다.[137]

참고로 전주 경기전의 안내판에도 태조 어진의 상에 대해 다음과 같이 묘사한 글이 있다. "기록에 의하면 키가 크고 몸이 곧바르며, 큰 귀가 아주 특이하다." 태조 어진을 보면 넓은 광대뼈에 눈과 입이 작으며 양쪽 귀가 큰 모습으로 조선의 개창자에 걸맞은 모습이다. 그는 조선의 건국자답게 이마가 풍륭하고 정면에서 보이는 반듯한 형태의 귀에 뚜렷한 형상으로 눈썹 위까지 높이 올라붙어 있어 귀한 신분의 상이라고 할 수가 있다.

역사의 기록에 의하면 『용비어천가』에는 태조 몸이 곧바르며, 큰 귀가 아주 특이하다"[138]라고 묘사되어 있어 무인의 기개가 "코가 높고 왕의 얼굴을 지녔다"[139]는 구절이 있으며, 『북도육전지』에도 신장이 크다는 것을 표현하고 있으며, 제왕의 상이라 기록하고 있다. 귀는 총명함을 상징하며 귓바퀴와 곽이 함께 있는 것을 귀하게 본다. 『마의상법』에서도 "단정하고 곧게 눈썹보다 솟으면 처음부터 윗사람이나 귀한 스승의 도움을 받아 부귀영화가 나날이 새로워질 것이다"[140]라고 설명한 것처럼, 태조의 귀는 눈썹보다 높이 자리해 귀

---

137) 『麻衣相法』「五官總論」, "耳須色鮮 高聳過於眉 輪郭 完成 貼肉敦厚 命門寬大者 謂 採聽官成."
138) 『北道陸殿誌』, 卷5, 「故實」"身長而傭直耳大絶異."
139) 『龍飛御天歌』, 第 97章 '龍準龍顔'
140) 『麻衣相法』「五星六曜決斷」, "金木城雙郭有輪 風門容指主聰明 端聳直

한 신분에 오를 수 있었다.

또한 시간적 개념과 공간적 개념으로 일생의 순역을 살펴보는 〈그림4〉의 안면 삼정법으로, 상을 분석해보면 상정과 하정에 비해 중정이 발달하였다. 상정부위의 "보골이 하늘을 뚫으면 천군만마를 거느릴 용맹한 장수이다. 말씀에 의하면 보골이 왼쪽 눈썹 모서리에 있어 뼈가 풍륭하게 일어나서 천창(天倉)까지 연결된 자는 주로 위엄 있는 권세가라 하였다"[141]라고 한『마의상법』의 내용처럼 태조는 비록 익선관에 가려져 있지만 양 눈썹 윗부분인 상정인 이마의 보골이 잘 형성되었다는 것을 알 수 있다.

다음으로 주목되는 것으로서 "변정(邊庭 : 변지와 천정)으로 뼈가 이어졌다면 무관의 위세로 사해에 이름을 떨친다"[142]라는 언급이 있다. 이에 좌측에 있는 보각과 발제 사이에 있는 변정이 높이 솟은 이마와 이어졌다면 무관으로 귀하게 될 상이다. 천이궁에 해당되는 역마가 변지까지 이어졌다면 한 지역의 병권을 가질 수 있는 상이다. 태조는 상정과 중정의 발달로 1356년 21세(輔角)부터 쌍성총관부 수복전쟁을 시작으로 1388년 53세(仙庫) 위화도 회군에 이르기까지 30여 년 전쟁터를 평정하는 동안 단 한 번도 패배한 적이 없는 무인으로서 활약을 펼칠 수 있었다. 중정의 부분에 해당되는 전택궁이 넓어 많은 전쟁에서 승리하여 지킬 수 있었고 조선이라는 왕조를 개국하여 전 영토를 통치할 수 있는 역량이 있었던 것이다.

또한 태조의 어진을 보면 코에 해당되는 재백궁이 안면의 중앙에

朝羅計上 富貴榮華日日新."
141) 『麻衣相法』「麻衣先生石室神異賦」, "輔骨揷天 千軍形勇將 註云輔骨 在眉角 有骨 豐起 揷入天倉者 主威權."
142) 『麻衣相法』「石室神異賦」, "骨揷邊庭威武 揚名四海."

위엄과 기세가 있는 군주처럼 자리해 있다. 중악인 코를 중심으로 좌우 관골은 군신관계처럼 코를 향해 조응하고 있어 왕성한 활동력과 주위 지지기반을 등에 업고 전 국토를 장악할 수 있는 바탕이 되었다. 태조의 코는 통천비로 산근을 연결 기점으로 이마의 하늘의 기운을 잘 수용할 수 있는 것으로 보인다. 기능적으로는 코를 통한 폐활량이 좋아 거침이 없는 돌파력으로 척박한 환경의 변방에서도 잘 적응할 수 있었고 강인한 지도력을 발휘할 수 있었음을 감지하게 한다.

> 통천비는 하늘 아래 일인자이다. 산근이 높아 이마와 통하는 것처럼 그대로 이어져 있고 난대정위가 분명하고 준두가 둥글고 콧구멍이 드러나지 않았으며, 현담비와 같이 힘이 있으며 반듯하고 기울어지지 않았고 법령이 은은하게 숨어 있으며, 인중이 반듯하고 분명하게 생겼다. 이러한 코를 가진 사람은 대귀(大貴)를 누린다. 사람의 도리를 다하는 능력이 있는 사람이므로 평범하지 않아 사람 위의 사람으로 응하며 복록과 수명을 온전하게 누릴 수 있고 아름다운 처의 내조를 받으며 어려서 반드시 기묘하게 귀인을 만나게 하는 끌어당기는 힘이 있다.[143]

이처럼 태조는 통천비로 이마와 산근이 준두까지 잘 이어져 선대의 유업을 계승할 수 있어 무인으로서 입지를 구축할 수 있었다고 할 수 있다.

---

143) 『面相祕笈』, "通天鼻天下一人 型狀 山根高從透天 練臺廷衛分明 準圓不露孔 勢如懸膽 正而不偏 法令隱隱而藏 人沖中正而明是也 此鼻主大貴 非平常人能有也 應是人上之人 福祿壽統全 妻美有助 少年必遇奇力貴人吸引."

골격 구조를 통해서 그 사람의 일생의 건강과 성공에 영향을 끼치는 〈그림5〉의 오악(五嶽)을 살펴보면 중악이 특히 발달하였다. 동악과 서악이 양 옆에서 보좌하듯 자리 잡아 제왕의 기세가 느껴지는 듯 하고 좌우의 신하와 인적 자원들이 태조를 향해 충성을 다할 수 있었다고 본다.

상법에는 눈동자에 대한 중요성이 거론된다. "눈동자가 옻칠을 한 것처럼 검고 맑으면 반드시 평범한 사람이 아니다."[144] 태조는 〈그림5〉의 사독(四瀆) 중 눈에 해당되는 하독이 깊어 흑백이 분명하다. 기록을 통해서 이달충이 태조의 비범함을 알아보았다는 내용에서도 확인할 수 있다. 흑백이 분명한 가늘고 긴 눈은 현실을 거시적인 시각으로 직시하는 능력이 뛰어나 출정한 모든 전쟁에서 승리할 수 있는 바탕이 되었다. 매번 전장에서 승부처를 가를 중요한 결정에서 신중함으로 고비를 힘겹게 넘긴 흔적이 여러 겹으로 형성된 눈꺼풀에서 확인된다. 태조 어진을 보면 또한 〈그림9〉의 안면 12궁(顏面十二宮) 중 처첩궁이 잘 형성되었기 때문에 42세(精舍)에 두 번째 부인인 신덕황후의 내조에 힘입어 변방에서 중앙세력으로 옮겨가는 데 적극적인 지지와 도움을 받을 수 있었던 것으로 보인다.

태조의 안면에서 장수요인의 주요 특징은 귀 위쪽으로 뼈가 옆으로 솟아 산근과 나란히 놓여 있는 옥량골이 발달하여 건강을 뒷받침해줄 수 있는 상으로, 자기 주도적인 추진력과 용맹함으로 중년기에 장수로서 기개를 펼칠 수 있었다. 옥량골의 양기 발산에 의한 강한 자의식과 얇은 입술에서 자신의 신념을 관철하는 냉담함은 '함흥차사' 사건을 통해 알 수 있었다. 태조의 체상에서 넓은 등과 조화를

---

144) 『柳莊相法』「五官說」, "睛如點漆 應不是常流."

이룬 견고한 어깨가 반듯하게 자리 잡아 장수의 요인이기도 하지만, 힘의 원천이기도 하였다.

태조는 조선을 건국하고 장수한 왕이었으나 말년에는 개인적으로 불행하였는데, 삼정 중 기세가 약한 하정에 해당되는 〈그림7〉 '유년 운기부위'의 58세(虎耳)에 즉위하여 조선의 건국시조가 되었다. 그 러나 6년의 재위기간 동안 제 1 · 2차 왕자의 난을 겪으며 혈육 간의 전쟁으로 인해 사랑하는 아들들과 정도전 등 신하를 지키지 못하고 죽임을 당하는 것을 목격해야만 했다. 부하인 아랫사람과 자손의 지지를 받을 수 있는 하정인 노복궁에 해당되는 북악이 열악하여 둘째 아들 이방원과 대립하며 노년을 힘겹고 쓸쓸히 보내야 했다.

이마의 가장 이상적인 주름형태인 삼문(三紋) 중 가운데 주름인 인문(人紋)이 잘 형성되어 태조는 신분에 맞는 복과 운으로 많은 성 취를 이루었다. 이 인문 아래 위치한 주름인 지문(地紋)이 가장 뚜렷 하게 자리 잡은 것에서 태조 당대 보다는 다음 후대에서 조선 왕조 의 정통성을 이어갈 수 있다는 것을 상징한다. 다섯째 아들인 이방 원이 비록 불행한 방법으로 등극하였으나 이씨 조선의 왕권을 강화 하는데 초석을 다졌다. 태조의 경우 다음 왕조 대에 번영을 기약한 다는 의미의 인문의 주름이 생기면서 이방원과 대립되는 상황이 전 개되었던 것으로 판단된다. 행동의 근본이 신(神)에서 이루어져 기 (氣)로 돌아가게 되듯이 정기(精氣)로 생성된 사람처럼 태조는 형상 이 빼어나고 맑은 정신에 단정하고 위엄이 있다. 그리하여 성품이 강직하고 지혜로우며 부귀하고 건강하여 수명도 길었다.

따라서 태조는 장대한 체상에다 너른 가슴이 자신에게 필요한 인 적 자원을 두루 포용하여 자신의 세력으로 지지기반을 형성할 수 있 었다. 그 예로 정도전과 무학이라는 인물의 지지기반으로 해서 정도전이 이성계에게 새로운 왕조 건설의 당위성을 가르쳤다면, 무학은 이성계를 일개 장군에서 군왕으로 이끈 사람이었다.[145] 다시 말해 정도전이 이성계를 세워 성리학적 이상 국가를 건설하려 했다면, 무학은 이성계에게 군왕이 될 수 있다는 확신을 심어준 것이다. 무학은 새로운 왕국의 건설을 꿈꾸는 혁명가임과 동시에 새 왕조의 군왕이 될 이성계의 충실한 인도자가 되었다. 이러한 경위에 대한 정확한 기록은 존재하지 않으나『석왕사기』에 이성계가 무학을 찾아온 것으로 기록되어 있을 뿐이다. 태조와 무학대사의 일화가『범해록』「기언별집」 제15권의 「기행편」에도 기록되어 전해지고 있다. 태조가 왕으로 등극하기 전부터 태조를 지지하는 여러 기반 세력들과 인연이 이어졌음을 알 수 있다.

> 보리암 아래 바위 봉우리 일대를 산의 기운이 쌓인 곳이라고 하는데, 세상에 전해지는 말로는 태조가 왕이 되기 전에 무학대사를 따라와 산신령에게 제사를 지냈다고 한다.[146]

이 같은 조선 건국자의 정치이념을 집약적으로 내포하고 있는 텍스트로서 태조의 「즉위교서」를 거론할 수 있다. 태조는 이 '교서(敎書)'에서 제후국으로서 조선의 위치를 천명하는 한편, 유교적 식견을 가진 자들 중에서 문무 관료를 선발하겠다고 밝혔다.

조선은 건국 후 여러 제도가 갖추어지면서 정치가 안정되고, 농본 정책의 추진과 유교 정치의 이상을 실현하려는 노력의 결과로, 민족

---

145) 박영규, 앞의 책, p.44.
146)『泛海錄』記言 별집 제15권 (許穆) 2006~2008 (記行), "菩提下石峯 稱山氣積處. 世傳太祖微 從無學祭山靈云."

문화의 새 지평을 열었다. 이를 배경으로 고려의 문화를 폭넓게 계승하고 소화하여, 새로운 유교문화를 중심으로 민족 문화가 크게 발전하였다. 조선 왕조는 이성계를 비롯해 정도전·권근·조준 등 유교이념을 앞세워 자신들의 혁명과 건국행위를 유교에 의해 정당화하였다.

그리고 어깨가 넓고 등이 두터우면 부유하고 풍족한 생활이 3대까지 이어진다.[147] 태조는 어려서부터 풍채가 좋고 무술실력이 뛰어났다고 한다. 이 점은 태조가 즉위하기 전에 정몽주(1337~1392)가 이성계의 초상화를 보고 지은 찬문에도 잘 나타나 있다. "풍채가 호걸스러운데 봉우리와 같은 콧날이여, 지략은 깊고 커서 남양(제갈량) 같은 용이로다."[148] 이처럼 지략과 무공에 뛰어났던 이성계의 늠름한 모습을 잘 묘사하였다.

비록 익선관에 가려져 있지만 이마의 양 옆의 반듯하고 수려한 변지와 역마자리와 눈의 전택궁이 넓어 활동영역이 넓었다고 볼 수 있다. 그 결과 태조는 고려 말 영토정벌을 위해 전국을 누볐고 큰 전공을 세워 벼슬길에 오르는 등 관운도 좋았다. 더욱이 눈썹이 차분하게 누워있어 위아래 사람과 잘 어우러져 사람들을 다루는데 능하면서도 눈썹의 터럭 한올 한올이 살아 기세가 강한 상으로 호락호락하지 않는 무인의 모습을 엿볼 수 있다. 이처럼 이성계의 집안은 1335년 출생당시부터 35세에 이르기까지 고조부 이인사가 원나라의 지배를 받고 있는 여진에 이주하여 권세를 누리던 지방의 토호세력이었다. 18세에 동북면 지역의 궁수로 이름을 날렸으며, 22세엔 아버지 이자춘과 함께 함경도 영흥지역의 쌍성총관부를 탈환하여 99년

147) 陳淡埜 著·무진미래연구원 譯, 앞의 책, p.374.
148) 『圃隱集』 권3 송현리시중화상찬, "風采豪傑 華峯之準 智略深雄南陽之龍".

만에 고려로 환원시키고, 가업을 이어받아 독자적인 자치권을 행사하였다. 조선의 책사 무학대사와의 인연으로 홍건족과 몽고군을 격퇴하고, 고려 전 지역에 창궐하던 왜구를 물리친 점에서 이미 27세(塚墓)에 문무를 겸비한 고려의 주목받는 관리가 되었다.

또한 깊고 뚜렷한 인중이 콧수염과 조화를 이루어 하는 일마다 좋은 결실을 맺었다. 53세(仙庫)엔 최영 장군이 명령한 요동정벌을 4대 불가론의 이유를 들어 위화도로 회군하여 고려 조정을 장악하고 토지소유권을 확보, 백성들에게 재분배하여 마음을 사는 등 30여년 동안 패전을 경험하지 않은 명장으로 조선을 건국하는데 박차를 가하였다.

태조의 턱과 턱밑 수염의 형상을 보면 얼굴 전체를 부드럽게 잘 감싸주고 있어 강인한 체력과 통솔력이 있으면서도 부드러운 카리스마로 가까운 사람을 잘 지켜주었을 것으로 보인다. 부하나 자녀들 또한 그에 상응하는 관계로 듬직하게 받쳐주고 있음을 알게 해준다. 비록 입에 해당하는 시기부인 60세(水星)의 운기부터 하강하여 73세 노복(奴僕)의 일기로 사망할 때까지 태종 이방원과의 관계로 지속적인 병을 얻었다고 한다.

한편 사람의 정신은 사람의 골격 사이의 빼어난 기운이라고 한다. 따라서 정신이 맑고 청정한 것과 흐리고 혼탁함을 살펴서 골격의 풍부함을 살필 수 있으니 정신이 맑고 청정한 즉 골격이 수려하다.[149] 태조 이성계의 어진은 정면관으로서 빼어난 골격을 형성하고 있어서 국호를 조선이라 고치고, 수도를 한양의 한성부로 하는 등 새로운 왕조의 모습을 갖출 수 있는 면모가 엿보인다.

---

149) 陳淡埜 著·무진미래연구원 譯, 앞의 책, p.446.

덧붙여 태조는 상정과 중정에 비해 탄력이 위축된 하정으로 인해 천지의 상응이 원활하지 못한 채 말년에 불운을 겪었다. 익선관에 가려진 상정이 비록 보이지는 않지만 어려서부터 부모의 유업을 계승하여 변방의 전쟁에서 한 번도 패하지 않아 장수로서 위업을 달성한 것으로 상정이 무난했음을 유추해 볼 수 있다. 상정과 중정 하정의 큰 시간의 흐름에 따라 운기도 함께 하여 시공이 합일된 상태를 보여주어 전체적으로 균형과 조화를 이룬 상이지만, 하정의 균형이 약한 것이 노년의 삶을 만족스럽게 이어갈 수 없는 현실로 나타났다.

2) 세조어진 분석

〈그림 11〉 세조 어진
자료: 1935년 김은호 외, 종이에 먹
186.5×131.8, 국립고궁박물관

〈그림11〉에서 보는 바와 같이 세조가 취한 체상은 조선전기의 왕이라는 점에서 태조 이성계의 어진과 같은 양식으로 전신상의 정면

좌상으로 제왕의 위엄과 기세의 당당함이 있다. 또한 세조가 취한 좌상의 모습에서도 체격을 유추할 수가 있다.

> 체격이 큰 사람은 마땅히 기개를 위주로 하고 체격이 작은 사람은 정신을 우선으로 보는 법으로, 만약 보통 사람들의 신체는 마땅히 기색을 우선 살펴야 할 것이고, 그 다음으로 골격에 미쳐야 하는데 보통 사람들의 상은 큰 부귀의 인물과 비교하면 확연히 아닌 것을 알 수 있으나, 큰 부자인지 아닌지, 귀인지 아닌지 제일 살피기가 어렵다.150)

세조는 조선 전기 제7대왕으로서 조선을 건국한 태조와 체상이 가장 많이 닮아 있다. 비록 좌상이지만 체격이 크고 중후함을 알 수 있어 위에 언급한 것과 같이 정신보다는 기개를 살피는 것이 우선이라 본다.

기개의 중요성에 더하여 '관인팔법'에 의거해서 왕의 성정을 논하면, 후중지상(厚重之相)으로 체격과 형상이 돈중(敦重)함을 '후(厚)'라 한다.151) 즉 세조의 상은 안면과 몸이 두터워 복록을 누릴 수 있는 체상이며, 통치를 하는데 있어 뛰어난 능력이 있고 주위의 상황에 크게 흔들리지 않는 중후함이 있다.

오관을 살펴보면 좌우 관골에 비해 코에 해당되는 심변관(審辨官)이 두드러져 있으며, 콧대가 길어서 보수적이라고 할 수 있다.

---

150) 『面相祕笈』「要訣」, "體格之大者 宜以氣槪爲主 體格 之小者 法以精神 爲先 若夫普通身材 則當以氣色爲先 次及其骨格 普通之相 最難 非比 大富貴人物 大凶敗之異相扶普通之相."

151) 조성우, 앞의 책, p.21.

코는 모름지기 콧대가 단정하고 인당이 평평하고 넓으며 산근이 인당과 연상(年相) 수상(壽相)을 이어서 높고 바르게 풍륭하며, 난대 정위가 둥글게 일어나 현담비의 형상과 같거나 절통비와 같이 가지런하며, 색이 깨끗하고 누렇게 밝으면 심변관으로서의 코를 이루었다고 할 수 있을 것이다.152)

코는 임금으로서 '나' 자신이고 관골은 나를 받들어 주는 신하를 의미한다. 관골 또한 풍륭하게 솟아서 코를 잘 보좌해주고 있다. 심변관의 격국이 형성되어 코가 길게 쭉 뻗은 형상은 보수적인 성향을 나타내므로 통치에 있어서 모든 사람을 아우르기보다는 내 편에 서는 사람과 다른 편에서 서는 사람의 분리가 정확하다. 정치 운영에서는 문치(文治)가 아닌 '강권(强權)'으로, 인재를 등용함에 있어 실력 중심이 아닌 측근 중심의 인사로 일관했기 때문에 이로 인한 병폐가 심했던 요인의 하나였다. 이는 심변관인 코가 세로로 길게 자리 잡은 형태가 보여주는 일면이라고 할 수 있다.

삼정 분석으로 보면 세조의 경우 상정과 중정에 비해 지각이 풍륭하게 안정적으로 자리하여 하정이 넉넉하지만 삼정이 균형 잡히지는 않았다. 상정에 해당되는 젊은 시절의 세조는 자신의 야심을 드러낼 수 없는 환경에 처해 있었다. 직설적이고 속을 감추지 못하는 성품이어서 세종과 문종 시절에 이미 야심의 일단을 내보이기도 했으나 문종의 적극적인 비호로 무사할 수 있었다153)고 본다.

---

152) 『麻衣相法』「五官總論」, "鼻須要梁柱端正 印堂 平闊 山根 連印年壽 高隆準 圓庫起 形如懸膽 齊如截筒 色鮮黃明 乃爲審辨官成."
153) 휴머니스트 편집부 엮음, 『박시백의 조선왕조실록 사전』, ㈜휴머니스트 출판그룹, 2013, p.42.

중정에 비해 하정이 발달한 것은 본인 대에 왕조의 기틀을 마련하기보다는 조선 왕조가 안정적으로 번영하기 위해서 후대 왕조를 기약하기 위해 내린 선택의 영향이라 본다. 이러한 관점에서 볼 때 하정에 대한 언급이 『마의상법』에는 상이 불안하다는 것을 암시하고 있다. "부귀한데도 평생 힘든 일에서 벗어나지 못하는 것은 하정이 길기 때문이다."154) 세조는 삼정 중 하정이 길고 원만한데 말년에는 지병과 죄책감에 시달려 힘들어 했던 점을 참조할 필요가 있다.

그리고 사독 중 눈에 해당되는 하독이 깊어 흑백이 분명하여 뚜렷한 기상과 신념이 드러나 있는데 비해 눈의 형태는 어미부분이 약간 아래를 향해 있어 언뜻 보기에는 편안한 인상으로 보일 수도 있다. 어진을 자세히 살펴보면, 초본이지만 흑백이 분명하여 신(神)의 기운이 맺혀 있어 제왕의 기세와 위엄을 느낄 수 있다. 이러한 눈의 기운은 정신과 마음을 밝혀 나아가 왕권을 강화하여 여러 가지 정책을 펼칠 수 있는 바탕이 되었다.

즉위 후 세조는 군비를 강화해 두 번이나 압록강과 두만강 건너의 여진족을 정벌하였고, 1453년에는 37세(中陽) 이징옥의 난과 1467년 51세(人中) 이시애의 난을 모두 진압할 수 있었다. 또한 그는 국가의 제도를 정비하고 『경국대전』과 『국조오례의』를 편찬해 조선왕조의 통치기반을 완성하였다.

비록 초본이긴 하지만 어진 속의 세조는 오악 중 중악이 발달하고 나머지 사악은 그에 비해 덜 발달하였다. 그래서인지 역사적 사실에 근거하여 대중에게 각인된 일반적인 이미지와 달리 부드럽고 온유하고 부드러운 인상이다. 그러나 자신의 뜻에 거스르는 누구라도 철저

---

154) 『麻衣相法』「石室神異賦」, "富貴平生勞碌爲下停長."

한 계획 속에서 제거하는 결단력은 튀어나온 귀 내곽의 형태, 즉 이반된 모습을 통해 추측이 가능하다. 세조는 전반적으로 부드럽고 유순한 인상이나 이반된 칼귀를 통해 김종서, 황보인 등의 조정 대신들을 죽이고 정권을 장악한 이른바 1453년 37세(中陽)에 계유정란을 일으키는 냉철함이 보여 안면의 상에서 그의 표리부동함이 드러나 있다.

또한 중악인 코가 발달하였기 때문에 주도적인 성향이 강해졌고, 남악과 북악이 발달한 것에 비해 좌우 관골인 동악과 서악이 낮게 형성되어 있었다. 이 때문에 중악을 기준으로 상정과 하정의 기운을 잘 이어받을 수 있었으나 동악과 서악이 지지세력으로서의 부조화 때문에 사육신과 대립되는 역사적 사실이 일어났을 것으로 가늠되어진다. 세조는 자신에게 머리를 숙이거나 도움을 주면 아무리 소나무라 해도 충신으로 봤고, 반면 조금이라도 반발하거나 그런 의도가 보이면 가차 없이 역적으로 몰아세웠다. 농담 속에 뼈가 있다는 말이 있듯이 세조는 대신들과 농담을 즐겨하면서 그들의 의중을 늘 주시하는 냉철함도 있었다.

이처럼 안면의 구조는 태조처럼 천명을 수용하는 상이기보다는 자신이 주도적으로 왕권을 찬탈하여 왕조의 안정을 꾀하고자 하는 면이 반듯하고 길게 뻗은 코를 통해서 잘 드러난다.

> 군자비는 주로 아름다운 처를 얻는다. 코가 대들보처럼 튼튼하고 높게 있으나 뼈가 드러나지 않고 준두가 둥글어 재물을 거두어들일 수 있도록 생겼으며 산근이 넓고 힘 있게 뻗었으며 색이 밝고 윤기가 있어 막히지 않았다.[155]

155) 『面相祕笈』, "君子鼻主美妻 型狀 樑高不露骨 準頭圓有收 山根寬而有

위의 언급을 유추하면 세조의 코는 길게 뻗어 있어 뼈가 드러나지 않고 준두와 난대 정위가 잘 형성된 군자비 형태이다. 두려움 없이 자신의 의지대로 펼쳐나갈 수 있는 강인함이 느껴진다. 이러한 코는 아름다운 처를 얻는다고 한 것처럼, 세조는 '계유정란' 당시 정보 누설로 거사를 앞두고 망설이던 수양대군에게 손수 갑옷을 입혀 용병을 결행하게 할 만큼 결단력이 강한 부인의 내조를 받아 실행에 옮길 수 있었다. 일생의 운세와 성취의 여부를 보는 안면 12궁을 분석해보면 배우자궁인 처첩궁과 남녀궁이 원만하여 중요한 결정을 앞두고 부인인 정희왕후의 도움을 받았고 역대 왕 중에서 후궁을 가장 적게 둔 왕이기도 하였다.

또한 어진의 상에서 보이듯 좌우로 펼쳐진 어깨와 너른 가슴의 체상은 자신을 따르는 세력에 대해서는 주도적으로 인맥을 관리 및 통제할 수 있는 힘이 있었다는 표상이기도 하다. 세조는 1452년 7월 집현전에서 『역대병요』의 음주를 함께 편찬하던 집현전 교리 권람을 합류시키고, 이후 한명회, 홍윤성 등을 심복으로 삼고 본격적으로 힘을 확대한 것이다.

상식적으로 얼굴은 마음의 기(氣)와 정(精)과 신(神) 모두가 반영되어진 곳으로 얼굴의 형상과 상태에 따라 운명은 그길로 가는 것이다.156) 따라서 비록 초본이지만 세조 어진에서 정·기·신의 조화로 인한 위엄이 드러났다. 유능한 군주관을 갖춘 왕이었고 자신의 이상과 재능을 실현하기 위하여 즉위하자, 그는 곧바로 신권을 회수하여 왕권을 확립하는데 전력을 기울였다. 단종이 즉위하면서 대신들이

勢 色潤不滯, 是也."
156) 이정욱, 앞의 책, p.41.

모든 권력을 장악한 의정부 서사제(議政府 署事制)를 제압한 것이다. 즉위한 바로 그 해 세조는 육조(六曹)가 모든 공사간의 업무를 의정부에 보고하고 의정부는 왕에게 계문(啓聞)하여 그 뜻을 육조로 하여금 시행토록 하는 의정부 서사제를 8월 7일자로 폐지하고 육조 직계제(六曹直啓制)를 부활시켰던 것이다. 군주와 신하가 협력하는 체제인 의정부 서사제는 어려서 대신의 보호를 받아야 했던 단종 때 지속된 제도였지만 세조로서는 권신(權臣)의 보호가 불필요했다. 군주의 이상과 구상을 실현할 유능하고 올바른 관료가 필요해서 그러한 인재를 육조에 배치하여 직접 보고받고 지시하고자 했던 것이 곧 육조직계제였다.

나아가 세조는 국가의 정체성을 바르게 세우는데 노력을 그치지 않았다. 1456년 7월 1일 단군, 기자, 동명왕의 신주를 개정하고 12월 11월에는 환구단(圜丘壇)을, 다음 해 1월 8일에는 환구서(圜丘署)를 설치했다. 환구단은 천자가 하늘에 제사를 지내는 장소로 제후국가인 조선의 군주는 곧장 하늘과 교감할 수 없는 것이었다. 하지만 세조가 환구단 설치만이 아니라 그 제사를 주관하는 관청인 환구서까지 설치했던 것은 국가의 위상을 그만큼 드높였다는 것이다.

국가의 위상을 높임과 동시에 지방 관리들의 모반을 방지하기 위해 지방의 병마절도사는 그 지방 출신을 억제하고 중앙의 문신으로 대체하도록 하였다. 이 같은 문신 위주의 정책은 지방 호족의 불만을 자아내 급기야 '이시애의 난'과 같은 반란이 일어나기도 했으나, 세조는 이 난을 무사히 평정하고 중앙집권체계를 더욱 견고히 하였다. 그처럼 자부심이 대단했으므로 세조는 군사 분야에 깊은 관심을 기울였다. 평화로운 날이 오래가면 해이해질 것이라 하여 한 달에 두 번씩 진을 검열하였고, 봄과 가을에 강무(講武)를 하였으며 스스로도 진법(陣法)을 저술하였다. 즉 물리력을 갖춘 군주로서 왕권 주도로 국가를 운영하고자 했던 것이다.

군사 분야 외에도 세조는 산업분야에 관심을 기울였다. 1459년 1월『잠서주해』의 편찬을 명령하고 6월에 양잠조건을 정했으며, 그해 10월 양성지가 새로 편찬한『잠서』를 올렸다. 또한 평안도, 황해도, 강원도의 개간 장려정책을 시행하였으며 1461년 3월『잠서』를 언해하였다. 뿐만 아니라 산업의 토대인 교통제도에도 주력하여 1855년 8월 12일 양성지에게 지리지(地理志)와 지도 편찬을 명령하고 1457년 경상도 역로(驛路)를 개편하였으며 7월에는 각도 역로소관(驛路所管)을 개정하였다. 의료 분야에서도 1456년 8월 내의원(內醫院)을 비롯하여 전국 당본방서(唐本方書)를 한 곳에 집결시켜 1458년 3월 의서를 분야별과 과별로 나누어 의원들로 하여금 익히도록 하였다. 1459년 9월에는『의방류취(醫方類聚)』를 교정, 간행토록 하였다.

삼정 가운데 하정에 속해 있는 오악 중 북악이 견실하고 노복궁이 풍륭한 점에서 사사로운 왕권쟁탈에 대한 욕심이라기보다는 조선 왕조의 기틀을 안정되도록 유지시키기 위한 명분으로 작용했을 것으로 보인다. 세조 어진의 상학적 접근은 이처럼 삼정과 오악의 완전한 균형을 이루지는 못하였지만, 세조 자신이 추구하려했던 이상을 펼치려 하였다. 이러한 점은 반듯하게 뻗어내려 온 코와 이반된 귀의 형상 그리고 신이 머무는 눈과 기세 있는 체상에서 정·기·신이 드러나 세조의 위상을 확인할 수 있다.

3) 영조어진 분석

〈그림 12〉 영조 어진
자료: 1900년 조석진 · 채용신 외, 비단에 채색 183×87, 보물 제932호, 국립고궁박물관

조선조 어진 가운데 전신상이 아닌 좌안 7분면의 반신상인 〈그림 12〉의 영조 어진은 생모를 받들기 위해 육상궁 봉안용으로 제작했다. 때문에 전신상이 아닌 반신상으로서 국가적 차원에서 이루어진 제작이 아니라 사적인 용도의 성격이 짙다고 본다. 기본적으로 제왕의 위엄과 기세를 부각하기에는 정면상이 적합하다. 그러나 영조어진은 좌안의 반신상이지만 좌상이 단정하고 기세 있는 모습이다.

우선 관인팔법에 의거해서 왕의 성정을 논하면, 영조의 상은 청수지상(淸秀之相)으로 맑은 정신의 빼어남은 흑백이 분명하여 가늘고 긴 눈에서 강하게 드러난다. 이와 같은 상은 성정이 학자다워 여러 저서와 작품집을 남길 정도로 학문 분야에서도 남다른 발자취를 남길 수 있는 기반이 되었다.

정력적인 저술활동을 통해 역대 제왕 중 가장 방대한 분량의 어제

(御製)와 어필(御筆)을 남겼다. 심지어 경전의 「서문」을 손수 지을 정도의 수준급 실력을 과시하였는데, 현재 장서각에 소장되어 있는 어제와 어필의 대부분은 영조의 작품이다. 호학(好學)이 지나치다 보니 경연 자리에서 도리어 신하들을 불러 놓고 자신이 직접 강의를 하기도 했다. 그는 신하들의 학문을 우습게 여긴 점도 있었지만 군주가 성인이라는 성군론(聖君論)에 매료되어 있었다.[157] 이러한 성정은 각 방면에 걸쳐 조선왕조의 중흥을 이룩한 왕으로 역사가 호학의 군주로 기억되게 하는 바탕이 되었다. 평생 학문을 즐기면서 책을 짓고, 75세(腮骨) 나이에도 실학의 학통을 계승하고자 『반계수록』이란 책의 편찬을 지시하기도 했다. 긴 재위기간 동안 이런 모습은 전혀 변하지 않아 자기관리에 철저한 왕이었음을 보여주고 있다.

영조의 상에서 가장 특징적인 부분은 눈꼬리가 날렵하게 치켜 올라가고 눈동자의 흑백이 분명하며 가늘고 긴 봉황의 눈에 눈썹이 조화를 이루고 있는 점이다. 거시적 안목에 의해 자신의 정치구현을 실행해 나갈 수 있는 원천적인 힘이 느껴진다. 영조의 〈그림13〉 연잉군 시절 예진과 어진에는 오관 중 감찰관인 눈의 기상이 빼어나고, 보수관인 눈썹이 가장 수려하다.

> 눈은 반드시 드러나지 않고 숨겨져 있어야 하는데, 흑백이 분명하고, 눈동자는 단정하고, 눈빛은 상대방을 비추듯 빛나야 하고, 봉황의 눈과 같이 가늘고 길게 드러나지 않고 빼어나면 이른바 감찰관의 격국이 형성되었다고 한다.[158]

---

157) 이성무, 『조선왕조사』, 책미래, 2018, p.582.
158) 『柳莊相法』「五官設」, "眼須要含藏不露 黑白分明 瞳子端正 光彩射人 或鳳目細長藏秀 乃爲監察官成."

이를테면 양쪽 눈이 신색이 맑고 정기가 상쾌하며 봉황의 눈과 같이 길게 자라면 반드시 일찍이 제왕이나 제후가 된다[159]는 것이다. 이를 보면 알 수 있듯이 연잉군의 눈매는 봉황의 눈에 비견될 만큼 세장하여 빼어났지만, 아직 자신의 지지기반이 안정되지 못한 시기여서 눈빛과 체상에서 정·기·신의 기세를 당당히 드러내지 않고 있다.

〈그림 13〉 연잉군 초상
자료: 1714년 진재해, 비단에 채색
150.1×77.7, 보물 제1491호, 국립고궁박물관

---

159) 『柳莊相法』「五官設」, "神淸爽 長如鳳目 身早作王侯."

눈썹은 모름지기 너그러운 듯 넓고 길며 맑아야 하며 두 눈썹이 빈 발까지 이어지고 혹여 뚜렷하게 나타나, 신월미의 모양과 같고 눈썹머리와 끝부분이 풍영하고 높이 떠 이마의 중앙에 있으면 보수관 (保壽官)으로서의 눈썹을 이루었다고 할 수 있다.160)

　왕세제 시절 빼어났던 보수관인 눈썹은 안면 12궁을 참고로 형제와의 인연관계가 나타나는 형제궁에 해당된다. 보수관의 격을 이룰 만큼 연잉군 시절의 수려한 눈썹은 경종과 연령군이 모두 일찍 죽어 형제가 없었기 때문에 영조 51세 어진에는 눈썹의 끝이 미약하게 변화되었다.

　또한 연잉군 초상에서는 안면 12궁 중 전택궁이 넓기 때문에 조선왕조의 왕으로서 전 영토를 다스릴 수 있는 역량을 갖추었다고 보여진다. 영조어진에서 연잉군 시절과 달라진 것은 넓은 전택궁에 눈두덩이의 피부가 얇아져서 눈동자가 살짝 드러나 보인다는 것이다. 이를 통해 노년에 들어 감수성이 풍부해졌고, 재백궁인 준두가 아래로 쳐져 있어 예술적 감각이 뛰어났음을 알 수 있다. 현재 그림이 남아 있진 않지만 서화를 다 배우지 않고도 능하였으며, 필묵을 가지고 놀 때마다 빼어난 풍채가 사람들을 감동시켰고, 도자기에 쓸 산수, 난초, 매화 등의 밑그림을 아주 잘 그렸다는 기록이 남아있다. 그는 33세(繁霞)부터 35세(太陽)까지 탕평책, 균역법을 실시하고 화차 및 총기를 제작하였는데, 이는 눈에 해당되는 운기의 유년과 관련된다.

　그런데 영조의 상에서 가장 열악한 부위가 있다. 오관 중 채청관인 귀가 꽃이 만개한 것과 같은 형태는 어머니의 태중 당시 열악한

---

160) 『麻衣相法』「五官總論」, "眉須要寬廣淸長　雙分入鬢　或如懸犀　如新月之樣　首尾豊盈　高居額中　乃爲保壽官成."

환경적 요소에 의한 것으로 보이나, 귀가 눈썹보다 높게 위치한 것에서 귀한 신분의 격을 형성하였다. 31세(凌雲)에 왕위에 올라 83세(卯)까지 살았으니, 역대 왕 가운데 최장수와 최장 재위기록을 남긴 왕이다. 재위기간 동안 인재를 공정히 등용하는 탕평책으로 당쟁 조정에 힘썼고, 세제를 개혁하여 균역법을 시행하였던 영조는 사회변화에 대응한 실학의 발전 및 문화 창달에도 노력하였다.

귀의 중간부위인 내곽이 튀어나와 뜻을 굽히지 않는 강한 의지력과 반항적인 성정 등 자기주도적인 면이 드러났다. 귀의 연골이 이반된 상의 모습에서 재위 내내 자신의 뜻을 관철하였던 성정이었음을 알 수 있다.

> 금성과 목성 두 귀가 활짝 핀 꽃과 같으면 일생 가난하고 바퀴가 날아갈 듯이 뒤집어지고, 곽이 튀어나오면 가난하여 매운 고생을 하게 된다. 이렇게 생긴 가운데에서 만약 벼슬하는 사람이 있다면 변변하지 못하여 끝내 성취하지 못한다.[161]

『마의상법』에서 논하고 있는 것처럼 총명한 사람은 귀가 높이 솟아 있다.[162] 영조의 귀는 높이 위치하여 활짝 펼쳐져 매우 총명한 군주였다. 귀의 상부인 천륜이 펼쳐진 관계로 영조는 안테나와 같은 역할을 하여 늘 주변의 상황에 신경을 곤두세우게 된다. 경종 독살설과 무수리 출신 숙빈 최씨 소생이라는 자격지심, 심지어 아버지 숙종의 아들이 아니라는 설까지 있었다. 그런 이유로 왕으로서 52년

---

161) 『麻衣相法』「五星六曜決斷」, "金木開花一世貧 輪翻郭反有艱辛 於中若有爲官者 終是區區不出塵."
162) 『柳莊相法』「五官設」, "聰明高聳."

이란 최장기 재위기간 동안 극도로 예민한 성정으로 가끔 선위 파동을 일으키기도 했다.

연잉군 시절 궁중의 여러 암투를 누구보다 뼈아프게 체감하며 성장한 영조는 연잉군 예진이 그려질 당시 장희빈의 아들이자 이복형인 훗날의 경종(재위 1720~1724)이 세자로 정해졌을 때였다. 경종을 지지하는 소론 세력과 자신을 지지하는 노론 세력의 극심한 대결 구도 속에서 연잉군의 앞날은 불투명했고 매일매일 불안한 생활을 하고 있었다. 보각(輔角)에 해당되는 21세의 예진에서는 안면 12궁 중 가장 중요한 핵심인 부위가 눈썹과 눈썹 사이에 해당되는 인당인 명궁이다. 천명에 의한 운명의 성쇠를 보는 곳인 명궁이 넓고 두둑하여 학식과 예능적인 기교면에서도 뛰어난 것으로 가늠되어진다.

아울러 연잉군 초상에서는 안면 삼정 중 상정과 중정에 비해 하정이 약해 자신의 기반이 안정되지 못하였는데, 영조의 51세 어진에서는 철저한 자기관리를 통한 노력으로 하정이 원만하게 형성되어 안면의 상에 있어 어느 정도 균형을 이루었다고 본다.

> 입은 반드시 각궁(활)과 같아야 하며, 열었을 때 크고 다물 때 작고, 아래 입술과 윗입술이 잘 어울리고, 입술과 치아가 잘 어울리며, 입의 모양이 넉 사(四)자 모양으로 모가 나면, 이른바 출납관의 격국이 형성되었다고 한다.[163]

영조의 입은 넉 사(四)자의 모양으로 두텁게 보이며 수염 또한 풍성하여 노년임에도 군주로서 정사를 펼쳐 역량을 발휘할 수 있는 바

---

163) 『柳莊相法』「五官說」, "口須要角弓開大合小 上下脣配齒配 四方 爲出納官成"

탕이 되었다. 입술은 붉고 두툼하며 입술선이 분명하고 턱 주변이 탄력 있고 윤택해서 젊은 사람 못지않은 건강한 모습이다. 하관까지 길게 뻗은 뚜렷한 법령에서 정해놓은 원칙에 따른 법제를 모든 이들이 다 준수해 주길 원했다.

풍륭하면서 긴 코에 해당하는 중정이 좋아 영조는 코에서 나타나는 진취적인 추진력으로 41~50세 시기에는 정치 · 경제 · 문화 · 예술 · 사회 · 풍속 등에까지 83세 사망 때 모든 분야의 융성에 힘써 조선후기 부흥을 이끌었다. 백수진의 저서에서는 리잉차이가 매부리코를 세분하여 7종류로 분류한 내용을 서술하였는데, 그 내용을 참조해보면 이런 코의 형태를 가진 사람은 "총명하고 새로운 지식을 습득하기를 좋아하고 단시간에 새로운 정보나 기술을 장악하는 능력이 있다. 또한 자신의 이익만 챙기고 점유욕이 강하다"[164]라고 표현하고 있다는 데서 그 유사성을 찾을 수가 있다. 이런 관점에서 영조의 코는 매부리코와 유사하여 현대적 시각에서 보면 어느 한가지의 형태라 단정 짓기는 어렵다. 왜냐하면 연잉군 시절의 코는 산근이 단절되어 있고 연상과 수상이 높고 코끝인 준두가 안으로 들어가 있어 유대인의 코와도 흡사하기 때문이다.

고전 상학서에는 매부리코를 일방적으로 나쁘다고만 논하고 있는데, 매부리코라고 해서 반드시 흉한 상만이 있는 것이 아니라 현대는 다양한 관점에서 매부리코의 형태를 논의할 필요가 있다고 생각한다. 연잉군 시절의 코는 51세의 영조 어진의 코의 형태가 아니듯이 어떤 환경과 어떤 생각을 하고 살았느냐에 따라서 상은 달라진다고 본다. 실례로 51세에 그려진 어진에서는 이마와 산근이 잘 연결

---

164) 백수진, 『관상수업』, 나들목, 2017, p.203.

되어 있고, 수명의 장단을 보는 코가 길게 아래로 내려와 보수적인 성향으로 주어진 왕권을 중년까지 잘 이어갈 수 있었다고 본다.

그러나 왕권을 강화하며 주도적으로 정사를 펼쳤지만 코의 연상과 수상 부분에 약간의 굴곡이 있어 그에 따른 난관도 뒤따랐을 것이다. 그러함에도 불구하고 굳건한 콧대의 끝에 잘 맺혀진 준두는 어떤 역경 속에서도 자신의 정치적 입장을 고수하여 성과를 낼 수 있는 원천이라 할 수 있다. 이러한 코는 심폐기능이 좋아 자신의 주도하에 결정된 통치에 대한 신념을 관철시킬 수 있는 것으로 분석할 수가 있다.

실제로 인재등용과 사치의 폐단을 없애기 위해 영조는 여러 정책들을 펼쳤는데, 상주 목사 박사수에게 상주에서 탕평책에 의한 정사가 행해짐을 보고 싶다고 주장한 것에서 자신이 추진한 국정 운영에 대해 몸소 확인하려는 영조의 집념과 의지가 드러나 있음을 알 수가 있다.

> 상주목사 박사수를 인견하고 이르기를, "상주 한 고을에는 탕평책에 의한 정사를 펼 수 있을 것이니, 나는 그 공효를 보고 싶다" 하였다.165)

이어서 1756년(영조 32)의 한 기록에 의하면, 영조는 사회기강을 바로잡기 위한 정책으로 사족 부녀의 가체를 금하고 족두리를 쓰게 하였다.

---

165) 『英祖實錄』 22권, 영조 5년, "引見尙州牧使朴師洙曰 尙州邑 可布蕩平之政 予欲其效."

사족(士族)의 부녀자들의 가체(加髢)를 금하고 속칭 족두리로 대신하도록 하였다. 가체의 제도는 고려 때부터 시작된 것으로, 곧 몽고의 제도이다. 이때 사대부가의 사치가 날로 성하여, 부인이 한번 가체를 하는데 몇 백 금(金)을 썼다. 그리고 갈수록 서로 자랑하여 높고 큰 것을 숭상하기에 힘썼으므로, 임금이 금지시킨 것이다.[166]

또한 오악 중에서도 중악인 코가 발달하여 추진력에 따른 개척 정신과 적극성이 더해져서 왕의 지위가 잘 형성되어 있다. 반면 나머지 사악은 중악과 서로 조응하지 못하였으므로 독단적인 성향이 있어 신하들과의 의견 대립을 유추할 수 있다. 더불어 사독 중 가장 으뜸인 눈에 해당되는 하독이 깊으며, 가늘고 길어 강한 운세와 복록을 지녔다. 그렇기 때문에 총명하고 거시적인 안목으로 정사를 펼쳐 조선조 중흥기를 맞이할 수 있는 기반을 구축할 수 있는 계기가 되었을 것이다.

영조는 역대 제왕 중에서도 가장 검소한 왕으로도 회자되는데, 왕이라는 귀한 신분임에도 불구하고 자신에게 주어진 복만큼 섭생에 있어 반찬 가짓수를 줄이라 명할 만큼 검소하였다. 검소함의 실천 인자로는 정과 신이 잘 조화된 감찰관과 길게 쭉 뻗은 재백궁 그리고 강인한 법령에서 찾을 수 있다. 1750년(영조 26) 영희전에 작헌례를 행하는 것을 소개하면 다음과 같다.

---

166) 『英祖實錄』 87권, 영조 32년 甲申, "禁士族婦女加髢 代以俗名簇頭里
加髢之制 始自高麗 卽蒙古之制也 時士大夫家奢侈日盛 婦人一加髢
輒費累百金 轉相夸效務 尙高大上禁."

임금이 영희전에 작헌례를 행하였는데 … "내가 일생토록 얇은 옷
과 거친 음식을 먹기 때문에 자전께서는 늘 염려를 하셨고, 영빈도
매양 경계하기를, '자봉(自奉)이 너무 박하니 늙으면 반드시 병이
생길 것이라'고 하였지만, 나는 지금도 병이 없으니 옷과 먹는 것이
후하지 않았던 보람이다. 모든 사람의 근력은 순전히 잘 입고 잘
먹는 데서 소모되는 것이다. 듣자니, 사대부 집에서는 초피(貂皮)의
이불과 이름도 모를 반찬이 많다고 한다. 사치가 어찌 이토록 심하
게 되었는가?"167)

영조의 검소성에 이어 안면의 여러 부위에서 장수 요인을 찾을 수
있는데, 곽림종이 이르기를 "누가 백세까지 사느냐는 질문에 귀에
긴 털이 나면 머리가 반백이요"168)와 같이 귀 안에서 털어 자라나오
는 것이 장수의 상징으로 표현되고 있다. "귓구멍 속에서 긴 털이
자라면 80세가 넘어서야 생을 마감하게 된다"169)는 상법에 의하면,
귓속에서 자라나온 몇 가닥 털의 표현조차 세밀하여 장수할 수 있는
상의 한 특징임을 알 수 있다. 수명을 보는 곳은 여러 부위가 있지만
선명한 인중과 긴 코는 장수의 근원이다. 영조는 위에서 언급한 관
골이 귀로 연결된 옥량골의 발달로 인해 역대 왕 중에서 재위기간이
가장 길었고 83세까지 수를 누릴 수 있었다.
수염이 짙거나 가늘지 않고 적당하여 영조는 무관이 아닌 문관의
기질을 타고 났다. 『유장상법』에서 "수염은 콩팥이 몸 밖으로 나타

---

167) 『英祖實錄』 71권, 영조 26년 2월 10일 癸未, "上行酌獻禮于永禧殿 …
    予一生薄衣惡食 故慈殿每以爲慮 寧嬪每戒云 自奉甚薄 老必生病 而
    吾今無病 衣食不厚之效 凡人筋力 全消於厚衣厚食 似聞士夫家 多有
    貂皮裘不知名之饌 奢侈何至 此之甚耶?"
168) 『神相全篇』 「採聽官」, "郭林宗曰 借問何人年過百 耳內生毫頭半白."
169) 『柳莊相法』 「五官說」, "基因毫生竅內 夭年八十方終."

난 싹이고, 단전의 원신(原神)이 몸 밖으로 나타난 것이다"[170]라고 하였다. 이를 참조하면 영조는 수염이 풍성하고 빼어나 장기간 왕위에 있으면서 왕권을 강화하였고 중흥을 이룰 수 있었다. 그러나 법령안의 식록궁의 인중 안에 수염이 아랫사람과 부하의 운을 보는 노복궁인 턱에 자리한 수염보다 빼곡하여 이는 천지간이 뒤바뀜으로 인해 상극을 이루어 자식이 설자리가 없게 되는 상으로, 두 아들을 자신보다 먼저 보내야 하는 안타까운 현실을 맞이해야 했다고 본다.

그리고 영조 안면에는 도화색 홍기가 있다. 이것은 그 자신의 안색에 홍윤기(紅潤氣)가 짙었다는 『승정원일기』에 나타난 기록과 부합되어 자신의 다혈질적인 성정이 안면의 기색에 나타났다고 볼 수 있다. 영조 어진의 안면에 나타난 봉안(鳳眼)에 높은 산근, 그리고 호리한 몸체는 앞의 젊은 연잉군 초상의 안면에서 보았던 용모 그대로지만, 노년에 접어든 영조의 모습에서는 더 이상 연잉군 시절의 조심스런 표정은 찾기 어렵다. 영조의 얼굴은 이제 자신 만만하고 권위적인 상으로 변화되어 있다. 눈꼬리는 다소 처져 있지만 51세의 나이에도 상당히 날카로우며, 빠른 하관과 숱 적은 수염 등에서는 고집스럽고 깐깐한 영조의 성정을 읽을 수 있다.

> 내가 의열(義烈)로 표시한 것은 너의 조모를 위한 것이 아니라 종사의 대의를 위한 것이다. 오늘날 신하가 만일 이 의리를 소홀히 여긴다면 윤리가 폐지될 것이다. 어찌 너의 조모뿐이겠는가. 장차 너를 어느 곳에다 두게 되겠는가? … 효경(梟獍)과 같은 무리는 말할 것도 없지만 이러한 무리가 아니라 하더라도 대의를 참으로 알지 못한 자일 경우 쉽게 넘어가기 마련이니, 이게 분변하기 더욱 어려운

---

170) 『柳莊相法』「永樂百問」, "鬚乃腎經之苗 丹田原神."

것이다. 세손에게 앉으라 명하고 누누이 밝게 유시하였다. 그리고 기주관(記注官)에게 명하여 일기에 기록하라고 명하였는데, 대신들이 말하기를, "이는 바뀌지 않는 의리입니다"고 하였다.[171]

생긴 대로 사는 것이 관상학적 개념이라면 사는 대로 바뀌는 것이 곧 인상학의 이론이다. 연잉군 초상과 영조 어진의 비교에서 31년의 세월의 변화에 따른 위상적 차이가 확연히 다른 것을 알 수가 있다. 연잉군 초상에서는 상정과 중정에 비해 하정이 약해 자신의 지지기반의 불안정으로 눈에서도 정·기·신의 온전한 기운을 드러내지 못하였다. 그러나 왕이 된 이후의 어진에서는 눈이 봉황의 눈이라 칭할 만큼 신(神)의 기운이 빼어나 전체적으로 정·기·신의 기세와 위엄이 드러났다. 여기에서 연잉군 시절의 초상화에는 젊은 나이임에도 불구하고 패기를 드러내지 않으려 신중하고 온유한 표정이 자신의 내면을 절제하며 살았다는 것을 보여준다. 결국 연잉군은 경종이 무자다병하다는 이유로 1721년 왕세제에 책봉된다.[172] 병약한 이복형 경종의 대리청정 시절 당시 소론과 노론 사이에서 줄타기하며 27세(塚墓)에 즉위하였다. 영조가 무난히 등극할 수 있었던 원인으로 상정 부분의 발달과 넓은 전택궁 그리고 자신의 시대를 기다릴 줄 아는 인내와 지혜를 보수적인 긴 코에서 찾을 수가 있다.

더불어 51세의 어진에서 유추할 수 있는 것은 삼정과 오악이 균형

---

171) 『英祖實錄』104권, 영조 40년 9월 26일 乙亥, "予之表以義烈者 非爲爾祖母也 乃爲宗社之大義也 今日臣子 若忽此義 倫彝斁矣 豈徒爾之祖母? 將置爾於何地? … 獍之徒 不足道也 雖非此類 其不眞知大義者則易於同歸 此辨之尤難也 命世孫侍坐 縷縷洞諭之 命記注 載于日記 大臣等曰 此不易之義理也."

172) 조선미, 앞의 논문, p.210.

을 이루어 천지가 상응되었고, 세월의 흐름에 따라 변화된 상은 균형과 조화가 이루어졌음을 알 수 있다. 이와 같이 시간의 흐름에 따라 상이 변화하였다는 것은 재위기간 내내 철저한 자기관리와 왕권을 안정적으로 구축하려는 부단한 노력이 뒤따랐다는 것이고, 시공합일이 어우러졌다는 반증이다. 그 결과 법령과 눈의 정·기·신이 온전하고 윤택해져 장수할 수 있었으며, 손자인 정조에게 무난하게 양위할 수 있는 바탕을 마련한 것이라고 여겨진다.

4) 철종어진 분석

〈그림 14〉 철종 어진
자료: 1861년 이한철·조중묵 외, 비단에 채색
202×93, 보물 제1492호, 국립고궁박물관

불에 타다 남은 〈그림14〉 철종의 31세 어진은 좌안8분면 전신교 의좌상으로 제왕의 기품이 좌상과 의관의 화려함과 단정함에서 드러 난다. 화재로 인해 오관 중 중요한 부위인 출납관에 해당되는 입을 확인할 수 없는 부분이 아쉽다.

관인팔법에 의거한 철종의 상은 청수지상에 해당하여, 맑은 성정 으로 왕의 역할을 감당할 수 있을 만큼 총명하고 위엄도 있었다. 그 러나 견고해진 안동 김씨의 세력 및 왕실과 거리가 먼 출신인 데서 오는 열등감 때문에 재위 내내 허수아비 임금일 수밖에 없는 상황에 놓여 있었다.

오관 중 분별력과 자신의 위상을 나타내는 심변관은 길상인데 비 하여, 듣고 판단하며 정확하고 총명하게 대처해야 하는, 즉 반드시 솟아야 하고 색이 선명하게 맑아야 하는 귀에 해당하는 채청관, 눈 을 보호하여 눈에 생명을 주는, 흩어지지 않고 긴밀해야 하는 눈썹 을 의미하는 보수관, 흑백이 분명하며 안신이 감추어 드러나지 않아 동자가 단정해야 하는 눈에 해당되는 감찰관이 열악하다. 오관 중 사관이 위상을 갖추지 못했으므로 시대적인 상황 또한 순탄하지 않 았을 것이다. 즉 혼란기의 정치 상황의 판단, 주도적인 통치체제 또 한 실행될 수가 없었고, 철종을 도울 세력의 구축 또한 어려웠음을 읽을 수가 있다.

철종의 어진을 보면 삼정 가운데 상정이 가장 긴 것에 비례해 중 정이 조금 짧고 하정은 짧고 빈약하다. 전립을 쓴 발제 부위인 이마 위 천정 부위가 높으면서도 좁게 형성되어 있으며, 중정 부위가 그 에 비해 짧은 편이고 하정인 지각까지 좁아 긴 안면의 형태이다. 안 면의 비율에 있어 가로 폭과 세로 길이의 비율이 잘 맞지 않는다. 그렇지만 상정인 이마가 높게 형성되어 차남이었지만 장남의 역할을 하게 되므로 왕위에 오를 수 있었다고 볼 수 있다.

오악을 참조하여 살펴보면, 철종 어진의 중악인 코가 우뚝 솟았기 때문에 임금에 비유되지만 그에 비해 신하격인 동서악의 관골이 힘 있게 형성되지 않아, 의지와 실행능력 및 사회적으로 활동할 수 있는 수완과 추진력 등이 약하게 보인다. 철종을 보좌해줄 지지 세력이 없는 외로운 군주였으므로 국사의 전권을 교동아저씨라 불리는 김좌근에게 의견을 물어 결정할 정도로 의존적인 정사를 펼쳤다. 철종 어진에서 오악이 조화롭지 못함을 시대 상황을 통해서 유추 할 수가 있다.

삼정의 문란을 바로잡기 위해서는 우선 세도정치의 뿌리를 뽑아야 하는데 안동 김씨의 강고한 세도 앞에서 철종은 그 뜻을 펴지 못하였다. 안동 김씨의 세도정권이 절정에 달해 있던 철종 대에는 그들에 도전할만한 다른 정치 세력의 성장이 원천적으로 봉쇄되어 있었기 때문이다. 이들 세력의 전횡에 마땅히 대항할 방법이 없자, 철종은 자연히 국사를 등한히 하고 술과 궁녀들을 가까이 했다. 술과 여색에 빠지게 되자 본래 튼튼한 몸을 가지고 있었던 철종은 급속도로 쇠약해져 1863년 12월 8일 재위 14년 만에 33세를 일기로 승하하게 된다.

철종은 정이 많은 군주였다. 사독 중 큰 눈인 하독에서 나타나듯이 감정이 풍부하게 드러난다. 백성에 대한 애민정신으로 철종은 안동 김씨의 세도정치가 기승을 부리는 가운데도 민생을 돌보는데 남다른 애정과 성의를 보였다.

이러한 성정을 바탕으로 철종은 말기에 이르러 일어난 민란의 수습과 삼정의 문란을 바로 잡기 위한 노력을 아끼지 않았다.[173] 역사에 나타나 있듯이 철종은 1852년(철종 3)인 22세(司空)부터 친정을 시작하였는데, 다음 해인 1853년 관서지방에 심한 기근이 들자 대책으로 선혜청의 전 5만 냥과 사역원에서 인삼세로 거둬들였던 사역원 삼포세 6만 냥을 내어 백성들에게 대여해주도록 하여 구제하게 하였다. 또 그해 여름 심한 가뭄으로 인해 재물과 곡식이 부족해진 관계로 구휼할 수 없는 실정에 이르자 재용(財用)의 절약과 탐관오리의 징벌을 엄명하기도 하였다. 이처럼 철종은 각종 국가 재난에 직접 민생을 구휼하도록 하는 등 빈민구호 정책에 적극적이었던 점도 감성이 풍부하고 정이 많은 두 눈 즉, 하독에서 읽을 수가 있다.

다음으로 철종의 통치와 관련하여 『면상비급』에서 말하는 얼굴의 기색과 의관의 단장함에 대한 언급을 살펴보도록 한다.

> 얼굴에 근심이 가득하면 운이 없다는 것을 알라. 얼굴 가득 밝게 빛나면 때가 오는 것이요, 예로서 단장함은 옳은 것이요, 옷으로 장식한 것은 거짓이니 정신과 기력은 거짓하기 어려우니라.[174]

어진 속 철종은 의관의 단장함으로 볼 때 웅장하면서도 빼어난 군왕의 면모를 드러낸 것에 비해 안면의 눈빛과 표정은 불안정한 기색이 드러나 대조적인 면이 있다. 순원왕후가 3년이나 수렴청정을 했으며, 그 후 친정 때에도 정국을 주도하지 못하였다. 안동김씨 세도정치의 횡포, 각종 민란에다 동학의 창제 등 철종 재위 시에 일어났던 수많은 사건들은 임금의 자리에만 있었으므로 무력하고 무지했던 철종의 심적 번민이 어떠했을까를 충분히 짐작하게 한다.[175] 철종

---

173) 박영규, 앞의 책, p.481.
174) 『面相祕笈』, "愁容滿面 知其無運 滿面光彩 識其乘時 禮可飾 衣可假 神氣難假."

어진의 체상을 보면 태조나 영조 어진에 비해서 안면이나 체상의 당당함이 부족해 보인다. 실제로 철종의 자녀들은 다 어린 나이에 사망해서 후손을 남기지 못했다.

> 임금은 기우(氣宇)가 엄정하고 우뚝한 콧대에 용의 눈동자를 하고 있으므로 둘러볼 때에는 영채(英彩)가 번뜩여 위엄을 차리지 않아도 근엄하였고 살피지 않아도 환히 알았다.[176]

위의 내용에서 그의 성격적인 면을 추론하면 다음과 같다. 세도정권의 막강한 힘과 독단 앞에 선 철종은 자신의 뜻을 제대로 관철시킬 수 없는 불운한 왕이었다. 빈민 구제책이나 이재민 구휼에 남다른 열정을 보이기도 하지만, 철종은 짧은 학문과 얕은 경륜에 대한 자격지심과 순조 대(代)부터 이어져 내려온 막강한 세도정권의 바람을 막아내고 삼정의 문란을 혁파할 개혁의 방도를 찾지 못한 채 임술민란 등 전국적인 위기 상황을 맞게 된다.

> 민생이 곤궁하여 지쳐 있는데도 이를 잘 구제하지 못하였고, 법령의 시행이 옹알(壅遏)되었는데도 이를 잘 진작시키지 못하였으며, 재곡(財穀)이 다 없어졌는데도 잘 절약하지 못하였고, 탐욕 많은 관리가 횡행하는데도 이를 잘 징치(懲治)하지 못하였으니, 첫째도 과매(寡昧)한 나의 죄요, 둘째도 과매한 나의 죄이다. 대신들이 면려하는 차자(箚子)를 진달하고 이어 관직에서 물러나기를 청하니, 임금이 이르기를, '재생(災眚)이 발생한 것은 나의 부덕함에 연유된

175) 국립고궁박물관, 앞의 도록, 2015, p.213.
176) 『哲宗大王行狀』, "王 氣宇凝遠 隆準龍睛 顧眄有英彩 不威而嚴 不察而明."

것이다. 경(卿) 등에게야 무슨 잘못이 있겠는가?' 하면서 윤허하지 않았다.[177)

　신하들의 간언에 반대하는 태조의 성격과 달리 철종의 경우, 탐관오리의 잘못에 대해 본인의 잘못이라고 자책하며 타인을 배려하는 너그러움을 읽을 수 있다.

　이때 실제적인 정치 운영은 안동 김씨 일문에 의해 이루어졌으므로 진정, 군정, 환곡 등 삼정의 문란의 심해지고 탐관오리가 득세하여 백성들의 생활은 도탄에 빠졌다. 1862년(철종 13) 유년운기 부위를 보면 32세(紫氣)에 진주민란을 시작으로 전국 도처에서 민란을 일으켜 나라가 혼란스럽고 왕조 체제 자체가 근본부터 무너져 내리고 있었다.

　아쉽게도 철종으로서는 60년 안동 김씨 세도의 굴레에서 벗어나 자신의 정치적 능력을 발휘하기란 그리 쉽지 않았을 것이다. 그래서 그 구제책이라는 것도 고식적인 정책에 불과했다고 할 수 있다. 1863년 갑자기 병세가 악화되어 33세(繁霞)의 일기로 창덕궁 대조전에서 서거하였다.

　정원용의 『경산일록』에 "철종의 모습은 이마가 각지고, 콧마루가 우뚝한 것이 비범함을 갖추었고, 두 광대뼈에는 귀밑털이 덮여 있었다. 귀의 가장자리는 넓고 둥글었으며, 입술은 두터웠고, 손은 컸다. 흰 봉황의 자태요, 제왕의 의표였다"[178)라고 기록하고 있다. 철종의

---

177) 『哲宗大王行狀』, "民生因瘁 不能救濟 法令壅遏 不能振刷 不能節約 貪墨橫行 不能懲治 一則寡昧之罪也 二則寡昧之罪也 大臣箚勉 仍乞 退 王曰 災眚之來 於卿何有? 不許."
178) 조선미, 앞의 논문, p.213.

이목구비에 대해 세부적으로 설명하고 있지만 안면의 형에 대한 구체적인 표현은 없었다. 긴 형의 안면에 표현된 이목구비의 형태는 짙은 눈썹과 쌍꺼풀진 동그란 눈, 길게 뻗어 내려온 코, 두터운 입술이 기존의 왕과 달리 서구적인 얼굴형으로 앞의 태조나, 세조, 영조, 익종, 원종 어진에서 보아왔던 용모와 달라진 상이다.

유년의 운기를 볼 수 있는 것으로, 귓바퀴인 이륜(耳輪)이 울퉁불퉁하여 부모의 역모죄에 연루되어 철종은 유배지인 강화도에서 불안하게 보냈다. 귀의 높이가 눈썹보다 높아 왕족의 후손인 귀한 신분이라는 것을 알 수 있다. 철종 어진에 나타나듯이 울퉁불퉁한 곽반(郭反)이 내곽을 감싸고 있어 나의 주장을 관철하기보다는 주위의 의견에 순응하려는 편이다.

> 양 눈에 신기가 없으면 설령 콧대가 높다 해도 역시 수명을 재촉한다. 말씀에 이르기를, 재상이 되는데 가장 큰 역할을 하는 곳은 눈이다. 이에 신이 위주가 되고 골법은 그 다음이니 만약 눈에 빛이 없으면 가령 콧대가 높이 솟았다 해도 장수하지 못할 상이다.[179]

사람의 영혼을 나타내는 신(神)의 기운이 드러나는 핵심인 눈이 동그란 철종의 눈은 겁이 많고 자신의 감정을 감추기가 어렵게 보인다. 수명을 물으면 신에 있다. 눈빛인 신이 어두운 자는 한결같지 않게 운이 막히며 또 수명에도 방해가 된다.[180] 이처럼 철종 어진을 보면 콧대가 높아도 눈빛은 초점이 맺혀지지 않고 눈에 빛인 신이

---

179) 『麻衣相法』「石室神異賦」, "兩目無神 縱鼻梁高而命 亦促 註云眼爲上
　　相 以神爲主 骨法次之 若目無神光 縱使鼻梁高聳 亦非壽相."
180) 『面相祕笈』, "問壽在神 神昏者 不但運滯."

결여 되어 있어 왕권을 주도적인 확립하기에는 어려움이 따른다.

그리고 철종은 다른 왕들에 비해 안면 12궁 중 형제궁인 눈썹이 굵고 짙다. 고전 상법에 나타나 있듯이 눈썹이 짙고 두터우면 타향에서 머물게 되고, 눈썹이 엷고 드문드문 나 있으면 평생을 고독하게 산다. 눈썹이 짧고 촘촘하면 형제가 마땅치 않게 지낸다.[181] 철종의 형 원경도 헌종 1844년(헌종 10년)에 이원덕의 역모에 연루되어 처형되어 의지할 수 없는 외로운 처지였다. "눈썹이 눈을 짓누르고 있으면 30세 전후에 절에 들어가 승려가 되며, 그렇지 않으면 요절한다"[182]는 언급이 주목된다. 만일 철종이 강화도에 은둔하며 농사를 짓고 강화도령으로 살았더라면 생을 더 연장했을 수도 있었을 것이다.

철종의 눈과 코를 보면 눈동자가 가운데로 몰려 비록 콧대가 길게 뻗어있지만 신(神)에 해당하는 눈에 빛이 없어 장수하지 못하였다. 그래서 철종은 이른 나이에 후손을 남기지 못한 채 생을 마쳤다. 철종 어진은 제왕의 위엄과 품격에 맞는 군복본이 어진 중의 백미로 꼽힌다. 그러나 어진 속의 철종은 비록 의관이 왕의 신분이라는 것을 확인해주지만 감출 수 없는 내면은 불안정함이 신의 기운이 눈빛에서 확인된다.

또한 안면의 횡골이 발달하지 못해 삼정이 길어 천지가 상응하지 못하였다. 그리고 철종 어진에 드러나듯이, 균형과 조화를 이루지 못하여 시대적 난국들을 주도적으로 풀어가지 못하였다. 그는 여러 요소들을 통해 시공합일을 이루지 못하여 짧은 생을 마감해야 했다.

---

181) 『柳莊相法』「五官設」, "濃厚淹留 薄疎孤獨 短促兄弟非宜"
182) 『柳莊相法』「壽夭得失」, "羅計日月交增 三十前後 入侍爲僧 不然也夭"

5) 고종어진 분석

〈그림 15〉 고종 어진
자료: 20세기 초 傳 채용신, 비단에 채색
117.8×68.2, 국립중앙박물관

〈그림15〉를 통해 고종의 어진을 살펴보면, 정면좌상으로 태조나 세조어진에서 보이는 제왕의 위엄과 기세는 조금 덜 드러나 있지만 점잖으며 단정한 체상이다. 올바른 좌상에 관련하여 『유장상법』에서는 다음과 같이 설명하고 있다.

무릇 앉는 자세는 남녀 모두 단정하고 엄숙해야 한다. 앉은 자세가 구릉과 같은 사람은 주로 크게 귀하다. 앉아 있을 때 어깨는 둥글고 목은 바르며, 몸은 가지런하게 서고 앉는 것이 모두 자연스럽고 편안하면 이것은 모두 귀인의 상이다.[183]

---

183) 『柳莊相法』「論坐富貴貧賤之相五官設」, "凡坐欲端正嚴肅 男女一同 坐苦丘山者 主富貴 若肩圓頂正體平 起坐舒緩 此皆貴人之相."

고종의 좌상을 보면 정면관의 어진임에도 불구하고 어깨가 앞으로 기울고 양 손을 팔자형으로 양 무릎위에 기대어 내려놓았다. 이러한 좌상은 어진 제작 당시 고종이 노년에 접어들어 기력이 쇠약한 것에 기인한 것으로, 곧은 자세가 갖추어지지 않아 제왕의 당당한 위엄과 기개가 잘 드러나지 않는다.

『면상비급』에 나타나듯이 체격이 큰 자는 마땅히 기개를 위주로 보고, 체격이 작은 사람은 정신을 위주로 보아야 하는 법이다.[184] 이를 통해 알 수 있듯이 태조나 세조같이 큰 체상은 무인과 같은 기개를 우선으로 파악해야 하겠지만, 고종은 신장과 전체적인 체격이 크지 않아 정신을 우선으로 보는 것이 중요하다. 제왕의 상을 정신을 위주로 보느냐, 기개를 위주로 보느냐에 대한 것은 왕조가 처한 시대상황에 의해 좌우되는 것으로 보는 것이 합당다고 본다. 고종이 처한 시대적 위기 시 난관을 타계하고자 할 때는 시대적 요구에 의해 정신보다는 기개가 더 중요한 왕의 주요 덕목으로 부각되어질 수도 있다.

관인팔법에 의거하여 고종의 성정을 논하면, 후중지상으로서 중후하고 기품 있어 보이는 귀한 신분의 상을 타고났다. 그렇지만 고종의 체상에서 원천적인 힘의 부족함이 드러나 '후중(厚重)'의 이미지를 반감시켰다.

또한 고종은 정·기·신이 소진된 인상과 체상으로 인해 왕권의 주도에 의해 정국을 타계하기보다는 의존적인 성향을 보여 명성황후나 대신들에게 의존하는 정사를 펼쳤다. 1873년(고종 10) 명성황후

---

184) 『面相祕笈』「要訣」, "體格之大者 宜以氣槪爲主 體格之小者 法以精神爲主."

의 동조에 따라 대원군이 섭정에서 물러나자 고종이 친정(親政)을 선포하지만, 이로부터 정권은 명성황후와 그 일족인 민승호·민겸호·민태호로 대표되는 민씨 일문의 세도정치가 다시 시작되었다. 이 때부터 고종은 명성황후와 대원군의 중간에서 왕조의 어려운 상황을 헤쳐 나가야 했다.

특히 고종의 경우 오관 중 소리를 듣는 기관 중 채청관의 격을 이뤄 귀가 높이 반듯하게 자리해 있으면서 수주가 입을 향해 조응하고 있다. 유년운기도에 의하면 귀는 유년시절의 운기를 유추할 수 있는데 일찍부터 총명함이 드러나 윗사람에게 주목받을 수 있는 상이었다고 본다.

또한 고종 어진의 경우 삼정이 균형 잡힌 안면으로 인상학적으로 귀한 신분임을 드러내는데 있어서 외형적으로는 제왕의 상에 부합된다. 균형을 이룬 안면으로 편안하고 안정된 인상으로 상정의 시기에 해당되는 유년기부터 글씨나 문장에 뛰어나 학문에도 게을리 하지 않을 만큼 총명하였다.

넓고 윤택한 상정은 고종이 차남임에도 불구하고 왕위에 오를 수 있는 바탕이 되었다. 윗사람과의 인연이 좋아 신정황후에 의해 왕위에 올랐지만 수렴청정을 하고, 대원군이 막후에서 섭정을 하였다. 1866년부터는 친정을 하게 되었으나 흥선대원군이 여전히 권력을 독점하고 있었다.[185] 상정의 운기에 해당되는 어린 시기에 윗사람의 지배를 받아야 했기에 자신의 주도하에 통치를 할 수 없었다. 얼굴은 모난 곳이 없이 삼정이 조화로운 상으로서 성품도 유순하며 섬세하여 난세를 돌파하기에는 무리가 있어 보인다.

---

185) 휴머니스트 편집부 엮음, 앞의 책, p. 226.

오악에 있어 제왕의 기상에 있어 중악이 원만하고 나머지 사악도 원만하다. 오악이 나지막하게 적당히 균형을 이루고 있는 고종은 부드러운 인상으로 왕조가 태평한 시기에는 성군으로서 좋은 상이지만, 위기에 봉착했을 때 난관을 헤쳐 나가기에는 어려운 성정의 상으로 사료된다. 왕조가 위기에 처할 때 중악도 기세가 있고 나머지 사악도 그에 조응하여 조화를 이루었더라면 난관 극복에 있어 조금 더 적극성을 보였을 것이다.

고종 어진의 사독 중 눈에 해당되는 하독이 길게 깊게 형성되어 있다. 상학에서 제일 중요한 정ㆍ기ㆍ신의 세 기운은 눈을 통해 가장 잘 드러난다. 그러나 고종 눈에 신기가 부족하여 눈의 기상이 덜 드러나 정ㆍ기ㆍ신이 조화를 이루지 못하여 유약한 상으로 드러났다. 그의 눈을 잘 살펴보면 눈 상단 중앙부분이 직선을 이루고 있다. 유약하지만 꽤 합리적이고 타산적이며 현실적인 성격을 가늠할 수 있는 부분이기도 하다.

다음으로『면상비급』을 보면 코에 대하여 다음과 같이 언급하고 있다.

> 수본비는 주로 현처를 얻는다. 코가 길고 적당하게 힘 있게 생겼다. 산근이 끊어지지 않고 난대정위가 분명하고 콧구멍이 드러나지 않았으며 모양이 아름답게 보이는 형으로 색이 윤택하고 깨끗하다.[186]

이를 참조할 때 고종의 코는 수본비(守本鼻)의 형상이다. 수본비의 특징은 성품이 온화하고 부드러우며 부자라면 재물을 지킬 수 있

---

186)『面相祕笈』, "守本鼻主妻賢 型狀 鼻長略略有勢 山根不斷 廷衛分明 不露孔 型美可觀 色潤白是也"

고, 귀인이라면 깨끗하고 바르며 새벽에 일찍 일어나는 현처를 얻는다. 사사로움이 없는 삶을 살아가므로 큰 흉은 나타나지 않는다고 하였다.

눈은 정신이 머무는 집이라면 눈썹은 비바람으로부터 집을 잘 보호할 수 있는 지붕에 해당된다. 안면 12궁 가운데 형제궁에 해당되는 눈썹의 끝이 잘 맺혀지지 않고 흩어져 신(神)의 기운이 드러나는 눈을 잘 감싸주지 못하고 있다. 눈썹은 가족 외에도 사회생활에서 성공 여부와 대인관계의 상리를 보는 곳인데 고종의 눈썹은 희미하면서 미간이 넓기까지 하다. 성격의 느긋함과 급변하는 정세의 대처방법을 가늠해 볼 수 있는 징표이기도 하다. 1875년 운요호 사건을 계기로 세계열강들과 개항하면서 백성들의 생활은 불안정해졌고, 1882년 임오군란이 일어나는 등 대내외적으로 대한제국은 혼란스러운 상황이 전개되었다. 왕조가 위기에 처한 상황에서 주변 열강으로부터 도움을 받을 수 없는 상황에 놓이게 된 것도 열악한 형제궁의 부실여부에서 찾을 수가 있다. 또한 "눈썹을 가리켜 켜 형제궁이라고도 하는데, 눈썹 끝이 모여 있는 것은 처자식과 재물의 연분이 많은 것을 상징하고, 흩어져 있는 것은 처자식과 재물의 연분이 적은 것을 상징한다"[187]라고 했다. 고종황제에게는 명성황후 외 7명의 귀인과 4명의 후궁에게서 아들 9명과 딸 4명이 태어났지만 어려서 모두 죽고 아들 3명과 덕혜옹주 1명만이 생존 한 것에서도 가늠할 수가 있다. 희미하게 빛을 잃어가는 고종의 눈썹에서 조선왕조 500년의 저물어가는 석양의 기운을 예견하지 않았을까 유추해 본다. 또한 눈의 형상은 가늘고 길어 세심한 눈에 가깝지만 눈을 감싸고 있는 전택궁이 얇아 예민한

---

187) 오현리, 『정통오행상법보감』, 동학사, 2001, p.95.

성정임을 알 수 있다.

김민호는 「사상의학을 통해 본 조선시대 어진 연구」에서 어진에 표현된 고종의 얼굴에 대해 이목구비가 반듯하고 온후한 인상이지만, 일찍이 태조 어진에서 보았던 정기어린 눈매나 카리스마도, 영조 어진에서 감지되었던 당당하면서도 예리한 성정도 발견하기 어렵다고 보았다. 또 조금은 지치고 무기력해 보이는 고종의 모습 뒤로, 기울어져가는 조선을 눈앞에 두고 어떻게든 버텨내고자 안간힘을 썼던 불운한 군주의 체념이 깔려 있음을 확인할 수 있다[188]고 사상의학적 관점에서 분석하였다.

개별적 인상에 있어 고종은 눈 끝이 처지고 눈썹이 옅고 숱이 적으며 눈과 입술은 약간 작게 묘사되어 있다.[189] 눈에 비해 입이 작아 수용할 수 있는 복록의 크기도 조금은 줄었다고 보인다. 비록 삼정의 균형과 조화는 이루었으나 지각과 얼굴의 하정 부위 전체와 수성인 입이 위치하는 노복궁이 부실하다. 수로(水路)를 상징하는 인중의 형상이 얼굴에 비해서 올챙이 같이 가는 형상을 하고 있다. 올챙이 형의 인중은 노년에 외롭고 가난함을 의미하는데 사랑하는 덕혜옹주를 일본에 볼모로 보내고 궁궐을 떠나서 아관파천[190]의 생활을 해야 했던 사건 또한 부실한 노복궁에서 찾아본다.

1897년 국호를 대한제국으로 바꾸고 광무개혁을 추진했으나 일본에 의해 식민지화되어 한일협약과 을사조약을 통해 외교권은 박탈당했고 내정간섭을 본격화하였다. 이에 1907년 헤이그 만국평화회의

---

188) 고궁박물관, 앞의 도록, p.215.
189) 김민호, 앞의 논문, p.77.
190) 조선말기인 1896년 2월 11일부터 다음해 2월 25일까지 고종황제와 세자가 러시아 공사관으로 옮겨서 거처한 사건.

에 밀사를 파견하여 일본의 침략을 세계에 호소하려다 실패한 후 일본에 의해 강제 퇴위되었으며, 1910년 식민지가 된 이후에는 이태왕으로 불리며 덕수궁에서 만년을 보내야 했음[191]은 안타까운 일이다.

고종은 전체적으로 군주로서 손색없는 기품 있는 편안한 상이나 전체적인 체상과 신의 기운이 드러나는 눈빛에서 정·기·신이 드러나지 않아 대내외적인 왕조의 위기에 대처하기가 어려웠다고 본다.

6) 순종어진 분석

〈그림 16〉 순종 어진 초본   〈그림 17〉 순종 초상 사진

자료: 김은호, 1923년, 종이에 먹 59.7×45.5 이와타 카나에岩田鼎, 1909년경 촬영,
개인소장(국립현대미술관 위탁 보관) 55.0×40.0

반신좌상을 한 〈그림14〉의 어진에서 순종은 군복을 입고 단발을 한 채 손을 내 놓고 있는 자세를 취하고 있다. 순종 어진 초본에서

---

191) 휴머니스트 편집부 엮음, 앞의 책, pp.227-228.

기존의 어진이 갖는 전통적인 특징과 달리 왕실의 위엄과 권위가 크게 위축되었음을 알 수 있다. 좌상이 중후하게 보이는 체상이기는 하지만, 어깨와 등이 앞으로 살짝 기울어 당당한 기세는 반감되어 보인다.

그리고 관인팔법에 의거해서 순종의 성정을 논하면, 후중지상에 해당되어 중후하고 귀하며 부드러운 성군의 상이다. 그러나 엄밀히 보면 국가가 위기상황일 때 난관을 주도적으로 이겨나가며 통치할 수 있는 힘이 부족해 보인다.

순종에 있어 자기주도적인 역량을 발휘하는데 있어 오관 중 가장 중요한 감찰관인 눈과 심변관인 코의 형상에 기세가 있고 빼어났더라면 국가적 위기를 타개할 수 있는 역량을 발휘했을 것으로 보인다. 그러나 눈과 코의 상에서 강한 카리스마나 위엄을 느껴지지는 않는다. 감찰관에 해당되는 눈의 위치가 비대칭을 이루어 안정감이 없다. 단정하고 두터워야 하는 출납관에 해당되는 입의 구각이 잘 맺히지 않아 맺고 끊는 단호함이 부족한 인상으로 느껴진다.

순종의 어진 상은 안면 삼정 가운데 중정에 비해 상정과 하정이 비율이 길어 중정이 위축되어 균형을 이루지 못하였다. 삼정의 균형을 이루지 못했다는 것은 천·인·지가 서로 상응이 원활하지 않다는 것을 의미한다. 그는 차남임에도 불구하고 상정을 보면 이마가 넓고 풍륭하여 고종과 명성황후의 둘째 아들로 태어났음에도 1875년 조상이 유업을 이어받아 세자로 책봉될 수 있었다고 본다.

그러나 순종은 상정이 길어 천(天)에 의한 천명이 중정인 인(人)에게 도달하는 시공이 길다. 이는 국가의 위기에 대해 즉각적인 판단의 어려움으로 인해 위기대응 능력 또한 신속하지 못하다는 점도 발견된다. 천(天)의 명(命)을 빨리 인지하지 못해 심사숙고해야 하므로 빠르고 신속한 판단이 어려워지는 것이다.

순종 어진에서 주목을 끄는 것으로 오악의 균형과 조화 면에서 볼 때 중악인 코가 원만하게 자리 잡은 상태에서 나머지 사방의 사악 또한 힘 있게 솟아 있지 않다는 것이다. 그러므로 고난과 역경을 정면으로 돌파하고 극복하는 힘보다는 순응하는 성향이 느껴진다.

사독 중 하독인 눈 또한 크고, 동그란 형태로 신이 드러나는 눈의 기운이 약하다. 왼쪽 눈과 눈썹이 올라가 안면이 비대칭을 이루고 있으며, 위축된 중정에 도톰한 입술은 온유한 상으로 난관을 주도적으로 헤쳐 나갈 수 있는 역량이 부족하게 보인다. 부드럽고 온유한 상의 특징이 드러나 있으나, 가늘고 부드러운 머릿결을 옆으로 빗질한 대로 차분히 누워 있는 것으로 보아 신중하고 부드러운 성정의 소유자로 에너지가 강하지 않고 순응적이다. 귀가 이반되어 유년운기 부위에 해당되는 시기인 1세부터 14세인 유년시절, 그는 병약하여 명성황후가 애를 태웠다고 한다.

한편 김민호는 사상의학과 관련하여 조선시대의 어진을 연구하면서 말하고 있듯이, 휴버트 보스(Hubert Vos, 1855~1935)가 그린 유화 초상화에서는 얼굴이 갸름하고 야위게 표현되어 있다고 보았다. 이목구비가 방정하고 단아한 키는 소음인적 요소로 이해할 수 있다[192]는 것이다. 이렇게 소음인적인 성향에 따라 체적으로 단정하고 점잖은 상으로 안면 윤곽이 뚜렷하다. 그리고 순종에 대한 어진 및 사진의 관찰 소견은 넓은 이마, 크게 표현된 이목구비, 하악의 발달, 특히 도톰한 입술로 보아 태음인적 요소도 강하게 나타내고 있다.[193] 즉 소음인적 요소와 태음인적 요소가 같이 드러났다고 판단

---

192) 김민호, 앞의 논문, p.77.

한 것이다.

1907년 헤이그 밀사사건 이후 일본은 고종을 강제로 퇴위시키고 순종을 등극케 한다. 순종은 단발하여 차분히 누운 머리모양에서와 같이 유순한 상으로 일본의 압력에 밀려 별다른 정치적 능력을 발휘하지 못하였다. 일제에 의해 군대를 해산당하고, 사법권을 강탈당하는 등 숱한 수모를 겪었다. 이 시기에 일본은 친일 매국노들을 앞세워 1910년 한일합병을 단행하고 한반도를 무력으로 강점해 버렸다. 고종과 마찬가지로 상에서 정·기·신의 결여됨으로 난국을 헤쳐나가는데 어려움이 있었을 것으로 보인다.

그리고 순종어진에 있어 삼정 가운데 중정이 약해 천지의 상응이 원활하게 이루어지지 않았고 오악의 기세가 약하여 전체적으로 균형과 조화를 이루지 못하였다. 그로인해 유년운기에 있어 가장 중요한 시기에 시공합일에 이르지 못하여 암울한 시기의 마지막 황제로 역사 속에 기록되어야 했다.

순종은 조선 제27대 왕이자 대한제국의 제2대 황제로 즉위하였고, 연호를 '광무'에서 '융희'로 고쳤다. 이후 만 3년에 걸친 순종의 재위기간은 일본에 의한 한반도 무력강점 공략이 가속화되고, 마침내 송병준, 이완용 등 친일파 정객과 일본 정부의 야합에 의해 주권을 상실하게 되어 조선 27왕조 519년의 역사는 막을 내렸다

위의 언급처럼 관인팔법과 오관을 중심으로 어진 속 왕의 성정을 살펴본 결과 시대적 환경의 요구에 부합되는 상의 지도자의 역량이 무엇보다도 중요함을 알 수 있었다. "눈이 수려하고 관형을 지녔다면 반드시 중년에 귀하게 된다"[194]는 언급에서 보듯이 어진에 나타

---

193) 위의 논문, p.83.

난 눈을 상학적으로 분석해 볼 경우, 눈이 수려하다는 것은 흑백이 분명한 가늘고 긴 눈을 의미한 것이다. 철종 이전의 왕들은 눈의 형태가 흑백이 분명한 가늘고 긴 형태로 눈으로 신기(神氣)가 잘 표현되어 있었지만, 철종 대부터 고종과 순종 대까지 쌍꺼풀 진 동그란 눈의 형태로 바뀌었다. 철종 이전의 왕들은 세장한 눈에 정·기·신의 작용력으로 왕권을 안정적으로 이끌었으며 다음 대에 잘 전승시킬 수 있었다. 철종 이후부터 쌍꺼풀 진 동그란 눈에 정·기·신의 강한 기운이 발산되지 않은 철종 대 이후 왕들의 재위 중에는 조선왕조의 근간이 흔들리기 시작했다.

비교적 장수한 왕인 태조, 세조, 영조 대는 장기간에 걸쳐 정국을 주도적으로 이끌어온 결과 왕권을 강화할 수 있었다. 따라서 다음 대에 왕통을 잘 이어줄 수 있어 장수요인이 통치에 따른 업적을 남기는데 중요한 부분임을 확인할 수 있었다.

『면상비급』「인품법」에서는 "어려움을 작게라도 겪을 수 있는 못생긴 부분도 있어야 한다. 인품이 치우침이 없는 것이 상품의 상이다"[195]라고 하였듯이, 완벽하게 생긴 상보다는 조선시대 어진을 통해 왕의 상을 분석한 결과 대부분의 왕의 상마다 특정부위에 조금씩 흠결이 존재하였다. 그렇지만 대부분의 왕의 상에서 귀하고 좋은 상이 더 많아 흠결의 부분을 긍정적으로 잘 활용한 왕일수록 통치력에 있어 많은 업적과 역량을 드러내어 상에서의 단점을 장점으로 극복하여 승화시킨 왕도 있었다.

---

194) 『麻衣相法』「石室神異賦」, "目秀冠形 管取中年達貴."
195) 『面相祕笈』「人品法」, "有忌處 其凶亦少 所謂中和上品也."

V. 조선시대 어진의 상학적
응용과 과제

어진의 상학적 응용을 통해 지도자의 내적 인격관리와 외적 풍모 관리에 대한 방향 점검이 필요하다고 본다. 나아가 지도자의 리더십 함양에 대하여 상학의 현대적 응용과 과제를 점검할 필요가 있다.

여기에는 어진이 갖는 자료의 한계, 어진의 보관과 관리 문제, 어진화사의 추상적 성향을 어떻게 평가해야 하느냐 하는 문제점이 드러난다. 이러한 문제점을 인지함 속에서 우선 어진의 상학적 가치에 대해 살펴보도록 한다.

1. 어진의 상학적 가치

고대 미술사를 연구함에 있어 조선시대를 왜 초상화의 시대라 했을까? 그 배경에는 미술사적으로 조선 왕조(1392년~1910)가 실천적 지도이념으로 유교사상을 표방해 왔던 만큼, 충효사상의 기반 하에 보국관념과 숭현사상에 의거 향사(享祀)에 필요한 초상화 수요에 의한 제작이 많았기 때문이다.[1] 개국 초기부터 공을 세운 신하들에 대한 예우로써 하사한 공신도형(功臣圖形)을 비롯하여, 기노도상(耆老圖像) 및 조사상(祖師像)의 제작이 많이 이루어져 태조 때부터 도화서의 설치와 운영에 적극적이었다.

알려진 것처럼 조선시대 어진을 비롯한 초상화의 특징으로 '전신사조(傳神寫照)', '핍진(逼眞)', '일호불사(一毫不似)'와 같은 수사(修辭)는 항상 언급되었다. 이러한 언급에서 형상을 똑같이 재현해 냄으로써 대상인물의 혼과 정신을 담으려는 미술사조가 반영되었음을

---

[1] 조선미, 『한국초상화연구』, 열화당, 1994, p.32.

알 수 있다. 이러한 의지는 대상과 닮음의 여부뿐 아니라 대상(魂)을 대신할 수 있는가의 문제와도 결부된다. 이는 어진을 그리는 어진화사에 의해서가 아니라 감상하는 사람의 보는 시각과 관점에 의해 결정되기 때문이다. 즉 감상하는 사람의 환경과 의지에 의해 어진 속왕을 재현해낸 어진에 정신과 혼을 불어 넣자는 것이다. 조선 후기에 부활된 어진이 영정으로서 갖는 기능은 어진을 왕조의 상징이자 군주의 현현으로 보이고자 하는 왕의 의지에서 비롯된 것이다.[2] 이러한 의지는 어진을 진전에 봉안하여 의례를 진행할 수 있는 공간적 · 시간적 환경 속에서 구현될 수 있었다.

현재처럼 영상매체가 발달하기 이전에는 기록으로 남길 수 있는 수단이 유일하게 그림과 각종 문헌기록이었다. 당시의 시대적 상황으로 인해 조선시대는 왕조의 상징인 어진이 국가적 차원에서 공을 들여 전문기관과 인력을 통해 제작되었으므로 상학(相學)으로 접근함에 있어 그 가치가 더해지는 것이다.

사실 조선조 왕의 초상인 어진이 존재하는 경우, 역사적 사실과 통치력에 대한 이해가 어진의 모습과 연관되어 그림이나 드라마, 연극, 영화제작 등으로의 표현이 가능하다. 그러나 어진이 존재하지 않을 경우 역사적 기록을 통해서 왕의 모습을 유추해 낼 수밖에 없다. 그럴 경우 왕의 모습이 왜곡된 채 다양한 캐릭터로 드라마나 영화에 등장하게 되어 대중들은 일정부분 편견에 사로잡힐 수밖에 없다. 일례로 조선시대 제7대왕 세조를 들 수 있는데, 세조 어진이 공개되기 전에 드라마에 등장하는 수양대군의 이미지와, '관상'이라는 영화를 통해서 본 세조의 이미지는 '이리의 상'을 가진 자로서 역모

---

2) 유재빈, 앞의 논문, p.88.

를 통해 왕이 되고자 했던 철권 통치자로 각인되었다. 대중들도 왜곡된 시각에서 세조의 상이 그럴 것이라는 부정적 편견으로 받아들였다. 세조가 38세에 왕위에 오르기까지 많은 우여곡절을 겪으며 조선시대 관습과 제도 하에서 왕이 될 수 없었기 때문에 '계유정란'이라는 유혈 쿠데타를 야기한 것이다.

하지만 여기에 참조한 세조 어진은 비록 초본이라 해도 세조의 인상학적 특징이 잘 표현되어 상학의 관점에서 접근이 가능하였다. 그리고 왕세제인 연잉군의 초상과 왕이 된 영조의 어진이 둘 다 존재하는 경우는 매우 희귀한 경우이다. 왕이 되기 이전과 왕이 된 이후의 상을 비교해봄으로써 왕이 된 이후 어떠한 노력에 의해 상이 바뀌었는지 역사적 사실에 근거하여 변화된 상황을 유추할 수 있는 단서가 될 수 있다.

이처럼 역사적 사실에서 알 수 있듯이 수차례의 전란을 겪으면서도 어진 제작과 진전 운영의 전통은 계속 이어져 왔다. 이러한 사실은 조선 왕조에 있어 어진과 진전의 운영이 얼마나 중요한 의미와 상징적 힘을 가지고 있었는지를 알게 해준다. 전란 중 피난 시에도 관료들은 어진을 왕과 동일시하여 예를 갖추어 안전하게 지키고 수호하려고 갖은 노력을 하였다. 이렇게 난세 중에도 어진에 대해 실제 왕을 받들듯이 통탄에 빠졌던 상황에서 어진의 존엄과 상징성을 재확인할 수 있었다.

어진은 현실 속 왕으로 자신을 대신하여 승하한 선왕을 지키는 분신으로서의 의미도 있었다. 그 예로, 영조와 정조는 선왕과 모친의 묘소와 사당에 자신의 어진을 봉안함으로써 자식 된 도리로써 효의 예를 다하고자 하는 의지를 드러냈다. 또한 어진은 살아 있는 권력자의 권위와 힘을 가시적으로 보여주고 더욱 확고하게 하는 수단으로 활용되기도 했다.

그리고 왕의 권위와 존엄에 대한 유·무형적 상징성이 내포되어
있는 어진 제작은 조선왕조의 주도하에 이루어진 중요한 국책 사업
이다. 이렇게 어진의 중요한 상징성을 염두에 두고 분석을 함으로써,
제왕의 성정에 따른 통치관과 업적의 상관성에 대해서도 이해의 폭
을 넓힐 수 있다고 본다. 이는 역사적 기록을 통해 일정 부분 사실
확인이 가능하기 때문에 의미 있는 시도가 아닐 수 없다.

그렇다면 어진 속의 국왕들은 당시 정국의 주요 국면에서 특유의
리더십을 어떠한 방식으로 발휘하였는가? 그로 인한 성공과 실패의
교훈을 현재의 관점 즉 우리의 정치·사회현실과 연결시켜 어떻게
평가할 것인가에 초점을 맞추어 관상학적인 분석을 통한 역사적인
통찰이 가능해진다.

이 같은 상학의 시각에서 볼 때 조선의 왕은 천명을 받아 왕위에
오른 최고의 존재로 인식되었기 때문에 왕의 모습을 형상화한 어진
은 살아 있는 왕과 다름없이 커다란 위상을 가지고 있다고 본다. 조
선시대 왕의 초상화인 어진은 그것이 갖는 상징성 이상으로서, 한
국가의 지도자상이 국내에 한정되는 것이 아니기 때문에 전 세계적
으로 각인되는 의미는 상당하다고 본다.

어진의 의미를 고려할 경우 조선시대의 각 왕들은 어진의 도사와
모사를 통해 왕권을 강화하고 선대 왕조로부터 내려오는 정통성을
지키는데 적극 활용하였다. 또한 왕의 어진을 분석해보면 당시의 시
대적 배경과 문화와 예술, 복식, 회화 등 다양한 영역에서 역사적인
사실들을 발견할 수 있는 사료가 되기에 충분하며 이를 분석하는데
용이성을 더해주는 것이다. 다시 말해 어진에 나타난 섬세한 표정과
위엄은 관상을 특색 있게 도출해내는데 유의미하다는 뜻이다.

2. 어진을 통한 지도자의 상학적 응용

1) 지도자의 내적 인격관리

고금의 역사를 살펴보면 지도자나 경영자의 통치운영 역량에 따라 국가나 기업의 운명이 결정되고 그에 따라 국민과 직원들은 많은 영향을 받게 되므로 이들의 행복이 좌우되는 성향이다. 각계의 지도자 혹은 경영자의 자질에 따라 일의 성패가 판가름 나기 때문에 현대인들은 훌륭한 지도자나 경영자가 되기 위해 제왕학을 배우고자 한다. 오늘날 각 조직의 구성원들은 스스로를 규율하는 제왕학을 익히지 않으면 안 되는 시대에 진입하고 있음을 알게 되는 것이다.

이 같은 제왕학의 의미를 음미한다면, 현대는 각 개인이 실제적인 경영자와 같은 마음가짐으로 일하지 않으면 조직의 성공과 사회의 번영이 힘든 시대가 도래할 것이다. 현대는 조직이 갖는 중요성을 볼 때, 개인들로부터 공헌을 획득한다는 조직의 필요와 자신의 목적 달성을 위한 도구로서 조직을 사용한다는 개인의 필요를 동시에 만족시킬 수 있는 시대이기 때문에[3] 오늘날 고대의 제왕학이 부각되는 이유이다. 제왕학의 학습을 통해서 얼마든지 현대사회는 그 성과를 올릴 수 있는 능력을 발휘할 수 있는 민주주의 사회인 것이다.

민주사회의 제왕학이 갖는 가치를 상기한다면, 이와 관련한 상법(相法)에서 가장 중요한 것은 심상(心相)의 판단이다. 일찍이 마의대사는 사람의 운명을 판단하는데 그 사람의 형상과 모습을 보기 전, 먼저 그 사람의 내면에 감추어진 마음을 볼 줄 알아야 한다고 설파하였다. 즉 '만상(萬相)이 불여심상(不如心相)'[4]이므로 만 가지 외형

---

3) 우에다 아츠오, 남상진 옮김, 『만인을 위한 제왕학』, 지평, 2007, p.217.

의 상이 아무리 좋아도 그 사람의 품고 있는 내면적 마음의 상에 미치지 못한다고 역설했던 것이며, 그것은 마음이 곧 육체를 지배하는 주인이기 때문이다.

같은 맥락에서 불조 석가모니도 『화엄경』에서 "일체가 유심조이다"라고 설하였다. 곧 인간은 마음이 모든 업(業)을 짓고 선악을 만들어 가는 주인인 것이며, 과거의 불조들은 그 마음의 행위를 매우 강조했던 것이다. 주종의 문제가 이것으로, 사람의 형상 이전에 마음이 먼저 생겼으며 따라서 그 마음에 의해 형상이 존재하는 것이다.

그러므로 사람의 형상은 마음으로부터 조절되는 것이며 육체라는 형상은 심경(心鏡)에 의해서 비춰지는 겉모습에 불과하다는 것을 알아야 한다. 반드시 유형은 무형에 의해서 수시로 변화하는 상인 까닭에, 수신(修身)과 포덕(布德)을 항상 게을리 하지 않도록 옛 선인들은 더욱 강조했다.

> 비결에 이르기를 마음은 몸의 통솔자로 마음의 정도를 통솔하면 형상이 왜 바르지 않겠는가? 형상이 바르지 않으면 말할 것도 없다. 복희는 사람 머리에 뱀의 몸, 신농씨는 사람 몸에 소의 머리와 같아도 3대의 성군이 되었으며 마음의 이론은 선명하였다.[5]

대체로 인간이란 골격과 기색, 수염과 모발, 눈썹과 피부, 눈빛까지도 심덕의 유무에 따라 변모해가는 것이다. 만일 마음이 있으나

---

4) 공자는 '萬相이 不如心相'이라 하여 세상의 그 누구의 얼굴이라 하더라도 마음보다 다음이라 하였다. 이정욱, 앞의 책, p.55.
5) 『神相全篇』, "秘訣云 心者身之帥 心帥以正 則形孰不正 形有不正者 無論矣 即如伏羲 人首蛇身 神農 人身牛首 爲三代之聖君 方寸之論 彰彰明矣."

상이 없으면 형상은 밖으로 나타날 수 없으며, 이와 반대로 마음이 꺼지면 형상도 자연히 마음 따라 멸해지는 법이다. 『신상전편』에서는 "이치가 마음에서 벗어나지 못하고 항상 일신(一身)에 있다. 성범론에 이르기를 마음은 일신의 주인이며 오형(五形)의 우선이다"6)라고 하였다. 온전한 마음으로 완급을 조절하는 성정을 간직하자는 것이며, 그로 인해 도량이 넓은 사람이 국가를 통어하는 어진 인상을 간직하게 되는 것이다.

> 무릇 "큰일에 능하지만 작은 일에는 능하지 않다"라는 말은 성정의 느긋함과 조급함의 차이에서 나온 말이다. 성정의 느긋함과 조급함의 구별이 있어 마땅히 큰일과 작은 일의 구분이 되는 것이다. 느긋하고 도량이 넓은 사람은 군국(君國)을 다스리기에 적당하여 아랫사람들로 하여금 각자 능력을 발휘할 수 있게 하고 자신은 총괄하여 정사를 완성할 수 있다. 조급하고 도량이 작은 사람은 백 리 정도의 작은 지역을 다스리기에 적합하고 몸소 일을 판단하여 처리한다.7)

따라서 인재를 등용함에 있어 어떤 선입견에 좌우되지 않고 인상과 그에 따른 성정을 보는 것이 중요한 것이다. 즉 사람의 재질 중 큰일에 능한 사람은 작은 일에 능하지 않다는 일반적인 편견에 반박하여, 재능이 있는 자는 크고 작은 모든 일에 능하므로 '용인(用人)'에 있어 그 일에 적합한 성정을 갖추었는지 먼저 살피는 것이 중요

---

6) 『神相全篇』, "理不越於方寸 常存主於一身 心爲身主 五形之先."
7) 『人物志』「材能」, "凡所謂能大而不能小 其語出於性有寬急 性有寬急 故宜有大小弘之人 宜爲郡國 使下得施其功 而總成其事 急小之人 宜理百里 使事辦淤己."

하다. 지도자나 통치자 성정의 차이에 따라 사회와 국가를 다스릴 수 있는지, 작은 구역을 다스릴 수 있는지를 결정짓기 때문이다. 통치자에 있어 '용인'의 핵심은 인재를 알아보는 것과 동시에 일에 대한 정확한 이해를 도모할 수 있는 것과 관련된다.

> 군주가 능력 있는 사람에게 맡기지 않고 스스로 하는 것을 좋아하게 되면 지혜는 날로 곤궁해지고 스스로 책임을 짊어지게 되는 것이다. … 군주된 자는 하는 것이 없는 무위(無爲)로써 직분을 지킬 뿐이며 하는 것이 있지만 사사로이 좋아하는 것이 없어야 한다. 하는 것이 있게 되면 헐뜯는 것이 생겨나고 좋아하는 것이 있게 되면 아첨하는 것이 발생하는 것이다.[8]

군주의 인재등용에 대한 이러한 언급에서 인상학 고전에서는 다음과 같이 말한다. "마의(麻衣)가 이르기를 형모를 보지 말고 먼저 마음을 보라. 이 두 가지는 마음의 이론이다."[9] 마음이 우리 신체의 주인이듯이 무형의 상인 내면의 심상 관리에 따라 외형 또한 안정되는 것이다.

특히 상법에서는 그 사람의 생김새를 보면 그 사람의 심성을 알 수 있게 된다고 한다. 여기에서 생김새는 독립변수이고 심성은 종속변수가 되며, 심성은 생김새에 의해서 결정된다는 것을 알 수 있다. 그러나 제한적이긴 하지만 어느 정도는 그 사람의 심성을 보면 그 사람의 생김새가 어떻게 생겼는지도 파악할 수 있다는 반대의 논리

---

8) 『淮南子』「主術訓」, "君人者不任能 而好自爲之 則智日困而自負其責也… 君人者 無爲而有守也 有爲而無好也 有爲則讒生 有好則諛起."
9) 『神相全篇』, "麻衣云 未觀形貌先相心田 此二者方寸之說也."

도 성립된다.[10) 상법에 내포되어 있는 이러한 반대의 논리는 인성의 계발과 덕성의 함양 문제로 직결된다.

이와 같은 맥락에서 『상리형진』의 「허허자담성편」에서는 마음을 바르게 하여 성품을 기르는 것을 강조하였다. 유불도의 성자 정신에 따라 정심(正心)으로 성품을 바르게 해야 함에도 불구하고 세상의 일반인들이 노력하지 않아 개선되지 않는 자신의 성품으로 살아간다 며 다음과 같이 설명하고 있다.

> 사람은 하늘과 땅의 기를 품수 받아서 생기며 부모의 성을 품부 받아서 쓰는데 만물은 한 성인데 하물며 사람은 어떻겠는가? 『주역』에서 말하기를 각자 성명을 바르게 하여 태화(太和)를 보전하면 이롭고 곧게 된다. 유학에서는 마음을 보존하여 성품을 기른다고 하였으며, 도가에서는 마음을 닦아 성품을 단련한다고 하였으며, 불교의 석가는 마음을 밝히고 성품을 본다고 하였다. 세상 사람이 기르지 못하고 단련하지 못하고 또 보지 못하므로 각자 본래의 성품을 따른다.[11)

마음이 주체가 되어 육신을 통어하는 것이므로 심상은 매우 중요할 수밖에 없다. 『상리형진』에서도 말하기를 "마음이 용모를 만들고 호미로 기초를 세운다. 호미로 기초를 세우는 것은 마음의 우화이다"[12)라고 하였다. 우리가 만일 마음을 바르게 사용하여 심신을 통

---

10) 袁忠徹 原著, 이건일 옮김, 『柳莊相法』, 도서출판 삼화, 2014, p.4.
11) 『相理衡眞』「虛虛子談性篇」, 人稟天地之氣而生 賦父母之性而用 萬物一性也 而況於人乎? 易曰 "各正性命 保合太和 乃利貞 儒曰存心養性 道曰修心煉性 釋曰明心見性. 世人不能養 不能煉 尤不能見 各率本交之性."
12) 『神相全篇』, "心生相貌立鎡基 鎡基寓言心地也."

어할 수 있다면 운명을 바꿀 수 있을 것이라 본다. 본능을 쫓아가는 육신을 통어할만한 마음의 힘을 간직하고 행동의 착한 실마리를 찾아낸다면 그것은 모든 복을 불러일으키는 힘이 되는 것이다. 마의가 언급한 것처럼 형상과 용모를 보지 말고 먼저 심전을 보라(未觀形貌 先相心田)는 『신상전편』의 내용을 참고할 필요가 있다.

> 비결에 이르기를, 마음이 상(相)과 용모를 만든다고 이치로 말한다. 대개 사람의 마음을 조각하는 것은 너무 심하고 생리(生理)를 다한다. 용모와 미모를 구비함이 있으면 소멸하는 것을 아직 보지 못하고 오직 복이 저절로 없어질 뿐이다. 마음의 생리를 온전히 배양하라. 비록 형상이 추해도 일찍이 변한 적이 없이 오직 복이 저절로 더할 뿐이다. 학자는 이것을 알지 않으면 안 된다.[13]

따라서 다수인을 이끌 지도자가 되려면 겉으로 보이는 이미지 관리를 아무리 잘 해도 자신의 인성과 도덕성에 대한 관리를 하지 못한다면 훌륭한 지도자가 될 수 없음을 인식해야 한다. 우리는 각 분야의 지도자들의 드러나는 인품과 행동의 모순 때문에 배신감을 느끼기도 하고 허탈감에 빠지기도 한다. 어떤 분야에서든 본인이 존경받는 지도자가 되려면 심상에 밝게 드러나는 이미지 형성 및 구축을 위해 평소 인격도야에 대한 중요성을 간과해서 안 된다.

> 형체가 바르지 않으면 덕이 오지 않는다. 마음속이 고요하지 않으면 마음이 다스려지지 않는다. 형체를 바르게 하고 덕을 정돈하며,

---

13) 『神相全篇』, "秘訣 云 心生相貌以理音也 夫人心雕琢太甚 生理盡矣 具有美形 未見有滅 惟福自滅耳 培養方寸生理全矣 雖有惡形未嘗有改 惟福自增耳 學術者此不可不知."

하늘의 어짊과 땅의 의로움을 본받으면 저절로 신명의 경지에 이르러 만물을 밝게 안다. 마음을 지켜 잘못되지 않도록 하면, 사물에 의하여 보고 듣는 감각기관이 어지럽지 않고 감각기관에 의하여 마음을 어지럽히지 않게 되면, 이를 마음을 깨우친 것이라고 한다.[14]

고대철학에서 언급하듯이 마음의 잡념을 제거하고 순수한 마음을 간직하는 심상이 중요함은 아무리 강조해도 지나치지 않다. 잡념을 극복할 때 마음의 정기를 얻게 되어 밝은 지혜가 생겨나 사물을 바르게 보는 힘이 생기는 것이다. 지도자의 내적 인격관리가 중요한 이유가 무엇인지를 다음에서 알 수 있다.

몸속에 신명이 있어, 한 번 가고 한 번 온다는 것은 생각할 수 없다. 그것을 잃으면 반드시 어지러워지고, 그것을 얻으면 반드시 다스려진다. 경건하게 마음의 잡념을 제거하면 정기가 장차 저절로 온다. 순수한 마음으로 그것을 생각하고, 잡념을 가라앉히고 일을 처리하고, 용모를 엄숙히 하고 경외한 마음을 가지면 정기가 장차 지극히 안정된다. 정기를 얻어서 잃지 않으면 듣고 보는 것이 어둡고 어지럽지 않으며, 마음이 잡된 생각을 하지 않는다. 바른 마음을 가지면 사물에 대하여 알맞은 법도를 얻는다.[15]

그렇다면 제왕학에서 강조하는 왕의 도덕성에 근거하여 도출해야

---

14) 『管子』「內業」, "形不正 德不來 中不靜 心不治 正形攝德 天仁地義 則淫然 而自至神明之極 照乎知萬物 中守不忒 不以物亂官 不以官亂心 是謂中得."
15) 『管子』「內業」, "有神自在身 一往一來 莫之能思 失之必亂 得之必治 敬除其舍 精將自來 精想思之 寧念治之 嚴容畏敬 精將至定 得之而勿捨 耳目不淫 心無他圖 正心在中 萬物得度."

할 것으로, 21세기 현대의 지도자로서 지녀야 할 품격 가운데 가장 중요하게 요구되는 것은 무엇일까? 지식정보사회인 현대사회에 가장 중요한 에너지원은 도덕성에 근거한 창의적 사고에 따른 행동이다. 심상으로서 '도덕성'에 근거한 창의적인 관점은 모든 구성원에게 요구되기보다는 조직을 이끌어가는 지도자로서 갖추어야할 핵심사항인 것이다. 국가의 지도자 또는 한 기업의 지도자, 각 단체의 지도자들은 내면의 도덕성을 갖춘 채 각자가 맡은 분야에 대한 경영철학을 잘 이해하고 분석하여 반영할 수 있는 이미지에 대한 전략이 필요한 시대에 살고 있다. 한 국가나 기업 단체의 규모를 넘어서 세계적으로 파급되는 영향력에 대한 고민이 필요한 시점이다.

이러한 영향력을 고려 할 때 조선조 제왕학에서 응용해낼 수 있듯이, 외형적 상의 관리도 필요하지만 내면적 심상을 우선으로 삼아서 인격관리를 하는 일이 어느 때보다 중요한 현대이다. 한 국가의 최고 지도자인 대통령의 도덕성에 더하여 말 한마디가 국가 경제를 좌우하고, 최고 경영자의 적절한 판단 하나가 기업을 세계적으로 도약시키기도 한다. 이른바 최고 경영자의 지도력이 어느 때보다 중요한 시대에 우리는 살고 있는 것이다.[16] 고대 역사적 교훈을 통해 현대에 활용할 수 있는 지도력에 대한 관심이 많은 현실임을 인지할 때 역사를 통해 지도력 함양이 새로운 화두가 되고 있다. 이를 상학에 대비하여 본다면 외형의 상에 더하여 내면의 상을 가꾸는 일은 고금을 통하여 지도자가 새겨야 할 가장 중요한 일이 아닐 수 없다.

그러므로 조선의 어진을 상학과 연계해서 고려할 것으로, 우리는 제왕이나 지도자의 내적 인격관리를 위해서 심상의 관리가 필요한

---

16) 김기흥외 3인 공저, 『제왕의 리더십』, ㈜휴머니스트 출판그룹, 2007, p.6.

일이다. 물론 몸의 형상과 마음의 심상이 따로 있는 것으로 생각할
수도 있을 것이다. 그러나 몸과 마음의 관계는 과거로부터 심신 일
원론적 사유의 성향이 강하였다. "몸과 마음은 항시 서로에게 감응
과 영향을 주는 불가분의 관계로 몸이 있어 마음이 있듯이 마음이
있어 몸이 지탱된다. 이를 심신일원론이라 한다."17) 지도자의 내적
인격관리가 필요한 것이며, 나아가 외적 풍모관리도 필요한 일이므
로 다음 장에서 이를 언급하고자 한다.

2) 지도자의 외적 풍모관리

고대의 초상화사들은 상학에서 가장 중요시여기는 정·기·신을
초상(肖像)에 표출할 수 있어야 했다. 이를 통해 화사들은 대상인물
인 주인공의 성정과 의지, 이념, 특징 등을 화상에 담아내려고 하였
던 것이다.

> 무릇 사람마다 그 특징이 담긴 데가 따로 있게 마련이다. 어떤 사람
> 은 그것이 미목(眉目)에 있고, 혹은 비구(鼻口)에 있기도 하다.18)

오늘날의 화상을 담아내는 화가에 있어서도, 또는 초상화 대상자
자체에 있어서도 현대적 지도자의 이념과 생각 의지 등을 잘 표출할
수 있는 대상 인물의 고유한 특징을 잘 포착하여 이미지 형성에 활
용할 필요성이 있다. 수시로 대중매체에 노출되는 지도자의 상에 대
한 고민이 필요한 시점이다. 어진화사가 왕의 어진을 그려낼 때 보

---

17) 이정욱, 앞의 책, p.19.
18) 『輕進東坡文集史略』, "凡人意志各有所在 或在眉目 或在鼻口."

여준 고도의 집중력과 신중함까지는 아니어도 경영자나 지도자를 매체에 드러냄에 있어 세심한 주의가 필요한 것이다.

물론 고대에는 역대 선왕들의 열성어진을 진전에 봉안함으로써 왕조의 건재함을 과시하고 추구하였지만, 현대에는 대통령의 사적과 관련된, 예를 들면 대통령의 거처인 청와대나 별장인 청남대 등에서도 역대 대통령의 사진들이 걸려 있어 민주국가의 이력을 보여주고 있다. 고대의 어진이 현대에 와서는 사진과 대중매체로 전환 및 대체된 것이다. 어진이 갖는 상징성은 왕조의 상징으로 위엄 있게 드러났지만, 국가 지도자의 상은 각각의 상황에서 수시로 여러 상징성을 노출시키게 되므로 상황에 맞는 이미지 구축이 무엇보다 중요하게 부각된다.

돌이켜 보면 제왕들은 자신의 왕권을 보호하기 위해 내면은 물론 외적 이미지 관리에 많은 공을 들여야 했다. 제왕의 특징은 보통사람보다 훨씬 더 많은 노력을 경주해야 한다는 것이다. 따라서 관상도 고대 제왕의 품격에 대해 사유하고 응용해 볼 필요가 있다. 고대에는 단 한명의 제왕이 제왕적 면모를 지녀야 했지만 현대에는 국가 최고지도자, 기업의 최고 경영자만이 아니라 전 사회 구성원들이 제왕적인 생각과 가치관을 가지고 살아가야 하는 시대가 도래되었기 때문이다.

더욱이 국가 간의 정상회담이나 국제회의에 대통령의 국가를 대표하는 자격으로 참가하고 이 과정을 각종 매스컴에서는 세밀하게 다루게 된다. 매스컴을 통해 등장하는 각국 대통령을 포함한 최고 지도자들은 매 순간 국가를 대표한다는 생각으로 이미지의 구축에도 신경을 써야 한다. 여기에서 말하는 이미지로서 얼굴, 헤어스타일, 패션 등을 포함한 외형적인 스타일도 중요하지만, 순간순간 드러나는 몸짓언어의 표현에 대한 상징성에 대해서도 고민을 해야 한다. 각종 매스컴에서 칼럼리스트들은 세계 정상들의 패션에서 나타나는 상징성과 몸짓 언어에서 미묘한 감정들을 파악하여 분석하고 있다.

이 같이 대중 매체가 발달하면서 오늘날 텔레비전이 정치 커뮤니케이션의 주요 수단으로 자리 잡게 되었다. 현대 산업사회는 거대한 메스미디어를 통해 대중에게 대량 생활정보와 지식을 전달해 주었으며, 이로 인해 사회는 개방사회의 성격을 띠게 되었다.[19] 메스미디어는 정치과정에서 커다란 영향력을 행사하게 되었고, 이제 현대 정치는 미디어와 분리할 수 없는 관계가 되었다. 전통적인 정당 중심의 선거운동을 넘어서 미디어에 더욱 의존하는 경향이 두드러진 것이다. 미디어는 정치 과정의 중요한 독립변수로서 적극적인 의제설정 기능을 통해 현 시점에서 무엇이 이슈인지를 결정하고, 독자적인 판단에 따라 우리 사회의 핵심 이슈에 접근하기도 한다.

대중매체의 시대에서 선거권을 가진 국민들이 정치 행위를 통해 올바른 선택을 하기 위해서는 일차적으로 선거에 등장하는 후보자와 정당의 정치적 목표와 정책을 지지하거나 입법화하려는가에 대한 정확한 정보가 전달되어야 한다. 이러한 의지는 활자화나 단순한 말로서는 한계가 있기 때문에 이미지화의 과정이 필요하다.

더욱이 우리는 5년마다 대통령 선거를 치르고 4년마다 국회의원 선거 및 지자체 시장선거 등을 통해 국가의 지도자 및 각 지방의 지도자를 선출하게 된다. 선출직 지도자가 되기 위해서 선거포스터나 홍보물에 활용할 프로필 사진을 어떤 헤어스타일에 어떠한 메이크업을 하고, 어떻게 의상을 입었을 때 가장 유권자에게 신뢰가 가는 이

---

19) 文現相, 『현대사회와 윤리』, 大旺社, 1995, p.25.

미지로 보이는가에 대한 중요성이 점점 부각되는 시대이다. 선거에 있어 유권자는 후보자에 대한 정보를 신문이나 인터넷, TV, 뉴스 등을 통해서 얻는 간접정보가 대부분이다. 인터넷을 통한 빠른 정보 전달력으로 일상적인 삶에서나 선거를 포함한 정치과정에서 특히 미디어는 국민과 정치, 국민과 국가, 국민과 정치인 등을 매개하는 매개자로서 그 역할이 증대되었다.[20] 현대의 민주주의 사회에서는 각종 선거에 있어 후보자를 알리고 홍보하는데 유용한 소통의 매체로서 그 역할이 매우 유용하다고 하겠다.

소통매체의 역할이 유용하기 때문에 미디어를 통한 이미지 구축에 있어 지도자나 선거를 치르게 될 후보자 본인이 굳건하고 안정감을 추구해야 하는 지도자상을 구현해야 하는 시대가 된 것이다. 따라서 프로필 사진도 태조 어진처럼 반듯한 정면상에 신뢰도를 높이는 이미지를 연출하는 것이 도움이 될 것이며, 융통성과 창의력을 원하는 분야에서는 정면상 보다는 측면상을 활용해보는 것도 좋을 것이다. 조선시대에도 어진 제작을 하면서 왕의 성정과 이상, 그리고 권위 등 모든 것을 담아내려 했듯이 시간을 달리 하고 있는 현대 사회에도 적용되는 이치는 같다고 본다.

> 전신과 일반 자연상의 묘사는 다를 바가 없다. 초상화에서 그 사람의 천법(天法)을 묘사해내려면 마땅히 대중 속에서 그 사람의 행동거지를 은밀히 살펴보아야 한다. 그런데 오늘날 화가들은 의관을 갖추고 가만히 앉아서 무엇인가 응시하고 앉아있게 하니 속내를 드러내지 않고 스스로 절제하고 있는 곳에서 어찌 천법을 얻을 수 있겠는가.[21]

---

20) 김관상, 『TV저널리즘과 대통령 선거』, 도서출판 역락, 2009, p.20.

이처럼 고대 회화사에서 인물을 그려냄에 있어 화가의 세밀한 관찰력을 요하는 일이 필요하였다. 마치 상학을 통해 사람의 상을 관찰하는 이치와 놀라울 정도로 비슷한 철학적 사고를 요한 것이다.

상학의 시각에서 이를 응용한다면 내면적 심상에 더하여 외면적 관상이 중요함을 알 수 있다. "비록 풍채가 빼어나지 못할지라도 채용하기 어려워하지 마라. 풍채가 빼어나지 못하고 용모가 추해도 초라함이 적다. 호승(胡僧)이 이르기를 용모가 추해도 싫어하지 말아야 한다. 하얀 벽 속에 옥돌을 감추고 있다."22) 이 말은 겉으로 드러나는 외모를 보고 사람을 단정 짓고 판단하지 말라는 의미이다. 각계의 지도자나 경영자를 판단할 때 혹은 다양한 영역에서 인재를 채용할 때 겉모습도 중요하지만, 단지 겉모습만이 아닌 깊은 곳의 내면까지 파악하는 혜안이 필요하다.

상학의 혜안에 비추어볼 때 또한 사람의 외형적 상을 관(觀)할 경우 편견으로 바라보아서는 안 된다는 것을 알 필요가 있다. 다음의 고전 언급을 소개해 본다. "비결에 이르기를, 사람의 형상이 매우 아름다우면 반드시 매우 나쁜 것이 있고, 사람의 형상이 매우 나빠도 반드시 매우 좋은 것 중에 나쁜 것이 있고, 나쁜 것 중에 좋은 것이 있는 것을 능히 아는 상술은 없어지지 않는다."23) 상학의 이론에 근거하여 좋은 상이라 해도 무조건 맹신하거나 긍정적으로만 받아들이

---

21) 『輕進東坡文集史略』, "傳神與相一道 欲得其人之天法 富於衆中陰察其擧止 今乃 使人衣冠坐 注觀一物 彼方斂容自特 豈復得其天乎."
22) 『神相全篇』, "任是不颺難錄取 不颺貌惡侵小也 胡僧云 休嫌貌不揚 白壁璞中藏."
23) 『神相全篇』, 秘訣云 "人形甚美 必有甚惡 人形甚惡 必有甚美 誠能知美中有惡 惡中有美 相術不減 布子卿矣."

기보다는 좋은 이미지 속에서도 좋지 않은 다른 면모도 있을 수 있다. 반대로 나쁜 상에서도 좋은 면을 발견할 수 있기 때문에 편견에 사로잡혀 고정화시키는 마음을 경계해야 한다.

따라서 현대에는 이미지에 대한 편견으로 고정화되는 형상이라면 그는 사업에 실패하게 된다. 전 세계를 비롯하여 한 국가나 지역 또는 특정 분야에 선출직을 통해 지도자로 나서기를 원하는 정치 · 경제 · 문화 · 방송 · 예술 등의 전 분야에 걸쳐 자신의 프로필과 함께 이미지 사진을 공개하면서 어떤 고정화된 이미지를 극복, 자신을 적극적으로 홍보하려고 한다. 어떻게 하면 본인이 대중에게 그 책무에 가장 적합한 이미지로 각인되는지에 대한 관심을 집중하게 된다. 그리고 곧 바로 피드백을 통해 이미지 메이킹을 시도한다. 지도자의 이미지는 일정부분, 곧 인기도에 의해 표로 연결되어 당선의 결과로 이어질 수 있는 변수가 될 수 있기 때문이다.

여기에서 우리가 주목할 것으로, 조선시대 어진의 상을 통해서 좌상이 반듯하고 기개가 있는 어진의 형태에서 우리는 안정감과 제왕을 당당한 위엄을 느낄 수 있다는 것이다. 따라서 각 방면의 지도자나 경영자는 바른 체상에서 나오는 행동과 인격적 관리와 도덕성의 관리를 통해 안면상에 있어 바른 성정이 드러나도록 노력을 해야 한다. 전 세계인이 바라보는 지도자의 외형적 풍모관리가 더욱 강조되는 것이 이와 관련된다.

풍모관리의 이 같은 중요성에 비추어 볼 때, 조선시대 어진의 상을 분석한 결과에 나타나듯이, 안면에 신성한 기운이 맺혀있는 왕일수록 자기관리가 잘되어 건강하였다. 이를테면 태조나 영조가 장수하였음은 물론 그에 따른 업적도 비례하였다는 것을 알 수 있었다. 이처럼 건강한 신체에서 건강한 에너지가 나오므로 자신의 건강관리를 잘 하는 것은 수명에도 관계가 있지만, 많은 역량을 드러낼 수 있는 바탕이 되기도 한다. 조선어진의 상학적 가치 도출에는 이 같은 현대 지도자의 외적 풍모관리가 아무리 중요하다고 해도 지나치지 않을 것이다.

3) 지도자의 리더십 함양

조선 왕조는 518년간 27명의 왕이 재위하였다. 각기 다른 개성을 가진 왕들은 당시의 시대적 배경에 의해 왕조체제의 정비가 요구되는 시기에 왕위에 오르기도 하였고, 강력한 개혁이 요구되는 시기에 왕위에 오르기도 하였다. 현존 어진 속 왕들 가운데 태조는 건국시조로서 국가체제를 구축해야 했었고, 세조는 집권의 정당성을 위해 강력한 왕권을 확립에 주력해야 했으며, 영조는 노론과 소론의 당쟁을 타파를 위한 시대적 요구에 맞게 개혁해야 했고, 철종은 자신의 의지에 관계없이 왕위에 올라 안동김씨의 세도정치 앞에서 자신의 주도적으로 통치할 수 없는 상황에 놓여 있었다. 고종과 순종은 열강의 각축장으로 바뀌어 외세에 의한 국권의 피탈 앞에서 무력하게 순응해야 했던 것이다.

이처럼 어진 가운데 6명의 왕들은 모두 각자가 처한 시대적 상황이 녹록치 않았음에도 각자의 리더십으로 국가를 통치하였다. 현존 어진의 주인공인 왕들은 각기 다른 시대의 요구와 배경 속에서 즉위하였지만, 성리학 이념으로 무장한 신하들과 왕의 리더십에 의해 백성들과 국가를 합리적으로 이끌어가야 할 임무를 부여받았고 자신의 역량을 발휘하였다.

현재 우리는 국민이 주인이 되는 민주사회 속에서 살고 있다. 그렇지만 지도자에게 여전히 요구되는 것은 조선시대 왕들의 시대에 맞는 정책의 추진과 언론과 여론의 수용, 도덕성과 청렴성 등이다. 조선시대 현존 어진의 상학적 연구를 통해 어진 속 왕들의 상에 따른 시대적 상황을 반영하여 역사적 사실에 비추어 살펴봄으로써 현재를 비추어 보고 지도자가 갖추어야 할 덕목을 생각해 볼 필요가 있다.

이를 고려할 때 국가의 지도자 내지 사회의 경영자들이 주로 찾는 고전은 『손자병법』이다. 본 고전을 통해 어떻게 국가를 다스리고 사회 조직을 운영할 것인가에 대한 비결이 발견되고 있기 때문이다. 즉 국가와 사회의 지도자들이 갖추어야 할 리더십이 무엇인가를 가늠하게 할 수 있는 것이 『손자병법』이라는 것이다. 『손자병법』이 리더십, 기업경영 등 여러 방면에 활용될 수 있음은 물론이며, 그러한 응용이 제대로 이루어지기 위해서는 손자가 말하듯이, 적과 내가 경쟁하는 용병에서 어떤 상황을 염두에 두고 논리를 전개해갔는가를 정확히 포착해야만 한다.[24] 리더십 함양의 중요성이 여기에 나타난다.

리더십의 함양문제를 조선조와 관련시켜 언급해보고자 한다. 조선왕조가 518년 유지되는 동안 제왕들은 국가를 통치하면서 파란의 과정도 적지 않았으리라 본다. 안정기에 국가체계를 구축한 왕, 보수와 개혁의 갈림길에서 역사적 선택을 요구받은 왕, 신하의 나라로 전락할 위기 앞에서 왕권을 유지하려 한 왕, 전란의 소용돌이에 맞서거나 이를 피해가야 했던 왕의 현상에서 보듯이, 조선의 왕들은 안정기와 격동기를 막론하고 자신의 정치역량을 최대한 발휘해야 하는 위치에 있었다.[25] 즉 왕의 리더십에 의한 통치 역사가 그대로 국

---

24) 손자 지음, 김광수 번역, 『손자병법』, 책세상, 2012, p.9.
25) 김기흥외 3인 공저, 앞의 책, p.234.

가의 역사가 되는 것은 조선 왕조가 지니는 숙명과도 같은 것이었다.

이처럼 조선은 왕권과 신권의 끊임없는 경쟁과 갈등, 협력과 반목을 통해 독특한 국가 체제를 유지해온 나라이다. 그러나 대부분은 국력의 정점에 있는 왕의 의지와 능력에 의해 나라의 운명이 정해졌다. 왕의 지도력은 그래서 더 중요한 국가경영의 요체였으므로, 오늘날 현대를 살아가는 삶에서 반면교사로 삼아야 할 부분이 적지 않다.

그러나 조선시대에도 원칙적으로 절대적인 왕권은 실질적으로 여러 가지 제약을 받았으며, 왕권을 제약하고 합리화하기 위한 수단과 이념들이 계속해서 나타났다. 그것은 정치권력의 속성상 당연한 것이기도 하고, 올바른 삶을 추구하는 인간의 마음에 부합하는 것이기도 했다. 제왕에게 주어진 가장 커다란 제약은 그 자리가 그토록 중대하고 막강하다는 사실 자체에서 권력의 견제로서 나타난 것이다.

권력의 절제를 통해서 수행되어야 하는 당위성은, 하늘을 대신해서 세상 만물을 다스리는 자가 왕이니만큼 왕 개인의 사정에 빠져서 왕으로서의 의무를 게을리 하면 안 되었기 때문이다. 왕권의 남용이 심할 경우 하늘은 왕위를 거두고 다른 왕, 또는 다른 왕조에게 천명(天命)을 넘겨줄 수도 있다는 경고를 항상 유념해야 했다. 조선은 이렇듯 천명에 의한 역성혁명26)을 통해 건설된 신왕조이다. 전통 동양의 정치사상은 왕이 절대군주였으므로 아무것도 자기 뜻대로 할

---

26) 역성혁명을 합리화하는 天命靡常(『詩經』, 大雅文王) 天命不干常(『書經』 康誥) 등의 기록과 아울러 『周易』 乾九三의 「君子終日乾乾 夕惕若 厲無咎」 坤六四의 「括囊, 无咎无譽」등은 도덕적 성찰과 수양에 의하여 처해진 운명이 극복되어 바뀔 수 있음을 시사한다(최영진, 「易學 사상의 철학적 연구 - 주역의 음양대대적 구조와 중정사상을 중심으로」, 성균관대학교 박사논문, 1989, p.14).

수 없었다는 점에서 긴장과 모순에서 그 일체를 설명할 수 있다.

절대군주의 지배자를 왕의 위상에서 상기할 수 있듯이 조선시대 초상화는 그 위상을 세우려는 뜻에서 지배층의 얼굴을 주로 그렸다. 유교사회에서 제의적(祭儀的) 목적으로 그린 숭배나 추모의 상이 대부분이라 할 수 있다. 하지만 그와 같이 초상화의 걸작들이 대거 그려진 것은 당대에 존경할만한 사람이 있었고, 인간에 대한 신뢰와 애정이 쌓였기 때문에 가능했다.[27] 현대에도 길이 존경할만한 인물의 사진을 전시하여 그 분의 업적과 정신을 계승하려는 움직임은 고대나 현대를 물론하고 시공을 초월하여 같은 이치라 볼 수 있다.

고금을 통하여 원래의 상학은 제왕학이라 할 만큼 특권층의 학문이었다. 하지만 오늘날은 민주주의 절차인 선거를 통해 온 국민이 한 나라의 지도자를 선출하기 때문에 선거의 승패에 따라 대권주자의 일생 운명이 극명하게 갈리지는 않는다. 이번 대선에서 한 대권주자가 패하더라도 다음 대선까지 준비하여 다시 재도전이 얼마든지 가능한 세상에 살고 있기 때문이다. 과거의 제왕과 같은 특권이 영원히 주어지지 않는다는 뜻이다.

고대에는 천하를 얻기 위해 벌이는 승부에서 패자에게 돌아오는 것은 많은 추종자들과 일가가 모두 특권을 누리는 역사가 있었다는 것이다. 춘추오패를 보면 패자들이 갖는 절대적 권한은 무상한 것이며, 이는 춘추시대에 한정된 패자들이었다.[28] 즉 환공은 성은 강(姜)이며 이름이 소백으로 양공의 아우이며, 뒤에 보이는 진나라 문공, 초나라 장왕, 오나라 합려, 월나라 구천과 함께 춘추오패라 일컬어지

---

27) 이태호, 앞의 책, pp.50-51.
28) 金學主 註解, 『新譯 墨子』, 明文堂, 1993, p.63.

며, 이들의 제위기간도 제한적이었던 것이다. 상학은 춘추오패와 같은 제왕의 상을 통해 그 리더십이 갖는 한계가 무엇이었는지를 추상적으로라도 살펴볼 필요가 있다. 상학은 무엇보다도 중요한 학문이자 처세술로서 제왕의 리더십, 즉 내가 믿고 맡길 수 있는 조력자가 과연 그만한 국량과 능력을 갖추고 있는지, 그리고 진정 천운을 지녔는지를 가늠해야하기 때문이다.

물론 현재는 고대의 절대왕권 시대와 달리 민주주의 시대로서, 수많은 후보들 중에서 능력 있고 깨끗한 후보를 가려내는 것은 실로 쉬운 일이 아니다. 그런 면에서 우리는 외면의 상뿐만 아니라 내면의 상까지 아울러 볼 수 있는 리더십 발휘와 관련한 혜안이 필요한 시대에 살고 있다. 앞으로 작게는 한 단체의 지도자 뿐 아니라 한 지역의 지도자, 국가의 지도자, 세계의 지도자를 선출할 때 우리는 다양한 상학의 지식을 활용하여 볼 수 있는 안목을 길러야 할 것이다.

대선이나 각종 선거철이 되면 각계의 상학자들이 후보자의 상에 대한 칼럼을 내놓는다. 상학이론에 의해 후보자의 상을 분석하기도 하고 동물의 물형(物形)에 빗대어 그 기세와 국을 보고 우열을 판단하기도 한다. 때로는 선거 외에도 전 세계 국가 간의 이해관계를 각 국가의 지도자들의 상을 통해 기세를 판단하여 국익과의 상관성에 대해 분석하기도 한다.

이를 감안할 때 상학에서 국가를 통어할 왕의 권력과 관련한 것으로 '권골(顴骨)'을 말하기도 한다. 권골은 콧대를 중앙으로 얼굴 좌우로 벌어진 광대뼈이다. 좌우의 관골에서는 통치자 내지 지도자의 힘을 점검한다. 그 힘이란 물리적으로 동원되는 완력이나 체력만을 뜻하지 않으며, 눈에 보이지 않는 기력(정신력), 사회적인 힘(권력) 등을 함께 의미하며, 관운은 이마와 눈과 눈썹, 그리고 콧대 등 오관육부 여러 곳에 산재해 있다.[29] 이를 유추하여 지도자의 권골을 살펴봄에 있어서 그가 지니는 리더십이 무엇인가를 파악하는 것도 중요하다.

아무튼 현대는 전 분야에 걸쳐 급변하는 시대이다. 현재 세계가 기술혁명의 제4차 산업혁명시대로 빠르게 진입하고 있으며, ICT기술과 초지능 융합[30]으로, 제조 및 서비스 혁신을 넘어 인류의 경제, 사회, 문화, 교육, 예술 등 전반에 대 변혁이 예상된다. 상학에서도 이에 대한 관심을 기울여 이 분야에 두각을 나타내는 지도자의 이미지 제고에 기여를 해야 한다.

한 분야에 조예가 깊어야 전문가가 될 수 있었던 과거에 비해, 현대는 정치학·경영학과 상학의 만남이라는 학제 간 학문체계를 융합하여 새로운 혁신적 결과물을 만들어 내는 시대에 도래하고 있다. 다양성이 존중되는 세계적 흐름에 따라 방송 미디어 기술이 발달과 더불어 전 세계는 물론, 국가, 지방, 단체를 대변하는 지도자의 이미지의 중요도가 커지고 있다.

---

29) 최형규, 앞의 책, pp.272-273.
30) 박경진, 『4차 산업혁명 기술과 정책』, ㈜백산출판사, 2018, p.3.

3. 어진의 상학적 과제

1) 어진의 자료적 한계

건국시조로서 태조는 사적(史蹟)과 관련된 여러 곳의 지방에 어진을 봉안하기 위한 진전이 설립되었다. 그러나 전란으로 인해 전각과 어진이 소실되는 등 많은 손실을 입어 현재는 소수의 일부만이 존재한다. 이후 조선 말기까지 영흥 준원전과 전주 경기전 두 곳만이 운영되다가 1901년 고종의 명으로 개성 목청전이 다시 세워지고 새로 제작된 태조 어진이 봉안되었다. 여러 진전 중에서 개성 목청전이 현재 북한의 개성에 남아 있으며, 조선시대 진전의 모습이 유일하게 보존된 전주의 경기전에 어진이 봉안되어 있다.

조선 전기부터 임진왜란 전까지의 어진 현황을 살펴보면 우선 태조 어진은 중종(中宗, 1488~1544) 1525년(중종 20년)에 전신상, 반신상, 승마상 등 20여 점이 선원전에 봉안되어 있었다는 기록이 있다. 그리고 명종(明宗, 1534~1567) 1548년 (명종 3년)에는 태조 어진 26점과 다른 왕들의 초상화도 다수 봉안되어 있었다.

그러나 1592년 4월 임진왜란과 1627년 정묘호란, 1636년 12월 병자호란 등 여러 전란으로 인해 조선시대 전기의 어진 제도는 그 명맥을 이어가지 못하였다. 임진왜란으로 인해 진전과 어진들은 거의 불에 타서 소실되었다. 강릉 집경전, 영흥 준원전, 전주 경기전의 태조 어진 3점과 광릉 봉선사 봉선전에 봉안하였던 세조의 어진 1점을 제외한 역대 왕들의 어진들이 거의 소실[31]되어 현재의 기록만으로

---

31) 정두희, 「조선 후기 어진 제작기법 연구 : 의궤 및 현존 유물을 중심으로」, 『미술문화연구』 2, 동서미술문화학회, 2013, pp.208-209.

그 존재를 확인할 수 있다.

무엇보다 임진왜란으로 인해 대부분의 어진이 소실되자 이에 대한 대비책으로 조선 후기에는 강화도에 진전을 운영하였다. 후금의 위협을 받고 있던 광해군은 1622년(광해군 4) 강화도에 봉선전과 영숭전을 세워 세조와 태조의 어진을 각각 봉안했으나, 1637년(인조 15) 병자호란으로 인해 모두 소실되고 말았다. 이후 숙종은 장령전에 자신의 어진을 봉안하였고, 영조는 1745년(영조 21) 만령전에 자신의 어진을 봉안하였다. 봉선전이 1713년(철종 9)에 재건되었으나 1866년(고종 3) 병인양요 당시 안타깝게도 소실되고 말았다.

오직 두 곳에만 태조 어진이 남아있었고, 수 십 여점에 달하였던 역대 왕들의 어진도 대부분 소실되고 말았다. 조선 전기에 기본적인 형태를 갖춘 어진 제도는, 조선 중기 이후 전란으로 기존의 체제가 붕괴되고 훼손되어 제도가 약화되어 숙종 대 전까지만 해도 적극적인 복구의 노력은 이루어지지 못하였다.

이처럼 전란으로 임진왜란 이후 많은 진전과 어진들이 훼손되어 그 수가 급격히 감소하였다. 전란의 피해로 인해 대다수의 조선 후기 이전의 어진 관련 문헌들이 거의 사라져 존재하지 않는다. 현재 남아 있는 유물 어진과 관련한 기록들도 대부분 조선 후기 이후에 제작된 것들이어서, 조선 후기 이전의 어진에 대한 연구 자료가 거의 전무한 상태이다.

〈그림 18〉 1954년 부산 용두산 판자촌 화재 장면[32]

1950년 6·25사변으로 인해 부산으로 피난했을 때 어진을 보관하던 창고가 불타버림으로써 치명적인 손실을 보게 되었으니, 그 결과 현존하는 어진은 몇 폭에 불과하며, 그것도 조선왕조 말엽의 이모본이거나 혹은 소실된 나머지로서 완폭(完幅)이 못되는 실정[33]으로 현존 어진이 몇 점밖에 존재 하지 않는다.

다행히 현재 어진제작 과정이나 진전봉안 체제에 관한 세부적 사실기록은 전존하고 있으나, 유감스럽게도 작품으로는 전주 경기전의 태조어진, 국립고궁박물관의 세조어진 초본, 서울 창덕궁의 영조어진·철종어진·익종어진 그리고 영조의 연잉군 때의 도사본[34]만 전해지고 있어 이와 관련하여 다양한 연구를 진행함에 있어 자료적 한계가 적지 않다.

---

32) 박정혜 외 3인 공저, 『왕의 화가들』, 돌베개, 2014, p.131.
33) 조선미, 『한국초상화연구』, 열화당, 1994, p.166.
34) 위의 책, p.166-167.

2) 어진의 보관과 관리문제

역사적으로 중요한 기록물이나 사진관련 사료들은 보관이 얼마나 잘 되며 관리가 제대로 이루어지고 있느냐가 역사 전승의 관건이다. 어진의 제작과 보관의 경우도 마찬가지이다. 어진 제작과 관련된 기록을 통해 알 수 있듯이 조선시대 왕들은 대부분 어진 제작과 봉안에 정성을 기울였으며, 생전에 어진을 그리지 못했을 때 역대 선왕들을 기리기 위해 추화(追畵)를 할 정도로 조선 왕조의 정통성을 계승하려함에 적극적이었다. 태종(1367~1422)의 경우 생존 당시에 어진이 제작되었지만, 털끝 하나라도 틀리면 그 사람이 아니라는 논지하에 자신의 어진을 없애도록 지시하였으나, 세종은 자식의 도리로 태종 어진을 없애지 못하고 보존해두었다는 일화도 존재한다. 또한 인종(1515~1545)은 생전에 어진을 그리지 않았을 뿐 더러 사후에도 그리지 말라는 유언을 남겼으므로 결국 제작하지 못했다. 하지만 연산군(1476~1506)이나 광해군(1575~1641)처럼 쫓겨난 왕의 초상화 제작여부는 확인할 수 없다.

조선 중기에 선조(1552~1608), 인조(1595~1649), 현종(1641~1674)인 혼란기에 재위한 왕들에 대해서는 어진 제작에 대한 기록이 존재하지 않는다. 하지만 숙종(1661~1720)대 부터는 활발하게 어진을 제작하였는데, 제작 당시에 단 한 본만이 아니라 여러 본을 동시에 제작하기도 하였다. 영조처럼 매 10년마다 주기적으로 도사(圖寫)를 하기도 하였으며, 정조 또한 세 번씩이나 다양한 복장으로 도사에 임하기도 하였다. 그 뿐만 아니라 순조의 세자였던 익종(1809~1830)은 스무 살에 사망했음에도 불구하고 어진을 무려 8본이나 제작하였음이 기록으로 전해진다. 고종 역시 10년마다 도사를 추진할 정도로 적극적이었다.

이처럼 왕조의 계승에 있어 중요한 사업인 어진 제작은 현왕들의 위엄과 숭경에 있어 중요한 의미를 지녔다. 조선조 개창자로서 태조의 추숭사업은 나라를 운용하기 위한 상징적 의미를 지닌 핵심 과제라고도 볼 수 있다. 세종을 비롯하여 광해군, 숙종, 고종 등 나라와 왕실의 권위를 다지고 진작시키는 군주들에게 태조 어진 및 자신어진의 제작은 이와 궤를 같이하였다. 영조의 생모를 모시는 육상궁에 영조 어진을 봉안한다든가, 경우궁 성일헌, 규장각 주합루, 현륭원 어진봉안각 등의 봉안처들이 지어진 것에서 그 예들을 볼 수 있다. 조선 후기에도 소규모 어진 봉안처들이 증가함에 따라 어진제작이 더욱 가속화되었다.

하지만 1921년 일제에 의해 신선원전이 건립되자 모든 열성어진들은 이곳에 함께 봉안되었다. 태조 어진을 모시는 영흥 준원전과 전주 경기전을 제외하면 이제 모든 진전은 그 기능을 상실한 상태가 된 것이다. 한국전쟁 때 부산으로 피난했던 시기에 화재로 인해 어진들이 거의 대부분이 소실되고 현재는 몇 점만이 전해오는 현실에 국가로서는 너무 안타까운 실정이며, 제작에 더하여 회화문화재의 보관과 관리가 얼마나 중요한지를 일깨워 해준다.

〈표 5〉 현존 어진 관련 도감의궤목록[35]

명칭 및 내용	서기/干支 조선연호/중국연호	장서각 청구번호	프랑스 국립도서관
1 影幀修補都監儀軌 세조어진 수보	1667-70/己酉-庚戌 현종10-11/康熙8-9	有 2-2770	無
2 影幀模寫都軌儀軌 태조어진 모사	1688/戊辰 숙종14/康熙27	無	無
3 御容圖寫都監儀軌 숙종어진 도사	1713/癸巳 숙종14/康熙52	無	有
4 影幀模寫都監儀軌 세조어진 모사	1735/乙卯 영조11/雍正13	有 2-2765天	有
5 影幀模寫都監儀軌 숙종어진 모사	1748/戊辰 영조24/乾隆13	有 2-2765地	無
6 影幀模寫都監儀軌 태조어진 모사	1837-38/丁卯-戊辰 헌종3-4/道光17-18	無	有
7 御眞移摹都監都聽儀軌 태조 원종 어진 모사	1872/壬申 고종9/同治11	有 2-2764	無
8 御眞模寫都監儀軌 태조 어진 모사	1900 庚子 光武4/ 光緒26	有 2-2766 2-2767	無
9 影幀模寫都監補完儀軌 순조 문조 영정 모사	1899-1900/己亥-庚子 光武4-5/光緒26-27	無	無
10 影幀模寫都監儀軌 태조 등 七祖의 영정 모사	1901/辛丑 光武5/光緒27	有 2-2765人	無
11 御眞圖寫都監儀軌 고종어진과 황태자 睿眞 도사	1901/辛丑 光武5/光緒27	有 2-2756 2-2757 2-2758 2-2759	無

물론 우리나라는 주변의 어떤 나라보다도 어진 관련기록이 『승정
원일기』나 『조선왕조실록』에, 그리고 어진제작 시마다 발간한 여러
의궤(儀軌) 등에 잘 기록되어 있다. 〈표5〉와 같이 현존하는 11개의

---

35) 이성미, 『어진의궤와 미술사』, 소와당, 2012, p.38.

의궤를 통해 도감설치 단계부터 진행되는 각 단계 별로 제작과정의 내용을 비롯하여, 어진제작에 동원되는 전문 인력인 어진화사와 심지어 침선노 등 동원된 인원의 이름까지도 남겼다. 화폭의 크기와 작품에 소요된 비단과 사용된 물감의 세부 내역까지도 모두 밝혀놓았다.

그럼에도 불구하고 어진의 영원한 보관과 관리는 가능한 것인가에 대한 의문이 드는 것 또한 사실이다. 회화문화재의 특성 상 보존환경이나 보존수복 기술이 아무리 좋아도, 완성한 시점에서부터 산화가 시작된다. 여름철에는 고온다습하고 겨울철에는 저온건조가 반복되는 우리나라의 기후조건에는 종이, 비단 등에 그려진 회화문화재의 공개에 따른 노출에 의해 산화가 진행되어 변질될 우려가 있다. 이에 보존환경이 좋은 전문 수장고에 옮겨 보관할 필요성이 있는 것이고, 다음으로 보존환경에 대한 연구, 보존재료 및 보존기술에 대한 연구를 위한 국가적 관심과 지원이 절실히 필요하다.

따라서 우리나라는 회화 문화재의 모사사업이 이제 시작단계로서 무엇보다도 먼저 원화이 모든 과정 등을 파악하고 원 재료와 안료의 분석을 통해 이루어져야 한다. 재현에 있어서도 경험이 풍부하고 역량 있는 많은 모사복원 전문가의 양성을 위한 교육제도가 필요하며36) 수준 높은 모사 작품이 완성되기까지는 국가나 기업단위의 경제적 후원이 절실하다 하겠다.

각 지자체의 박물관과 같이 회화 문화재 보관의 관련 기관에서 전시회를 통해 현존의 조선시대 어진들을 출품하여 일반인에게 공개하

---

36) 현재 원광대학교 대학원 석·박사과정으로 '회화문화재수복학과'에서 모사복원 전문인재가 석사와 박사로 배출되고 있어서 그나마 다행이라고 본다.

는 기회들이 많아졌다. 어진을 배관할 때에는 하나의 예술작품으로서 음미하고 감상하는 동시에, 어진이 지니고 있었던 사회적 기능과 상징적 의미 또한 아울러 인식해야 할 것으로 사료된다.

이처럼 국가적으로 귀중한 초상화들은 지금 어떻게 관리되어오고 있는가? 초상화를 구성하는 재료 면에서 서양 초상화는 캔버스 위에 오일 안료를 쓴 유화가 기본으로 주를 이룬다. 그에 반해 조선시대 초상화는 종이, 혹은 비단을 접합한 상태에서 수성 안료로 그려졌다. 또한 조선시대 초상화는 대부분 둘둘 말아서 오동나무 상자에 보관할 수 있도록 족자 형태로 완성하는 것이 특징적이다.

하지만 우리가 주목해야 할 것으로, 조선시대 초상화의 주재료인 비단과 종이는 훨씬 손상되기 쉽다는 것이다. 또한 수성안료이기에 휘발성이 높을 뿐만 아니라 시간이 흐름에 따라 건조에 의해 퇴색되는 물리적 단점이 있다. 족자를 펼치고 접을 때마다 초상화가 물리적으로 미세한 상처(Ultramicro trauma)를 입는다는 사실 또한 감안하여야 한다.37) 그렇기 때문에 일반적인 유화에 비하여 온도 및 습도 등 보관 장소의 환경에 대해 세심한 체계를 세워야 할 것이다.

특히 동양화의 경우 종이나 비단 위에 그리기 때문에 시간이 지남에 따라 누렇게 되고, 또 작품의 보관방법에 따라 습기나 벌레 등으로 인해 좀이 슬거나 삭기도 한다. 화폭인 종이나 비단의 색뿐 아니라 안료의 색이 변해 작품이 전혀 달라 보이기도 하므로, 그림의 진안 확인에 어려움을 겪는다. 현대에는 전시 기획기관의 도록이나 그림엽서, 리플릿, 팜플릿, 화집38)을 제작함으로써 그 시대의 그림을

---

37) 이성낙, 앞의 책, p.204.
38) 김기주, 『동서 미학으로 그림을 읽다』, 학연문화사, 2017, p.52.

이해하거나 작가 및 작품의 진면목을 알아보는데 중요한 역할을 할 것이다. 위와 같은 호·불호의 여건을 감안하면 국내 초상화의 관리 현황은 염려스럽기 그지없다. 게다가 국가적 유물로 지정된 수많은 초상화들이 개별적인 문중 차원에서 보관 및 보존되고 있는 것이 현실이다. 일부의 경우를 제외하고는 초상화가 온도나 습도체계가 갖추어지지 않는 조건에서 관리 보존되고 있는 점이 아쉬움을 넘어 유감스럽기도 하다.

이제 각 문중에서 사유하고 있는 초상화 진본을 보존환경이 체계적인 국가차원의 박물관과 같은 공적기관에서 위탁 관리하도록 유도하는 것이 바람직하다고 본다. 각 문중이 초상화의 진본 소유권은 유지하는 것을 기본으로 하되 개인은 진본 대신 모사본을 소장하는 방안도 대체가능한 대안이 될 수 있다. 이 방안은 일부이긴 하지만 중앙 또는 지방기관에서 이미 시행하고 있는데 아직은 미비한 실정이다.

다행스럽게도 오늘날 국립중앙박물관, 경기도박물관 등에 보관되고 있는 초상화의 숫자가 조금씩 증가하고 있는 추세이다. 이제라도 유물 보존에 대한 국가와 개개인의 관심이 더욱 높아져야 할 때이다. 개인 또는 단체가 소유한 것이라도 조상의 숨결이 담긴 유물이라면 공적인 자산이라는 인식을 가지고 개인과 국가는 보존과 관리에 더욱 힘을 쓸 때이다. 어진에 관한 연구에 있어 실물로 남아 있는 사례가 적어 원작을 통한 연구가 어렵다는 점이 일정 부분 한계를 드러낸다.

역사는 과거 현재 미래로 나뉘지만, 순간의 연속으로 이루어져 있다. 현재라고 느낀 순간 현재는 흘러가 버린다. 이것은 작가의 제작 시기의 기록이나 작품 감상의 경우도 마찬가지이다. 작가가 미술관에서 그때그때 작품 및 자료를 정리하고 보존하지 않으면 곧 잊혀져

버려 작품 및 작품에 대한 자료는 제대로 보존될 수 없고, 작품의 이해도 제대로 될 리 없다. 보존과 그 시대의 평가는 특히 동양화의 경우, 화폭이 비단이나 종이와 관련되어 있으므로 습기나 벌레 때문에 작품 전체가 변해 후대의 작가 및 작품 평가에도 중요한 영향을 미친다. 그러므로 그림을 통한 역사성도 있지만, 제작 완료 후 작품이 작가를 떠나 타인이나 기관에 의해 수장된 경우에도, 그림 자체가 또 역사를 갖고 시대의 감식안의 평가를 남긴다.[39] 보관과 관리, 후래의 평가가 중요한 이유가 이와 관련된다.

사실 기존 작품은 제작시기와 제작장소, 역대 작품 소장자와 소장처가 알려져 있고, 전시도 당시 미술계에 의해 기획된 시간과 장소가 알려져 있어, 그 기획 의도와 당시 회화계의 경향을 알 수 있다. 우리가 흔히 인생은 짧고 예술은 길다고 말하듯이, 작품은 제작 후 바로, 또는 몇 달 몇 년 후에 전시되기도 하지만, 시대가 달라지고 장소가 바뀌어도 그 명성이 유지되어 전시된다. 작품의 취향이 달라지면 창조되거나 재발견되어 전시되기도 하고 사라지기도 한다. 이 작품은 미학이나 미술사학에서 그림 제작 당시의 심미안이나 역사성과 제작완료 후의 어떤 시대의 감식안이나 심미안에 의한 역사성이라는 이중적인 역사성을 갖기도 한다[40]는 점을 염두에 두어야 할 것이다.

앞으로 교훈으로 삼아야 할 것은, 문화재가 풍요롭고 보관 관리를 잘하는 나라들은 사상 역시 풍요롭고, 이를 후손들이 교육의 자료로 삼는다는 점이다. 인도사상의 지속적인 발달과정에서 다양한 시대의

---

39) 위의 책, p.52.
40) 김기주, 앞의 책, p.53.

온갖 사람들이 자기의 문화유산들을 날라 왔으며, 인도의 영성은 그들을 수용하여 자신의 것으로 만드는 힘을 지니고 있었다.[41] 이웃나라인 중국이라든가, 일본의 경우도 어진을 포함하여 각종 회화문화재의 보관과 관리가 잘 되어 있음을 인식하자는 것이다. 여기에는 국민들에게 문화의식의 고양은 물론 미래 유·무형 문화재의 풍요로움을 약속할 수 있는 계기가 되기 때문이다.

3) 어진화사의 추상적 성향

어진의 제작에 있어 왕의 실상(實相)과 성정(性情)을 올바르게 표현하기 위해서는 사실성을 전제로 한 재현 예술로서 어진화사는 최대한 왕과 같은 형상으로 그려내야 한다. 더욱이 조선시대 초상화에서터럭 한 올이라도 틀리면 그 사람이 아니라는 취지하에 화가들이 제작에 진력하여왔으며, 초상화를 보는 관상자의 경우에도 최고의 화가와 거국적 배려가 동원되는 어진 제작에서조차 '칠분모'면 족하다는 엄격한 감식안이 작용하였다.[42] 이처럼 초상화 제작에 있어서 사실성의 전제됨은 당연한 것이었다.

사실 초상화의 생명이라 할 수 있는 얼굴에는 누구나 성격, 인품, 직업 등이 자연스럽게 드러난다. 그래서 장년 이후의 얼굴은 그 사람을 말해준다고 하는 것이다. 이처럼 외형에 풍기는 내면을 완벽하게 담는 것에도 일정부분 한계는 존재한다.

만일 초상화에 다소의 논란이 있다면 그 초상화의 사실성에 대한 개념에 있어 다양한 해석을 할 수 있다는 점이다. 조선조 초상화와

---

41) 라다크리슈난 저, 이거룡 옮김, 『인도철학사』Ⅰ, 한길사, 1996, p.88.
42) 조선미, 『초상화 연구』, 문예출판사, 2007, p.199.

연관하여 사실성이라고 일컬을 경우, 과연 어떠한 의미로 쓰이는 것일까에 대해 '왜곡화'와 반대되는 개념으로 보는 것이 옳을 것 같다.[43] 조선시대 어진 제작에 있어서 같은 한자문화권인 주변국에 비해 왕의 모습을 과장하지 않고 보이는 그대로 표현해내고자 노력해왔음을 알 수 있다.

조선조 초상화에서 대상인물이 가진 개별적인 형과 신의 포착에 앞서, 염두에 두었던 보편적 준거자료라 할 수 있는 대상 인물의 신분에 따른 전형성 문제와 골상법 인식문제를 우선적으로 살펴보아야 한다. 조선시대 초상화 제작에 있어 사회적 기능과 관련하여 추모의 도상으로 지엄한 형식을 갖추었다. 그리고 딱딱하게 느껴질 정도로 무표정하고 단정한 정형 안에서 인물 각각의 외모와 그 내면의 정신세계를 표현해왔다. 시대 흐름에 따라 양식의 변화를 거치면서 우리의 얼굴과 몸을 그리는 전형(典型)을 완성해냈다는데 그 위대함이 있다.[44] 그래서 조선시대 초상화에서는 극사실성에 기반함을 전제로 하고 있지만, 한편으로 전형의 틀에 고정된 듯한 정적인 느낌을 받는 것 또한 부인할 수 없는 사실이다.

다음으로 조선 조 화가들에게 요구된 전신사조(傳神寫照)에 '정신'의 의미는 대상인물의 심층부에 도사린 개별적 특성 내지 심적 경향성이 아니었다. 그것은 현실적으로 존재하는 어떤 인간의 어떤 순간, 혹은 어떤 장소에서의 적나라한 모습이라기보다는 오히려 관자가 기억하고 숭배하고자 하는 바람직한 성정이 드러날 때의 용자를 묘출시키고자 하였다.[45] 그렇기 때문에 일정부분에 있어서는 의도하지

---

43) 위의 책, p.199-200.
44) 이태호, 앞의 책, pp.43-44.

않았더라도 왕의 초상이라는 전형을 취할 수밖에 없었을 것이다.

회화작업에 있어 표현하고자 하는 날씨에는 여러 종류의 현상이 존재 하겠지만, 가장 이상적인 날씨는 맑고 화창한 날이듯이, 초상화를 그리는 화사는 대상 인물이 지닌 가장 흐트러짐 없는 반듯한 형상을 담아내야 한다고 생각하였다. 그리고 화가는 대상 인물의 신분이나 계층, 그리고 덕성이나 인품을 참작하여 그가 지닌 품격을 그려내야 한다는 범주 안에서 작업해야 하는 한계[46]가 존재하였다. 이러한 한계는 곧 어진 제작에 있어서도 사실성을 전제로 한 왕조차원에서 이루어진 작업이기는 했지만, 왕을 대상으로 했다는 점에서 일정부분 전형성이 드러날 수밖에 없었다.

그러므로 어진의 경우 조종을 대표하는 상징적 의미로서 조신(祖臣)을 마주 대할 때의 위용을 사출코자 했으며, 이를 위해선 정면상이 가장 바람직하다는 논지가 『승정원일기』에 되풀이되어 나온다. 공신상의 경우 후세에 귀감이 될 만한 위엄에 찬 기개를 그리고자 했고, 사대부상의 경우 유학자라면 문기 어린 풍토를 표현하고자 했다.[47] 이와 같이 전형적인 형상을 규정해놓고 대상인물의 안면표현에 있어, 내면과 외면의 품성과 기상까지도 드러내고자하는 노력과 같은 것이었다.

---

45) 조선미, 앞의 책, p.114.
46) 위의 책, p.114.
47) 위의 책, pp.114-115.

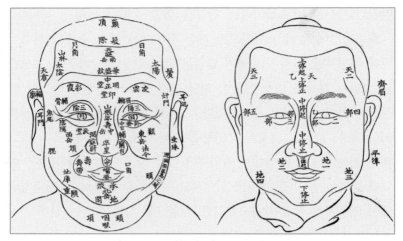

〈그림 19〉 肉理紋[48]

    이렇듯 염두에 두었던 전형성에 의한 묘출은 초상 화사들에게 개
별적 대상에 대한 집요한 추구를 제약하고, 내적 심리 묘출에 대한
의지를 위축시킬 수도 있었다. 그리하여 대부분의 화사들에게는 무
사 안일한 외적 테두리를 부여했으며, 이는 천편일률적인 사용형식
과 기법에 연결될 충분한 소지가 있었다. 그러나 훌륭한 초상화의
경우 전형성 묘출을 기반으로 하여 그 위해 개개인의 안모 골격 같
은 외형적 특징이나 개별적 성격을 사출함으로써 초상화 특유의 모
뉴맨탈리티(monumentality)를 전달하는데 기여했다[49]는 점에 주목
할 수 있다.

    현재 전해오는 조선시대의 전반적인 초상화에서 시대적으로 추구
하는 변화에 따라 양식적인 변화를 보여 왔지만, 그 밑바탕에는 인

---

48) 조선미, 『왕의 얼굴』, 사회평론, 2012, p.115.
49) 조선미, 앞의 책, p.217.

간의 안면 골상에 대한 이해와 의식이 존재하였다. 다시 말하면 사진처럼 외적 여건에 의해 좌우되는 순간적 모습의 포착이 아닌 대상 인물 자체의 피부 밑에 감추어진 본질적 골상인 오악을 나타내고자 한 것에서 사실성을 전제로 한 초상화의 특수성에 있어 제약의 요인으로 볼 수 있다.

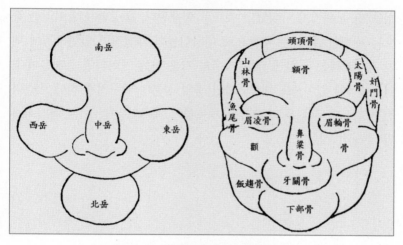

〈그림 20〉 오악 및 안면의 골상관계도[50]

조선 중기 이래의 오악사고(五嶽思考) 의식 하에 피부 자체가 지니고 있는 육리문(肉理紋)인 피부의 결을 섬세하게 표현하였다. 화개문, 중정과 명궁 자리에 생겨나는 주름, 채하, 능운, 삼양, 삼음, 와잠, 누당 및 어미, 나아가 법령, 협, 중이에 이르기까지 〈그림19〉와 같이 피부의 육리문이 붓질에 의해 충실하게 옮겨져 있다. 이에 따라 음영이 구분되어지고 붓질이 덜 간 곳에는 볼록하여 입체적 느낌으로 표현되었다. 여기서 골상도판과 초상화 안면 묘법을 비교해 보면, 오목한 느낌을 주는 곳이 바로 골상 도판에서 제시하는 골과 골의 연접 부위[51]임을 알 수 있다.

이처럼 조선시대 초상 화법의 근원에 골상에 대한 이해가 전제되어, 초상화 제작에 있어 대상 인물의 개별적 묘사가 이루어져 전형성을 띤 분위기가 나타났던 것으로 이해된다. 초상화사의 이러한 풍토는 배제할 수 없는 부분으로 대상인물의 개별적인 안면구조에 대한 분석보다는 골상에 대한 지식의 기본 하에 표현되었기 때문이다. 어진제작에 있어서도 대상인물인 왕의 신분이라는 전제 하에 이른바 전형성을 염두에 두고 제작될 가능성이 제기되는데, 이는 어진화사의 추상적 성향으로 볼 수도 있다.

---

51) 조선미, 앞의 책, pp.208-209.

VI. 어진의 현대적 의의

조선시대 제왕의 초상인 어진은 유교이념에 따른 왕권강화와 제의적 목적에 의해 수행된 것으로, 어진의 사실적 묘사가 그 어떤 회화작품보다 뛰어났다. 초상화 중에서 특히 왕의 모습을 그리는 어진 제작은 조선왕조의 주도 하에 진행된 사업으로 그 존엄에 대한 상징적 의미는 지대하다고 본다.

조선시대의 초상화는 카메라가 발명되기 이전에 현대의 사진을 대체할 수단으로 초사실성에 근거하여 제작되었다는 점이 특징이다. 이러한 사실로 인해 화공은 초사실성을 전제로 특정인물을 그려내는데 있어 인물의 형상 및 정신을 정확하게 포착하는 것이 중대한 일이었다.

어진, 곧 초상화 제작에서 '전신사조(傳神寫照)'의 사실적 묘사가 어진의 상학적 분석에서 가장 중요한 정·기·신과 관련되므로 이에 대한 상관성에 대해 밝혔다. 그리고 조선시대 초사실성에 근거한 왕의 초상인 어진의 양식을 이해한 후, 이에 상학의 관점을 통해 제왕의 성정(性情)과 통치관을 살펴보고 주요 업적과의 상관성에 대해서도 분석하였다. 이러한 분석은 조선시대의 현존어진에 한정된 것이며, 그것은 태조어진, 세조어진, 영조어진, 철종어진, 고종어진, 순종어진 등인 것이다.

우선 건국시조답게 태조 이성계는 삼정과 오악이 균형을 이루고 전체적인 체상에 있어 좌상이 반듯하여 어느 왕보다도 정·기·신의 기운이 안정되게 드러났다. 조선왕조의 개창자로서 위엄과 권위가 있었음을 알 수 있다. 넓고 두터운 어깨는 진취적 기상으로 승부에서의 장악력이 있고, 많은 민란과 전란 속에서도 500여년 조선왕조가 지속될 수 있었음을 살펴보았다.

세조 어진은 대중에게 공개되기 이전의 갖고 있던 냉철한 이미지와 달리 부드러운 인상으로 표리부동함이 나타나 있다. 세조는 비록 삼정과 오악의 완전한 균형을 이루지는 못하였지만, 세조 자신이 추구하려했던 이상을 펼치려 하였다. 이러한 점은 반듯하게 뻗어내려온 코와 이반된 귀의 형상 그리고 신이 머무는 눈과 기세 있는 체상에서 정·기·신이 드러나 세조의 위상을 확인할 수 있었다.

가늘고 긴 봉황의 눈을 가진 영조는 부드러운 눈썹과 조화를 이루어 거시적 안목을 지닌 총명한 군주였다. 눈꼬리가 올라가고 눈동자의 흑백이 분명하여 그가 정사를 펼침에 현실적이고 실수를 허락하지 않았다. 선풍이의 귀는 안테나 역할을 하여 백성의 소리에 귀 기울인 정책을 폈다. 수명의 장단을 보는 코는 길고 산근이 이마와 연결되어 있어 주어진 왕권을 중년까지 잘 이어갈 수 있었다. 귀 안에서 자라나온 긴 털과 뚜렷한 인중 덕으로 영조는 장수한 왕의 상징으로도 기억된다. 낚시 바늘처럼 맺힌 준두는 역경이 있더라도 한번 마음먹은 것에는 굴하지 않고 헤쳐 나가는 추진력을 지녀 조선의 중흥을 이루었다.

철종 어진 가운데 큰 특징은 큰 눈에 눈빛인 신(神)이 어두워 자신의 의지대로 정사를 펼칠 수 없었다는 점이다. 어진 속의 철종은 의관의 단정함을 지녀 군왕의 면모를 드러내는데 손색이 없다. 하지만 그의 어깨는 어딘지 모르게 쓸쓸해 보이는 상으로 자식과 인연이 약하고 만사에 성취하는 것이 별로 없어 보인다. 철종의 눈빛은 초점이 맺혀지지 않고 전체적으로 정·기·신의 기운이 결여되어 있다. 결국 철종은 32세라는 이른 나이에 후손을 남기지 못한 채 생을 마쳤던 것이다.

삼정이 균등하고 이목구비가 반듯하여 온후한 인상인 고종은 일찍이 태조 어진에서 보았던 정기어린 눈매나 카리스마라든가, 영조 어진에서 감지되었던 날카롭고 만만찮은 성정 등은 발견하기 어려웠다. 고종은 전체적으로 군주로서 손색없는 기품 있는 편안한 상이나 전체적인 체상과 신의 기운이 드러나는 눈빛에서 정·기·신이 드러나지 않아 대내외적인 왕조의 위기에 대처가 어려웠다고 본다.

순종은 크게 표현된 이목구비, 하악의 발달, 특히 도톰한 입술로 보아 온유한 인상이다. 그러나 난관을 주도적으로 헤쳐 나갈 수 있는 역량은 부족해 보인다. 군복을 입고 단발을 한 채 손을 내놓고 있는 등 어진이 갖는 전통적인 특징과는 거리가 멀게 느껴져 왕실의 위엄과 권위가 크게 위축되었음을 알 수 있다. 단발을 한 모발이 가늘게 보이며 빗질한 대로 차분히 누워 있는 모습은 신중하고 부드러운 성정의 소유자임을 알 수 있다. 이런 군주의 상은 국가가 태평성대일 때는 성군으로 남을 상이지만 일제 강점기에는 유약한 황제로서 권위와 위엄을 내세울 수 없다는 것을 시사하고 있다.

이상에서 개괄한 것과 같이 어진 속 왕의 초상을 역사적 사실과 함께 상학적으로 분석해 본 결과, 통치자에게 있어 가장 중요한 것은 정·기·신의 조화를 통한 안정감이라는 것을 알 수 있었다. 어진에서 제왕의 풍모를 외형으로는 담아내고 그 모습을 사실적으로 그려냈지만, 정·기·신의 온전한 기운은 장엄으로 꾸밀 수가 없었다. 즉 유형의 상은 무형의 상, 곧 마음에 의해 지배되어 변화됨을 확인할 수 있다는 것이다.

같은 맥락에서 『면상비급』「인품법」에서 언급한 것처럼 어려움을 조금이라도 겪을 수 있는 못생긴 부분도 있어야 하며, 인품이 치우침이 없는 것(中和上品)이 상품의 상이라는 점을 주목해볼 필요가 있다. 어진제작에 있어서 완벽하게 생긴 상보다는, 어진을 통해 왕의 실상을 분석한 결과 대부분의 왕의 상마다 특정부위에 조금씩 흠결이 존재하였다. 그렇지만 대부분의 왕의 상에서 귀하고 좋은 상이 더 많아 흠결의 부분을 긍정적으로 활용한 왕일수록 통치력에 있어 많은 업적과 역량을 드러내어 상에서의 단점을 장점으로 극복하여 승화시킨 왕도 있었다.

따라서 어진의 상학적 분석에서 알 수 있듯이 넓게는 전 세계, 또는 국가와 각 지역과 단체를 대표하는 지도자는 자신의 내면을 드러내는 언행의 이미지가 많은 영향력을 미친다는 점을 간과해서는 안 된다. 그리고 작게는 한 단체의 지도자 뿐 아니라 한 지역의 지도자, 국가의 지도자, 세계의 지도자는 상학의 입장에서 볼 때 외형의 형상도 중요하나 무형의 마음관리 곧 심상에 대한 중요성을 인식해야 한다.

어진의 분석에 있어서 또한 흥미로운 것으로, 제왕의 재위기간 동안 많은 업적을 이룬 왕일수록 공통적으로 장수하는 상을 가졌다는 점이다. 귀의 명문에서 자라나온 털, 관골이 귀까지 연결된 옥량골의 발달과 인당에서 산근과 연상 수상에 이르기까지 길게 뻗은 코, 가장 중요한 정·기·신의 안정된 부분에서 장수의 요인들을 찾을 수 있었다. 당연히 장수한 왕일수록 재위기간 동안 국가 안정에 따른 업적도 비례하였음을 알 수 있었다.

그러나 상학의 냉철한 시각에서 볼 때 지도자의 초상화를 완벽하게 읽기란 쉽지 않으며 아울러 세심한 주의를 요한다. 이는 고금을 통하여 수많은 후보 중에서 능력 있고 청렴한 후보를 가려내는 것은 실로 쉬운 일이 아니라는 사실 때문이다. 그런 면에서 우리는 외면의 상뿐만 아니라 내면의 상까지 아울러 볼 수 있는 혜안이 필요한 시대에 살고 있다. 앞으로 어느 분야에서든지 지도자를 선출할 때 상학적 지식을 활용하여 볼 수 있는 안목을 길러야 하는 점이 이를 두고 언급하는 것이다.

돌이켜 보면 앞으로 인재등용이나 관리에 있어 상학의 지식이 더 필요할 것이라 본다. 대선이나 각종 선거철이 되면 각계의 상학자들이 후보자의 상에 대한 칼럼을 내 놓는다. 상학이론에 의해 후보자의 상을 분석하기도 하고 동물의 물형(物形)에 빗대어 그 기세와 국을 보고 우열을 판단하기도 한다. 때로는 선거 외에도 전 세계 국가 사이 이해관계에 있어서 각 국가 지도자들의 상을 통해 큰 기세를 판단하여 국익과의 상관성에 대해 상학의 지식을 통해 구체적으로 분석하기도 한다.

　하지만 유형의 상에 못지않게 무형의 마음 곧 심상에 의해 자신의 상은 새롭게 변화한다는 사실을 주목해야 한다. 넓게는 전 세계를 대상으로 대표하는 지도자, 국가의 국민을 대표하는 지도자, 각 지역과 단체를 대표하는 지도자는 자신의 내면을 온유하게 드러내는 일과 언행의 이미지 관리에 심혈을 기울여야 한다는 사실 간과해서는 안 된다. 지혜로운 자는 말을 실수하지 않으니 사람을 잃어버리지 않으며, 또『면상비급』의「인품법」에서 언급하듯이 상을 볼 때 언어를 잘 유용하게 써야 한다(相法中 言語運用)는 것이다.

　본 연구는 이모되어 복원된 현존 어진의 실견(實見)과『어진박물관 개관도록』, 고궁박물관에서 제작한『조선왕실의 어진과 진전』등 조선 어진과 관련된 각종 도록의 활용을 통해 고전상법과 현대적 인상학 이론에 근거하여 각 해당 왕조의 역사적 개관과 다양한 사료들을 분석하고 점검하였다. 그러나 어진의 상학적 분석을 위해서는 현존 조선어진의 숫자가 적은 관계로 어진 자료의 아쉬움이 남아있다. 또한 어진 관련도감과 여러 지자체에서 발행한 각종 어진 관련 도록을 통한 분석에 한정되므로 기색이나 어진 속에 숨겨진 미처 발견하지 못한 세세한 부분이 적지 않았다고 본다.

앞으로 조선시대 어진의 성격을 더욱 분명히 분석하기 위해 부분적으로 중국이나 일본 등 다른 나라 어진 작품과도 비교연구가 이루어져야 하는 과제가 남겨진 셈이다. 이러한 상호 대비적 연구에 있어서 조선 어진의 차별성을 부각시키기 위해 상호 공통점의 모색도 필요한 일이나 그 정체성 파악이 중요할 것이다. 조선시대 어진이 갖는 사실성의 의미와 그 특수성이 더욱 용이하게 드러날 것으로 기대되기 때문이다.

▪ 참고문헌 ▪

1. 원전자료

『管子』

『書經』

『周易』

『呂氏春秋』(呂不韋)

『淮南子』(劉安)

『柳莊相法』, 袁忠徹 著

『麻衣相法』, 陳搏希夷

『相理衡眞』, 陳淡埜 著

『面相祕笈』, 小通天

『太淸神鑑』

『氷鑑』

『神相全編』

『達磨相法』

『太極解義』(朱熹)

『皇帝內徑』

『經國大典』

『說文解字注』許愼

『五行大義』(蕭吉)

『白虎通義』(班固)

『春秋繁路』(董仲舒)

『周易本義』(朱熹)

『周易傳義』(程伊川)

『月波洞中記』(『文淵閣四庫全書』電子版, 油志文化出版有限公司, 1999)

2. 단행본

강태호, 『관상보는법』, 동양서적, 1992.

강형기, 『논어의 자치학』, 비봉출판사, 2010.

고연희, 『화상찬으로 읽는 사대부의 초상화』, 한국학중앙연구원출판부, 2015.

곽신환, 『주역의 이해』, 서광사, 1990.

권용란, 『조선시대 왕실 조상신에 대한 연구』, 민속원, 2015.

김관상, 『TV저널리즘과 대통령 선거』, 도서출판 역락, 2009.

김경섭 · 박창규, 『원칙중심의 리더십』, 김영사, 2017.

김기승 · 이상천 譯, 『음양오행론의 역사와 원리』, 다산글방, 2017.

김기주, 『동서 미학으로 그림을 읽다』, 학연문화사, 2017.

김기홍 외 3인 공저, 『제왕의 리더십』, ㈜휴머니스트 출판그룹, 2007.

김낙필, 『조선시대의 내단사상』, ㈜도서출판 한길사, 2000.

김동익, 『人物畫』, 중앙일보사, 1990.

김상봉 외 7인 공저, 『당신들의 대통령』, 도서출판 文酒, 2012.

김상준 외 4인 공저, 『유교의 예치 이념과 조선』, 청계출판사, 2007.

김성진, 『한국 미술사』, 서림당, 2016.

金于齊 編著, 『五術判斷總書』, 법문북스, 2014.

김연희, 『관상학의 인재경영』, ㈜한국학술정보, 2009.

_____, 『광상학의 장수비결』, ㈜한국학술정보, 2009.

_____ 註譯, 『氷鑑』, ㈜한국학술정보, 2017.

김종성, 『최숙빈』, 도서출판 부키, 2010.

김종수 외, 『국역 영정모사도감의궤』, 국립고궁박물관, 2013.

김창호, 『대통령의 발견』, 참샘각품은숲, 2017.

김택환, 『넥스트 리더십』, ㈜메디치미디어, 2014.

金忠烈, 『中國哲學散稿』 Ⅱ, 온누리, 1990.

金學主 註解, 『新譯 墨子』, 明文堂, 1993.

김현남 편저, 『나의 관상학』, 나들목, 2013.

_____, 『관상』, 나들목, 2015.

개빈 에번스 저, 강미경 옮김, 『컬러 인문학』, 김영사, 2018.

陶 觀, 『觀相術』, 三信書籍, 1975.

도현신, 『왕가의 전인적 공부법』, 미다스북스, 2011.

데이비드 거겐 지음, 서율택 옮김, 『CEO 대통령의 7가지 리더』, 스테디북,
       2002.

라다크리슈난 저, 이거룡 옮김, 『인도철학사』Ⅰ, 한길사, 1996.

柳聖泰, 『중국철학사의 이해』, 학고방, 2017.

마이클 로이 著, 이성규 譯, 『고대중국인의 생사관』, 지식산업사, 1998.

마의천, 『복있는 관상은 어떤 얼굴인가』, 명상, 2005.

무진미래연구원 譯, 『相理衡眞』, 황금시대, 1998.

文現相, 『현대사회와 윤리』, 大旺社, 1995.

박경숙, 『조선시대 미인의 관상학』, 한국학술정보, 2018.

박경진, 『4차 산업혁명 기술과 정책』, ㈜백산출판사, 2018.

박성실, 『어진에 옷을 입히다』, 민속원, 2017.

박양신, 『정치인의 이미지 메이킹』, 도서출판 새빛, 2008.

박영규, 『한권으로 읽는 조선왕조실록』, 웅진 지식하우스, 2004.

박영숙, 『미래예측보고서』, 경향미디어, 2012.

박정혜 외 3인 공저, 『왕과 국가의 회화』, 돌베개, 2013.

_____, 『왕의 화가들』, 돌베개, 2014.

박재주, 『주역의 생성논리와 과정철학』, 청계, 1999.

백한길, 『얼굴, 사람과 역사를 기록하다』, 생각정거장, 2016.

백수진, 『관상수업』, 나들목, 2017.

서진영, 『4차 산업혁명 기술과 인문학』, 도서출판 자의누리, 2017.

설혜심, 『서양의 관상학 그 긴 그림자』, 한길사, 2002.

손자 지음, 김광수 번역, 『손자병법』, 책세상, 2012.

松井桂陰, 『觀相術祕法』, 明文堂, 1978.

신동준, 『조선의 왕과 신하, 부국강병을 논하다』, 살림, 2007.

_____, 『조조 리더십 혁명』, 리더북스, 2017.

신명호, 『조선의 왕』, 가람기획, 2005.

신병주,『왕으로 산다는 것』, 매일경제신문사, 2017.

신병주 외 3인 공저,『조선왕조실록 보존을 위한 기초 조사연구(1)』, 서울대
학교출판부, 2005.

Scott Walden 엮음 장우인 옮김,『사진과 철학 빛, 자연의 붓』, 북코리아,
2015.

汝雪霞,『조선을 움직이는 相』, 도서출판 큰방, 2009.

염정삼,『說文解字注』, 서울대학교출판부, 2007.

오서연,『인상과 오행론』, 학고방, 2017.

오주석,『한국의 美』, 솔, 2009.

오현리,『정통오행상법보감』, 동학사, 2001.

_____,『관상대백과』, 동학사, 2016.

袁忠徹 原著・이건일 옮김,『柳莊相法』, 도서출판 삼화, 2014.

유종문,『한권으로 풀어쓴 조선왕조실록』, 아이템북스, 2017.

윤광희,『관상면접기술』, ㈜중앙경제, 2015.

이남희,『역사문화학 - 디지털시대의 한국사 연구』, 북코리아, 2016.

이동연,『이기는 리더십 10』, 평단, 2017.

이동철・최진석・신정근 엮음,『21세기의 동양철학』, 을유문화사, 2005.

이대환 譯,『相法精華』, 如山書塾, 2014.

이성낙,『초상화 그려진 선비정신』, 눌와, 2018.

이성무,『조선왕조사』, 책미래, 2018.

이성미,『어진의궤와 미술사』, 소와당, 2012.

이우영,『관상과 손금』, 아이템북스, 2013.

李仁光 譯,『觀相寶鑑』, 明文堂, 1978.

이영찬,『최한기 측인론 연구』, 계명대학교 출판부, 2016.

이정욱,『심상관상학』, 천리안, 2006.

이태호,『옛 화가들은 우리 얼굴을 어떻게 그렸나』, 생각의 나무, 2005.

高麗手指鍼學會 編著,『骨相學 入門』, 陰陽脈診出版社, 1985.

정재훈,『조선 국왕의 상징』, 현암사, 2018.

中村 元著, 김용식・박재권 공역,『인도사상사』, 서광사, 1983.

제임스 맥그리거 번스 지음 조중빈 옮김, 『역사를 바꾸는 리더십』, (사)한국
　　방송통신대학교출판부, 2007.

JaHyun Kim Haboush 지음, 김백철·김기연 옮김, 『왕이라는 유산 영조와
　　조선의 성인 군주론』, 너머북스, 2017.

정종진, 『한국 현대문학과 관상학』, 태학사, 2004.

조셉 니담 著, 李錫浩 外 2人 譯, 『中國의 科學과 文明』 Ⅱ, 乙酉文化社,
　　1986.

조대엽, 『갈등사회의 도전과 미시민주주의의 시대』, 나남, 2014.

조선미, 『한국초상화 연구』, 열화당, 1994.

＿＿＿, 『초상화 연구』, 문예출판사, 2007.

＿＿＿, 『한국의 초상화』, 돌베개, 2009.

＿＿＿, 『왕의 얼굴』, 사회평론, 2012.

조성우, 『관상대전』, 삼신서적, 1977.

＿＿＿, 『관상술비법』, 삼신서적, 1979.

＿＿＿, 『麻衣相法 (全)』, 명문당, 2005.

죠지 딕키 著, 吳昞南 譯, 『現代 美學』, 서광사, 1988.

최영순, 『실제인상학』, 동양서적, 2003.

최인영 편저, 『面相祕笈』, 청학출판사, 2008.

＿＿＿ 편역, 『麻衣相法』, 祥元文化社, 2010.

최형규, 『꼴값하네』, FACEinfo, 2008.

秋松鶴, 『觀相學秘傳』, 도서출판 생활문화사, 1979.

한국문화연구회 편, 『조선왕조 오백년 실록』, 늘 푸른 소나무, 2017.

홍사중, 『나의 관상학』, 이다미디어, 2016.

휴머니스트 편집부 엮음, 『박시백의 조선왕조실록 사전』, ㈜휴머니스트
　　출판그룹, 2013.

3. 학위논문

김동원, 「朝鮮王朝時代의 圖畵署와 畵員: 朝鮮王朝의 法典規程을 中心으
　　로」, 홍익대학교 석사학위논문, 1980.

김선태, 「圖畵署 制度 硏究」, 홍익대학교 석사학위논문, 2005.

김성희, 「朝鮮時代 御眞에 관한 硏究」, 이화여자대학교 석사학위논문, 1990.

김옥선, 「類比推理의 類型과 基準」, 이화여자대학교 석사학위논문, 1993.

김종욱, 「달마상법의 불교상담적 고찰」, 동국대학교 석사학위논문, 2016.

박소염, 「조선시대 제도권 미술교육기관에 관한 연구: 도화서에 관한 사적 자료를 중심으로」, 고려대학교 석사학위논문, 2005.

윤영필, 「國立古宮博物館 所藏 哲宗御眞의 制作技法 硏究」, 원광대학교 석사학위논문, 2006.

이미경, 「조선시대 어진 연구」, 홍익대학교 석사학위논문, 2006.

장미영, 「조선시대 어진상자에 대한 고찰」, 용인대학교 석사학위논문, 2010.

전자홍, 「朝鮮時代 御眞의 造形的 特徵에 대한 연구」, 동아대학교 석사학위논문, 2009.

홍성민, 「조선시대 관상학 연구: 增補山林經濟를 중심으로」, 경기대학교 석사학위논문, 2014.

조정은, 「조선 전기 圖畵署의 설치와 그 의의」, 건국대학교 석사학위논문, 2016.

황규봉, 「인상학의 역사적 활용사례 고찰과 현대 사회에서의 활용가치 연구」, 국제문화대학교 석사학위논문, 2010.

홍주미, 「관상학에 있어서 유가 수양론의 보완 가능성 연구」, 공주대학교 석사학위논문, 2015.

강선구, 「얼굴類型과 性格間 關係에 대한 人相學的 硏究」, 동방대학교 박사학위논문, 2010.

권행가, 「高宗 皇帝의 肖像」, 홍익대학교 박사학위논문, 2005.

김연희, 「劉劭 人物志의 人材論에 관한 相學的 연구」, 원광대학교 박사학위논문, 2009.

김 훈, 「朝鮮時代 顯宗, 肅宗, 景宗, 英祖의 疾病에 대한 硏究」, 동의대학

교 박사학위논문, 2005.

남무길, 「관상학과 형상의학의 비교연구」, 경희대학교 박사학위논문, 2010.

박경숙, 「朝鮮時代 美人像의 人相學的 硏究」, 원광대학교 박사학위논문, 2014.

변종필, 「채용신의 초상화 연구」, 경희대학교 박사학위논문, 2012.

소재학, 「五行과 十干十二支 理論 成立에 관한 硏究」, 동방대학교 박사학위논문, 2008.

심귀득, 「주역의 생명관에 관한 연구」, 성균관대학교 박사학위논문, 1997.

오서연, 「五行에 따른 人相 硏究」, 원광대학교 박사학위논문, 2016.

이동순, 「조선왕실 喪禮에 나타난 음양오행연구」, 영남대학교 박사학위논문, 2012.

이봉이, 「조선시대 말기 왕·왕비 복식 재현 제작 연구」, 성신여자대학교 박사학위논문, 2014.

정두희, 「조선 후기 어진의 제작기법 연구」, 서울대학교 박사학위논문, 2012.

정하용, 「卦 氣易學과 명리학의 원류에 관한 연구」, 공주대학교 박사학위논문, 2013.

조선미, 「朝鮮王朝時代의 肖像畵 硏究」, 홍익대학교 박사학위논문, 1981.

주선희, 「東·西洋 人相學硏究의 比較와 人相管理에 대한 社會學的 考察」, 경희대학교 박사학위논문, 2004.

최영진, 「易學 사상의 철학적 연구-주역의 음양대대적 구조와 중정사상을 중심으로」, 성균관대학교 박사학위논문, 1989.

홍수현, 「陰陽五行사상의 관상학에 기반 한 애니메이션 캐릭터 얼굴 설계 시스템 연구」, 부산대학교 박사학위논문, 2005.

홍연수, 「인상학을 중심으로 한 방송출연자들의 상호관계성에 관한 연구: 리얼 버라이어티 프로그램을 대상으로」, 동방대학교 박사학위논문, 2013.

4. 일반논문

강관식,「털과 눈: 조선시대 초상화의 祭儀的 命題와 造形的 課題」,『미술사학연구』 248, 한국미술사학회, 2005.

_____,「도화서」,『월간 문화재』 321, 한국문화재단, 2011.

강선구,「인상학 얼굴유형과 성격특징에 관한 연구」,『동방논집』 3-1, 한국동방학회, 2010.

강선희 · 김효동 · 이경원,「동양 관상학을 적용한 성격별 얼굴 설계 시스템에 관한 연구」,『디자인학연구』 21-1, 한국디자인학회, 2008.

구만옥,「조선후기 지식인들의 天人感應論에 대한 인식」,『韓國思想史學』 42, 한국사상사학회, 2012.

권혁산,「朝鮮 中期『錄勳都監儀軌』와 功臣圖像에 관한 硏究」,『미술사학연구』 266, 한국미술사학회, 2008.

김동민,「董仲舒 春秋學의 天人感應論에 대한 고찰: 祥瑞 · 災異說통을 중심으로」,『東洋哲學研究』 36, 東洋哲學研究會, 2004.

김민호,「四象醫學을 통해 본 朝鮮時代 御眞 研究」,『美術史學』, 한국미술사교육학회, 2013.

김은영,「조선시대 화원의 예술관과 형성배경에 관한 고찰」,『미술교육논총』 21-2, 한국미술교육학회, 2007.

류동원,「儒家思想의 官學化: 董仲舒의 天人感應論을 중심으로」,『中國學研究』 22, 中國學研究會, 2002.

박미화,「휴버트 보스의 고종황제 초상」,『문화재사랑』 147, 2017.

백유상 · 정우진,「類比推理를 통해 본 韓醫學 理論構成의 과정」,『대한한의학원전학회지』 19-4, 대한한의학원전학회, 2006.

안 천,「조선황실 세종임금님 어진 연구: 사회과교육 자료로서의 1만원권화 페도안 연구」,『社會科敎育』 461, 韓國社會科敎育研究學會, 2007.

유재빈,「조선 후기 어진 관계 의례 연구: 의례를 통해 본 어진의 기능」,『미술사와 시각문화』 10, 사회평론, 2011.

윤범모,「조선시대 도화서제도의 성립」,『동국사학』 17, 동국사학회, 1982.

이동국, 「英祖御筆帖과 御筆: 조선 국왕 중 어필을 가장 많이 남긴 왕 영조 」, 『오늘의 도서관』 24-1, 국립중앙도서관, 2015.

이수미, 「조선시대 초상화 초본의 형식과 그 표현기법」, 『재료와 제작기법 으로 보는 미술사』 21, 전국학술대회, 한국미술사교육학회, 2010.

이승환, 「조선 후기 科弊 崔漢綺 測人學: 『인정』, 『측인문』을 중심으로」, 『한국사상사학』 16-1, 한국사상사학회, 2001.

이영찬, 「최한기의 측인학 연구」, 『철학연구』 120, 대한철학회, 2011.

이왕무, 「1910년대 순종의 창덕궁 생활과 行幸 연구」, 『朝鮮時代史學報』 69, 朝鮮時代史學會, 2014.

임은미, 「얼굴 形態로 본 四象體質과 오행체질」, 『대학한의정보학회지』 12-1, 2006.

신정근, 「구원자로서 哲人과 유비추리의 聖人: 『書經』과 『詩經』의 西周, 春秋 초기 문헌을 중심으로」, 『철학연구』 25, 서울대학교 철학과, 1997.

장영숙, 「고종정권하 驪興閔門의 정치적 성장과 내적균열」, 『역사와 현실』 78, 2010.

정두희, 「조선 후기 어진 제작기법 연구: 의궤 및 현존 유물을 중심으로」, 『미술문화연구』 2, 동서미술문화학회, 2013.

정한구, 「관상학을 통한 인간의 이해」, 『命과학 연구』 4, 2014.

조선미, 「朝鮮王朝時代의 御眞製作 過程에 관하여」, 『美學』 6, 韓國美學 會, 1979.

조인수, 「태조 어진의 제작과 진전의 운영: 태조, 태종대를 중심으로」, 『미 술사와 시각문화』, 사회평론, 2004.

조흥윤, 「한국인의 얼굴」, 『민족학연구』 2, 한국민족학회, 1997.

한종구, 「죄인에서 왕이 된 철종이 살았던 龍興宮」, 『한옥문화』 42, 한옥문 화원, 2016.

황정연, 「조선 궁중미술의 산실, 도화서」, 『월간문화재』 380, 한국문화재 단, 2017.

홍선표, 「도화서 화원과 조선 사회 오백 년」, 『문화와 나』 93, 삼성문화재

단, 2011.

Jan Stuart,「觀子를 응시하다 ; 중국 초상화에서 正面觀의 의미」,『경계를 넘어서』, 한·중회화 국제 학술 심포지엄 논문집, 국립중앙박물관, 2009.

5. 도록

『인물화 - 한국의 미』 20, 중앙일보사, 1995.

『왕의 초상 - 경기전과 태조 이성계』, 국립전주박물관, 2005.

『한국의 초상화 - 역사 속의 인물과 조우하다.』, 문화재청, 2007.

『조선시대 초상화 1』, 국립중앙박물관, 2007.

『조선시대 초상화 2』, 국립중앙박물관, 2008.

『조선시대 초상화 3』, 국립중앙박물관, 2009.

『어진박물관』, 전주시, 2010.

『조선왕실의 御眞과 眞殿』, 국립고궁박물관, 2015.

6. 외국 단행본 및 기타

樓紹棠, 古今中外,『相學通鑑』, 正一善書出版社, 1972.

かめだいっこう,『面相方法』, (株)太玄社, 2012.

平野亮,『骨相學』, 世織書房, 2015.

郭智勇,『觀相百家』, 广西師范大學出版社, 2017.

고전번역원 db

■ 저자소개

윤영채

원광대학교 대학원 한국문화학과 동양문화전공 문학박사
원광대학교 동양학대학원 외래교수

조선 왕들의 관상분석

2019. 6. 13 1판 1쇄 인쇄
2019. 6. 20 1판 1쇄 발행

지은이 윤영채
발행인 김미화   **발행처** 인터북스   **주소** 서울시 은평구 연서로20길 11
전화 02.356.9903   **이메일** interbooks@naver.com
홈페이지 hakgobang.co.kr   **출판등록** 제2008-000040호
ISBN 978-89-94138-63-3 93180   **정가** 18,000원

이 도서의 국립중앙도서관 출판예정도서목록(CIP)은 서지정보유통지원시스템 홈페이지(http://seoji.nl.go.kr)와
국가자료공동목록시스템(http://www.nl.go.kr/kolisnet)에서 이용하실 수 있습니다. (CIP제어번호 : CIP2019019890)